行政单位财务规则培训指定用书

行政单位财务规则

中华人民共和国财政部 制定

图书在版编目（CIP）数据

行政单位财务规则 / 中华人民共和国财政部制定 .-- 上海：立信会计出版社, 2023.3
ISBN 978-7-5429-7321-4

Ⅰ.①行… Ⅱ.①中… Ⅲ.①行政事业单位—财务制度—中国 Ⅳ.① F812.2

中国版本图书馆 CIP 数据核字（2023）第 048804 号

责任编辑　蔡伟莉

行政单位财务规则
XINGZHENG DANWEI CAIWU GUIZE

出版发行	立信会计出版社			
地　　址	上海市中山西路 2230 号	邮政编码	200235	
电　　话	（021）64411389	传　　真	（021）64411325	
网　　址	www.lixinaph.com	电子邮箱	lxaph@sh163.net	
网上书店	www.shlx.net	电　　话	（021）64411071	
经　　销	各地新华书店			

印　　刷	北京鑫海金澳胶印有限公司
开　　本	710 毫米 × 1000 毫米　1/16
印　　张	21
字　　数	332 千字
版　　次	2023 年 3 月第 1 版
印　　次	2023 年 3 月第 1 次
书　　号	ISBN 978-7-5429-7321-4/F
定　　价	58.00 元

如有印订差错，请与本社联系调换

中华人民共和国财政部令第 113 号
——行政单位财务规则

《行政单位财务规则》已经 2023 年 1 月 13 日部务会议审议通过，现予公布，自 2023 年 3 月 1 日起施行。

部长　刘昆
2023 年 1 月 28 日

目 录

行政单位财务规则 ·· 1
中华人民共和国预算法 ·· 10
中华人民共和国预算法实施条例 ···································· 30
财政总会计制度 ·· 47
《财政总会计制度》与《财政总预算会计制度》有关衔接问题的
　处理规定 ·· 160
财政总预算会计管理基础工作规定 ·································· 172
预算指标核算管理办法（试行）···································· 179
行政事业单位划转撤并相关会计处理规定 ···························· 271
中央财政预算管理一体化资金支付管理办法（试行）·················· 282
车辆购置税收入补助地方资金管理暂行办法 ·························· 289
关于《车辆购置税收入补助地方资金管理暂行办法》的补充通知 ········ 304
中央支持地方公共文化服务体系建设补助资金管理办法 ················ 307
中央财政农村危房改造补助资金管理暂行办法 ························ 313
行政事业性国有资产管理条例 ······································ 318
国有资产报告编报工作暂行办法 ···································· 327

行政单位财务规则

第一章 总 则

第一条 为了规范行政单位的财务行为，加强行政单位财务管理和监督，提高资金使用效益，保障行政单位工作任务的完成，制定本规则。

第二条 本规则适用于各级各类国家机关、政党组织（以下统称行政单位）的财务活动。

第三条 行政单位财务管理的基本原则是：艰苦奋斗，厉行节约；量入为出，保障重点；从严从简，勤俭办一切事业；制止奢侈浪费，降低行政成本，注重资金使用效益。

第四条 行政单位财务管理的主要任务是：

（一）科学、合理编制预算，严格预算执行，完整、准确、及时编制决算；

（二）建立健全财务制度，实施内部控制管理，加强对行政单位财务活动的控制和监督；

（三）全面实施绩效管理，提高资金使用效益；

（四）加强资产管理，合理配置、有效利用、规范处置资产，防止国有资产流失；

（五）按照规定编制决算报告和财务报告，真实反映单位预算执行情况、财务状况和运行情况；

（六）对行政单位所属并归口行政财务管理的单位的财务活动实施指导、监督；

（七）加强对非独立核算的机关后勤服务部门的财务管理，实行内部核算办法。

第五条 行政单位的财务活动在单位负责人领导下，由单位财务部门统一管理。

行政单位应当实行独立核算，明确承担相关职责的机构，配备与履职相适应的财务、会计人员力量。不具备配备条件的，可以委托经批准从事代理记账业务的中介机构代理记账。

行政单位的各项经济业务事项应当按照国家统一的会计制度进行会计核算。

第二章　单位预算管理

第六条　行政单位预算由收入预算和支出预算组成。

第七条　按照预算管理权限，行政单位预算管理分为下列级次：

（一）向本级财政部门申报预算的行政单位，为一级预算单位；

（二）向一级预算单位申报预算并有下级预算单位的行政单位，为二级预算单位，依次类推；

（三）向上一级预算单位申报预算，且没有下级预算单位的行政单位，为基层预算单位。

一级预算单位有下级预算单位的，为主管预算单位。

第八条　各级预算单位应当按照预算管理级次申报预算，并按照批准的预算组织实施，定期将预算执行情况向上一级预算单位或者本级财政部门报告。

第九条　国家对行政单位实行收支统一管理、结转和结余按照规定使用的预算管理办法。

第十条　行政单位编制预算，应当综合考虑以下因素：

（一）年度工作计划和收支预测；

（二）以前年度预算执行情况；

（三）以前年度结转和结余情况；

（四）资产配置标准和存量资产情况；

（五）有关绩效结果；

（六）其他因素。

第十一条　行政单位预算依照下列程序编报和审批：

（一）行政单位测算、提出预算建议数，逐级汇总后报送本级财政部门；

（二）财政部门审核行政单位提出的预算建议数，下达预算控制数；

（三）行政单位根据预算控制数正式编制年度预算草案，逐级汇总后报送本级财政部门；

（四）经法定程序批准后，财政部门批复行政单位预算。

第十二条　行政单位应当严格执行预算，按照收支平衡的原则，合理安排各项资金，不得超预算安排支出。

预算在执行中应当严格控制调剂。确需调剂的，行政单位应当按照规定程序办理。

第十三条　行政单位应当按照规定编制决算草案，逐级审核汇总后报本级财政部门审批。

第十四条　行政单位应当加强决算审核和分析，规范决算管理工作，保证决算数据的完整、真实、准确。

第十五条　行政单位应当全面实施预算绩效管理，加强绩效结果应用，提高资金使用效益。

第三章　收入管理

第十六条　收入是指行政单位依法取得的非偿还性资金，包括财政拨款收入和其他收入。

财政拨款收入，是指行政单位从本级财政部门取得的预算资金。

其他收入，是指行政单位依法取得的除财政拨款收入以外的各项收入。

行政单位依法取得的应当上缴财政的罚没收入、行政事业性收费收入、政府性基金收入、国有资源（资产）有偿使用收入等，不属于行政单位的收入。

第十七条　行政单位取得各项收入，应当符合国家规定，按照财务管理的要求，分项如实核算。

第十八条　行政单位应当将各项收入全部纳入单位预算，统一核算，统一管理，未纳入预算的收入不得安排支出。

第四章　支出管理

第十九条　支出是指行政单位为保障机构正常运转和完成工作任务所发生的资金耗费和损失，包括基本支出和项目支出。

基本支出，是指行政单位为保障其机构正常运转和完成日常工作任务所发生的支出，包括人员经费和公用经费。

项目支出，是指行政单位为完成其特定的工作任务所发生的支出。

第二十条　行政单位应当将各项支出全部以项目形式纳入预算项目库，实施项目全生命周期管理，未纳入预算项目库的项目一律不得安排预算。

各项支出由单位财务部门按照批准的预算和有关规定审核办理。

第二十一条　行政单位应当严格执行国家规定的开支范围及标准，不得擅自扩大开支范围、提高开支标准，建立健全支出管理制度，合理安排支出进度，严控一般性支出。

第二十二条　行政单位从财政部门或者上级预算单位取得的项目资金，应当按照批准的项目和用途使用，专款专用，在单位统一会计账簿中按项目明细单独核算，并按照有关规定报告资金使用情况，接受财政部门和上级预算单位的监督。

第二十三条　行政单位应当严格执行国库集中支付制度和政府采购法律制度等规定。

第二十四条　行政单位可以根据机构运转和完成工作任务的实际需要，实行成本核算。成本核算的具体办法按照国务院财政部门有关规定执行。

第二十五条　行政单位应当依法依规加强各类票据管理，确保票据来源合法、内容真实、使用正确，不得使用虚假票据。

第五章　结转和结余管理

第二十六条　结转资金，是指当年预算已执行但未完成，或者因故未执行，下一年度需要按照原用途继续使用的资金。

第二十七条　结余资金，是指当年预算工作目标已完成，或者因故终止，当年剩余的资金。

结转资金在规定使用年限未使用或者未使用完的，视为结余资金。

第二十八条　财政拨款结转和结余的管理，应当按照国家有关规定执行。

第六章　资产管理

第二十九条　资产是指行政单位依法直接支配的、能以货币计量的各类经济资源，包括流动资产、固定资产、在建工程、无形资产、公共基础设施、政府储备物资、文物文化资产、保障性住房等。

第三十条 流动资产是指预计在一年以内耗用或者可以变现的资产，包括货币资金、应收及预付款项、存货等。

前款所称存货是指行政单位在工作中为耗用而储存的资产，包括材料、产品、包装物和低值易耗品以及未达到固定资产标准的用具、装具、动植物等。

第三十一条 固定资产是指使用期限超过一年，单位价值在1000元以上，并且在使用过程中基本保持原有物质形态的资产。单位价值虽未达到规定标准，但是耐用时间在一年以上的大批同类物资，作为固定资产管理。

第三十二条 在建工程是指已经发生必要支出，但尚未达到交付使用状态的建设项目工程。

在建工程达到交付使用状态时，应当按照规定办理工程竣工财务决算和资产交付使用，期限最长不得超过1年。

第三十三条 无形资产是指不具有实物形态而能为使用者提供某种权利的资产，包括专利权、商标权、著作权、土地使用权、非专利技术等。

第三十四条 行政单位应当建立健全单位资产管理制度，明确资产使用人和管理人的岗位责任，按照国家规定设置国有资产台账，加强和规范资产配置、使用和处置管理，维护资产安全完整。涉及资产评估的，按照国家有关规定执行。

行政单位应当汇总编制本单位行政事业性国有资产管理情况报告。

第三十五条 行政单位应当根据依法履行职能和完成工作任务的需要，结合资产存量和价值、资产配置标准、绩效目标和财政承受能力，优先通过调剂方式配置资产。不能调剂的，可以采用购置、建设、租用等方式。

第三十六条 行政单位应当加强资产日常管理工作，做好资产建账、核算和登记工作，定期或者不定期进行清查盘点、对账，保证账账相符，账实相符。出现资产盘盈盘亏的，应当按照财务、会计和资产管理制度有关规定处理。

行政单位对需要办理权属登记的资产应当依法及时办理。

第三十七条 行政单位开设银行存款账户，应当报本级财政部门审批或者备案，并由财务部门统一管理。

第三十八条　行政单位应当加强应收及预付款项的管理，严格控制规模，并及时进行清理，不得长期挂账。

第三十九条　行政单位的资产增加时，应当及时登记入账；减少时，应当按照资产处置规定办理报批手续，进行账务处理。

行政单位货币性资产损失核销，按照本级财政部门预算及财务管理有关规定执行。

第四十条　除法律另有规定外，行政单位不得以任何形式用其依法直接支配的国有资产对外投资或者设立营利性组织。对于未与行政单位脱钩的营利性组织，行政单位应当按照有关规定进行监管。

除法律、行政法规另有规定外，行政单位不得以任何方式举借债务，不得以任何方式对外提供担保。

第四十一条　行政单位对外出租、出借国有资产，应当按照有关规定履行相关审批程序。未经批准，不得对外出租、出借。

第四十二条　行政单位应当在确保安全使用的前提下，推进本单位大型设备等国有资产共享共用工作，可以对提供方给予合理补偿。

第四十三条　行政单位资产处置应当遵循公开、公平、公正和竞争、择优的原则，依法进行资产评估，严格履行相关审批程序。

第四十四条　公共基础设施、政府储备物资、文物文化资产、保障性住房等国有资产管理的具体办法，由国务院财政部门会同有关部门制定。

第七章　负债管理

第四十五条　负债是指行政单位过去的经济业务事项形成的、预期会导致经济资源流出的现时义务，包括应缴款项、暂存款项、应付款项等。

第四十六条　应缴款项是指行政单位依法取得的应当上缴财政的资金，包括罚没收入、行政事业性收费收入、政府性基金收入、国有资源（资产）有偿使用收入等。

第四十七条　行政单位取得罚没收入、行政事业性收费收入、政府性基金收入、国有资源（资产）有偿使用收入等，应当按照国库集中收缴的有关规定及时足额上缴，不得隐瞒、滞留、截留、占用、挪用、拖欠或者坐支。

第四十八条　暂存款项是行政单位在业务活动中与其他单位或者个人发

生的预收、代管等待结算的款项。

第四十九条　行政单位应当加强对暂存款项的管理，不得将应当纳入单位收入管理的款项列入暂存款项；对各种暂存款项应当及时清理、结算，不得长期挂账。

第八章　行政单位划转撤并的财务处理

第五十条　行政单位划转撤并的财务处理，应当在财政部门、主管预算单位等部门的监督指导下进行。

划转撤并的行政单位应当对单位的财产、债权、债务等进行全面清理，编制财产目录和债权、债务清单，提出财产作价依据和债权、债务处理办法，做好资产和负债的移交、接收、划转和管理工作，并妥善处理各项遗留问题。

第五十一条　划转撤并的行政单位的资产和负债经主管预算单位审核并上报财政部门和有关部门批准后，分别按照下列规定处理：

（一）转为事业单位和改变隶属关系的行政单位，其资产和负债无偿移交，并相应调整、划转经费指标。

（二）转为企业的行政单位，其资产按照有关规定进行评估作价并扣除负债后，转作企业的国有资本。

（三）撤销的行政单位，其全部资产和负债由财政部门或者财政部门授权的单位处理。

（四）合并的行政单位，其全部资产和负债移交接收单位或者新组建单位，并相应划转经费指标；合并后多余的资产，由财政部门或者财政部门授权的单位处理。

（五）分立的行政单位，其资产和负债按照有关规定移交分立后的行政单位，并相应划转经费指标。

第九章　财务报告和决算报告

第五十二条　行政单位应当按照国家有关规定向主管预算单位和财政部门以及其他有关的报告使用者提供财务报告、决算报告。

行政单位财务会计和预算会计要素的确认、计量、记录、报告应当遵循政府会计准则制度的规定。

第五十三条　财务报告主要以权责发生制为基础编制，以财务会计核算生成的数据为准，综合反映行政单位特定日期财务状况和一定时期运行情况等信息。

第五十四条　财务报告由财务报表和财务分析两部分组成。财务报表主要包括资产负债表、收入费用表等会计报表和报表附注。财务分析的内容主要包括财务状况分析、运行情况分析和财务管理情况等。

第五十五条　决算报告主要以收付实现制为基础编制，以预算会计核算生成的数据为准，综合反映行政单位年度预算收支执行结果等信息。

第五十六条　决算报告由决算报表和决算分析两部分组成。决算报表主要包括收入支出表、财政拨款收入支出表等。决算分析的内容主要包括收支预算执行分析、资金使用效益分析和机构人员情况等。

第十章　财务监督

第五十七条　行政单位财务监督主要包括对预算管理、收入管理、支出管理、结转和结余管理、资产管理、负债管理等的监督。

第五十八条　行政单位财务监督应当实行事前监督、事中监督、事后监督相结合，日常监督与专项监督相结合，并对违反财务规章制度的问题进行检查处理。

第五十九条　行政单位应当建立健全内部控制制度、经济责任制度、财务信息披露制度等监督制度，按照规定编制内部控制报告，依法依规公开财务信息，做好预决算公开工作。

第六十条　行政单位应当遵守财经纪律和财务制度，依法接受主管预算单位和财政、审计部门的监督。

第六十一条　财政部门、行政单位及其工作人员存在违反本规则规定的行为，以及其他滥用职权、玩忽职守、徇私舞弊等违法违规行为的，依法追究相应责任。

第十一章　附　　则

第六十二条　行政单位基本建设投资的财务管理，应当执行本规则，但国家基本建设投资财务管理制度另有规定的，从其规定。

第六十三条 行政单位应当严格按照《中华人民共和国保守国家秘密法》等法律法规和有关规定，做好涉密事项的财务管理工作。

第六十四条 行政单位所属独立核算的企业、事业单位分别执行相应的财务制度，不执行本规则。

第六十五条 省、自治区、直辖市人民政府财政部门可以依据本规则结合本地区实际情况制定实施办法。

第六十六条 本规则自2023年3月1日起施行。《行政单位财务规则》（财政部令第71号）同时废止。

中华人民共和国预算法

（1994年3月22日第八届全国人民代表大会第二次会议通过 根据2014年8月31日第十二届全国人民代表大会常务委员会第十次会议《关于修改〈中华人民共和国预算法〉的决定》第一次修正 根据2018年12月29日第十三届全国人民代表大会常务委员会第七次会议《关于修改〈中华人民共和国产品质量法〉等五部法律的决定》第二次修正）

目 录

第一章 总则

第二章 预算管理职权

第三章 预算收支范围

第四章 预算编制

第五章 预算审查和批准

第六章 预算执行

第七章 预算调整

第八章 决算

第九章 监督

第十章 法律责任

第十一章 附则

第一章 总 则

第一条 为了规范政府收支行为，强化预算约束，加强对预算的管理和监督，建立健全全面规范、公开透明的预算制度，保障经济社会的健康发展，根据宪法，制定本法。

第二条　预算、决算的编制、审查、批准、监督，以及预算的执行和调整，依照本法规定执行。

第三条　国家实行一级政府一级预算，设立中央，省、自治区、直辖市，设区的市、自治州，县、自治县、不设区的市、市辖区，乡、民族乡、镇五级预算。

全国预算由中央预算和地方预算组成。地方预算由各省、自治区、直辖市总预算组成。

地方各级总预算由本级预算和汇总的下一级总预算组成；下一级只有本级预算的，下一级总预算即指下一级的本级预算。没有下一级预算的，总预算即指本级预算。

第四条　预算由预算收入和预算支出组成。

政府的全部收入和支出都应当纳入预算。

第五条　预算包括一般公共预算、政府性基金预算、国有资本经营预算、社会保险基金预算。

一般公共预算、政府性基金预算、国有资本经营预算、社会保险基金预算应当保持完整、独立。政府性基金预算、国有资本经营预算、社会保险基金预算应当与一般公共预算相衔接。

第六条　一般公共预算是对以税收为主体的财政收入，安排用于保障和改善民生、推动经济社会发展、维护国家安全、维持国家机构正常运转等方面的收支预算。

中央一般公共预算包括中央各部门（含直属单位，下同）的预算和中央对地方的税收返还、转移支付预算。

中央一般公共预算收入包括中央本级收入和地方向中央的上解收入。中央一般公共预算支出包括中央本级支出、中央对地方的税收返还和转移支付。

第七条　地方各级一般公共预算包括本级各部门（含直属单位，下同）的预算和税收返还、转移支付预算。

地方各级一般公共预算收入包括地方本级收入、上级政府对本级政府的税收返还和转移支付、下级政府的上解收入。地方各级一般公共预算支出包括地方本级支出、对上级政府的上解支出、对下级政府的税收返还和转移支付。

第八条　各部门预算由本部门及其所属各单位预算组成。

第九条　政府性基金预算是对依照法律、行政法规的规定在一定期限内向特定对象征收、收取或者以其他方式筹集的资金，专项用于特定公共事业发展的收支预算。

政府性基金预算应当根据基金项目收入情况和实际支出需要，按基金项目编制，做到以收定支。

第十条　国有资本经营预算是对国有资本收益作出支出安排的收支预算。

国有资本经营预算应当按照收支平衡的原则编制，不列赤字，并安排资金调入一般公共预算。

第十一条　社会保险基金预算是对社会保险缴款、一般公共预算安排和其他方式筹集的资金，专项用于社会保险的收支预算。

社会保险基金预算应当按照统筹层次和社会保险项目分别编制，做到收支平衡。

第十二条　各级预算应当遵循统筹兼顾、勤俭节约、量力而行、讲求绩效和收支平衡的原则。

各级政府应当建立跨年度预算平衡机制。

第十三条　经人民代表大会批准的预算，非经法定程序，不得调整。各级政府、各部门、各单位的支出必须以经批准的预算为依据，未列入预算的不得支出。

第十四条　经本级人民代表大会或者本级人民代表大会常务委员会批准的预算、预算调整、决算、预算执行情况的报告及报表，应当在批准后二十日内由本级政府财政部门向社会公开，并对本级政府财政转移支付安排、执行的情况以及举借债务的情况等重要事项作出说明。

经本级政府财政部门批复的部门预算、决算及报表，应当在批复后二十日内由各部门向社会公开，并对部门预算、决算中机关运行经费的安排、使用情况等重要事项作出说明。

各级政府、各部门、各单位应当将政府采购的情况及时向社会公开。

本条前三款规定的公开事项，涉及国家秘密的除外。

第十五条　国家实行中央和地方分税制。

第十六条　国家实行财政转移支付制度。财政转移支付应当规范、公平、公开，以推进地区间基本公共服务均等化为主要目标。

财政转移支付包括中央对地方的转移支付和地方上级政府对下级政府的转移支付，以为均衡地区间基本财力、由下级政府统筹安排使用的一般性转移支付为主体。

按照法律、行政法规和国务院的规定可以设立专项转移支付，用于办理特定事项。建立健全专项转移支付定期评估和退出机制。市场竞争机制能够有效调节的事项不得设立专项转移支付。

上级政府在安排专项转移支付时，不得要求下级政府承担配套资金。但是，按照国务院的规定应当由上下级政府共同承担的事项除外。

第十七条 各级预算的编制、执行应当建立健全相互制约、相互协调的机制。

第十八条 预算年度自公历一月一日起，至十二月三十一日止。

第十九条 预算收入和预算支出以人民币元为计算单位。

第二章 预算管理职权

第二十条 全国人民代表大会审查中央和地方预算草案及中央和地方预算执行情况的报告；批准中央预算和中央预算执行情况的报告；改变或者撤销全国人民代表大会常务委员会关于预算、决算的不适当的决议。

全国人民代表大会常务委员会监督中央和地方预算的执行；审查和批准中央预算的调整方案；审查和批准中央决算；撤销国务院制定的同宪法、法律相抵触的关于预算、决算的行政法规、决定和命令；撤销省、自治区、直辖市人民代表大会及其常务委员会制定的同宪法、法律和行政法规相抵触的关于预算、决算的地方性法规和决议。

第二十一条 县级以上地方各级人民代表大会审查本级总预算草案及本级总预算执行情况的报告；批准本级预算和本级预算执行情况的报告；改变或者撤销本级人民代表大会常务委员会关于预算、决算的不适当的决议；撤销本级政府关于预算、决算的不适当的决定和命令。

县级以上地方各级人民代表大会常务委员会监督本级总预算的执行；审查和批准本级预算的调整方案；审查和批准本级决算；撤销本级政府和下一级人民代表大会及其常务委员会关于预算、决算的不适当的决定、命令和决议。

乡、民族乡、镇的人民代表大会审查和批准本级预算和本级预算执行情况的报告；监督本级预算的执行；审查和批准本级预算的调整方案；审查和批准本级决算；撤销本级政府关于预算、决算的不适当的决定和命令。

第二十二条 全国人民代表大会财政经济委员会对中央预算草案初步方案及上一年预算执行情况、中央预算调整初步方案和中央决算草案进行初步审查，提出初步审查意见。

省、自治区、直辖市人民代表大会有关专门委员会对本级预算草案初步方案及上一年预算执行情况、本级预算调整初步方案和本级决算草案进行初步审查，提出初步审查意见。

设区的市、自治州人民代表大会有关专门委员会对本级预算草案初步方案及上一年预算执行情况、本级预算调整初步方案和本级决算草案进行初步审查，提出初步审查意见，未设立专门委员会的，由本级人民代表大会常务委员会有关工作机构研究提出意见。

县、自治县、不设区的市、市辖区人民代表大会常务委员会对本级预算草案初步方案及上一年预算执行情况进行初步审查，提出初步审查意见。县、自治县、不设区的市、市辖区人民代表大会常务委员会有关工作机构对本级预算调整初步方案和本级决算草案研究提出意见。

设区的市、自治州以上各级人民代表大会有关专门委员会进行初步审查、常务委员会有关工作机构研究提出意见时，应当邀请本级人民代表大会代表参加。

对依照本条第一款至第四款规定提出的意见，本级政府财政部门应当将处理情况及时反馈。

依照本条第一款至第四款规定提出的意见以及本级政府财政部门反馈的处理情况报告，应当印发本级人民代表大会代表。

全国人民代表大会常务委员会和省、自治区、直辖市、设区的市、自治州人民代表大会常务委员会有关工作机构，依照本级人民代表大会常务委员会的决定，协助本级人民代表大会财政经济委员会或者有关专门委员会承担审查预算草案、预算调整方案、决算草案和监督预算执行等方面的具体工作。

第二十三条 国务院编制中央预算、决算草案；向全国人民代表大会作关于中央和地方预算草案的报告；将省、自治区、直辖市政府报送备案的预算汇总后报全国人民代表大会常务委员会备案；组织中央和地方预算的执行；决定中央预算预备费的动用；编制中央预算调整方案；监督中央各部门和地方政府的预算执行；改变或者撤销中央各部门和地方政府关于预算、决算的不适当的决定、命令；向全国人民代表大会、全国人民代表大会常务委员会报告中央和地方预算的执行情况。

第二十四条　县级以上地方各级政府编制本级预算、决算草案；向本级人民代表大会作关于本级总预算草案的报告；将下一级政府报送备案的预算汇总后报本级人民代表大会常务委员会备案；组织本级总预算的执行；决定本级预算预备费的动用；编制本级预算的调整方案；监督本级各部门和下级政府的预算执行；改变或者撤销本级各部门和下级政府关于预算、决算的不适当的决定、命令；向本级人民代表大会、本级人民代表大会常务委员会报告本级总预算的执行情况。

乡、民族乡、镇政府编制本级预算、决算草案；向本级人民代表大会作关于本级预算草案的报告；组织本级预算的执行；决定本级预算预备费的动用；编制本级预算的调整方案；向本级人民代表大会报告本级预算的执行情况。

经省、自治区、直辖市政府批准，乡、民族乡、镇本级预算草案、预算调整方案、决算草案，可以由上一级政府代编，并依照本法第二十一条的规定报乡、民族乡、镇的人民代表大会审查和批准。

第二十五条　国务院财政部门具体编制中央预算、决算草案；具体组织中央和地方预算的执行；提出中央预算预备费动用方案；具体编制中央预算的调整方案；定期向国务院报告中央和地方预算的执行情况。

地方各级政府财政部门具体编制本级预算、决算草案；具体组织本级总预算的执行；提出本级预算预备费动用方案；具体编制本级预算的调整方案；定期向本级政府和上一级政府财政部门报告本级总预算的执行情况。

第二十六条　各部门编制本部门预算、决算草案；组织和监督本部门预算的执行；定期向本级政府财政部门报告预算的执行情况。

各单位编制本单位预算、决算草案；按照国家规定上缴预算收入，安排预算支出，并接受国家有关部门的监督。

第三章　预算收支范围

第二十七条　一般公共预算收入包括各项税收收入、行政事业性收费收入、国有资源（资产）有偿使用收入、转移性收入和其他收入。

一般公共预算支出按照其功能分类，包括一般公共服务支出，外交、公共安全、国防支出，农业、环境保护支出，教育、科技、文化、卫生、体育支出，社会保障及就业支出和其他支出。

一般公共预算支出按照其经济性质分类，包括工资福利支出、商品和服务支出、资本性支出和其他支出。

第二十八条　政府性基金预算、国有资本经营预算和社会保险基金预算的收支范围，按照法律、行政法规和国务院的规定执行。

第二十九条　中央预算与地方预算有关收入和支出项目的划分、地方向中央上解收入、中央对地方税收返还或者转移支付的具体办法，由国务院规定，报全国人民代表大会常务委员会备案。

第三十条　上级政府不得在预算之外调用下级政府预算的资金。下级政府不得挤占或者截留属于上级政府预算的资金。

第四章　预算编制

第三十一条　国务院应当及时下达关于编制下一年预算草案的通知。编制预算草案的具体事项由国务院财政部门部署。

各级政府、各部门、各单位应当按照国务院规定的时间编制预算草案。

第三十二条　各级预算应当根据年度经济社会发展目标、国家宏观调控总体要求和跨年度预算平衡的需要，参考上一年预算执行情况、有关支出绩效评价结果和本年度收支预测，按照规定程序征求各方面意见后，进行编制。

各级政府依据法定权限作出决定或者制定行政措施，凡涉及增加或者减少财政收入或者支出的，应当在预算批准前提出并在预算草案中作出相应安排。

各部门、各单位应当按照国务院财政部门制定的政府收支分类科目、预算支出标准和要求，以及绩效目标管理等预算编制规定，根据其依法履行职能和事业发展的需要以及存量资产情况，编制本部门、本单位预算草案。

前款所称政府收支分类科目，收入分为类、款、项、目；支出按其功能分类分为类、款、项，按其经济性质分类分为类、款。

第三十三条　省、自治区、直辖市政府应当按照国务院规定的时间，将本级总预算草案报国务院审核汇总。

第三十四条　中央一般公共预算中必需的部分资金，可以通过举借国内和国外债务等方式筹措，举借债务应当控制适当的规模，保持合理的结构。

对中央一般公共预算中举借的债务实行余额管理，余额的规模不得超过全国人民代表大会批准的限额。

国务院财政部门具体负责对中央政府债务的统一管理。

第三十五条　地方各级预算按照量入为出、收支平衡的原则编制，除本法另有规定外，不列赤字。

经国务院批准的省、自治区、直辖市的预算中必需的建设投资的部分资金，可以在国务院确定的限额内，通过发行地方政府债券举借债务的方式筹措。举借债务的规模，由国务院报全国人民代表大会或者全国人民代表大会常务委员会批准。省、自治区、直辖市依照国务院下达的限额举借的债务，列入本级预算调整方案，报本级人民代表大会常务委员会批准。举借的债务应当有偿还计划和稳定的偿还资金来源，只能用于公益性资本支出，不得用于经常性支出。

除前款规定外，地方政府及其所属部门不得以任何方式举借债务。

除法律另有规定外，地方政府及其所属部门不得为任何单位和个人的债务以任何方式提供担保。

国务院建立地方政府债务风险评估和预警机制、应急处置机制以及责任追究制度。国务院财政部门对地方政府债务实施监督。

第三十六条　各级预算收入的编制，应当与经济社会发展水平相适应，与财政政策相衔接。

各级政府、各部门、各单位应当依照本法规定，将所有政府收入全部列入预算，不得隐瞒、少列。

第三十七条　各级预算支出应当依照本法规定，按其功能和经济性质分类编制。

各级预算支出的编制，应当贯彻勤俭节约的原则，严格控制各部门、各单位的机关运行经费和楼堂馆所等基本建设支出。

各级一般公共预算支出的编制，应当统筹兼顾，在保证基本公共服务合理需要的前提下，优先安排国家确定的重点支出。

第三十八条　一般性转移支付应当按照国务院规定的基本标准和计算方法编制。专项转移支付应当分地区、分项目编制。

县级以上各级政府应当将对下级政府的转移支付预计数提前下达下级政府。

地方各级政府应当将上级政府提前下达的转移支付预计数编入本级预算。

第三十九条　中央预算和有关地方预算中应当安排必要的资金，用于扶助革命老区、民族地区、边疆地区、贫困地区发展经济社会建设事业。

第四十条　各级一般公共预算应当按照本级一般公共预算支出额的百分之一至百分之三设置预备费，用于当年预算执行中的自然灾害等突发事件处理增加的支出及其他难以预见的开支。

第四十一条　各级一般公共预算按照国务院的规定可以设置预算周转金，用于本级政府调剂预算年度内季节性收支差额。

各级一般公共预算按照国务院的规定可以设置预算稳定调节基金，用于弥补以后年度预算资金的不足。

第四十二条　各级政府上一年预算的结转资金，应当在下一年用于结转项目的支出；连续两年未用完的结转资金，应当作为结余资金管理。

各部门、各单位上一年预算的结转、结余资金按照国务院财政部门的规定办理。

第五章　预算审查和批准

第四十三条　中央预算由全国人民代表大会审查和批准。

地方各级预算由本级人民代表大会审查和批准。

第四十四条　国务院财政部门应当在每年全国人民代表大会会议举行的四十五日前，将中央预算草案的初步方案提交全国人民代表大会财政经济委员会进行初步审查。

省、自治区、直辖市政府财政部门应当在本级人民代表大会会议举行的三十日前，将本级预算草案的初步方案提交本级人民代表大会有关专门委员会进行初步审查。

设区的市、自治州政府财政部门应当在本级人民代表大会会议举行的三十日前，将本级预算草案的初步方案提交本级人民代表大会有关专门委员会进行初步审查，或者送交本级人民代表大会常务委员会有关工作机构征求意见。

县、自治县、不设区的市、市辖区政府应当在本级人民代表大会会议举行的三十日前，将本级预算草案的初步方案提交本级人民代表大会常务委员会进行初步审查。

第四十五条 县、自治县、不设区的市、市辖区、乡、民族乡、镇的人民代表大会举行会议审查预算草案前，应当采用多种形式，组织本级人民代表大会代表，听取选民和社会各界的意见。

第四十六条 报送各级人民代表大会审查和批准的预算草案应当细化。本级一般公共预算支出，按其功能分类应当编列到项；按其经济性质分类，基本支出应当编列到款。本级政府性基金预算、国有资本经营预算、社会保险基金预算支出，按其功能分类应当编列到项。

第四十七条 国务院在全国人民代表大会举行会议时，向大会作关于中央和地方预算草案以及中央和地方预算执行情况的报告。

地方各级政府在本级人民代表大会举行会议时，向大会作关于总预算草案和总预算执行情况的报告。

第四十八条 全国人民代表大会和地方各级人民代表大会对预算草案及其报告、预算执行情况的报告重点审查下列内容：

（一）上一年预算执行情况是否符合本级人民代表大会预算决议的要求；

（二）预算安排是否符合本法的规定；

（三）预算安排是否贯彻国民经济和社会发展的方针政策，收支政策是否切实可行；

（四）重点支出和重大投资项目的预算安排是否适当；

（五）预算的编制是否完整，是否符合本法第四十六条的规定；

（六）对下级政府的转移性支出预算是否规范、适当；

（七）预算安排举借的债务是否合法、合理，是否有偿还计划和稳定的偿还资金来源；

（八）与预算有关重要事项的说明是否清晰。

第四十九条 全国人民代表大会财政经济委员会向全国人民代表大会主席团提出关于中央和地方预算草案及中央和地方预算执行情况的审查结果报告。

省、自治区、直辖市、设区的市、自治州人民代表大会有关专门委员会，县、自治县、不设区的市、市辖区人民代表大会常务委员会，向本级人民代表大会主席团提出关于总预算草案及上一年总预算执行情况的审查结果报告。

审查结果报告应当包括下列内容：

（一）对上一年预算执行和落实本级人民代表大会预算决议的情况作出评价；

（二）对本年度预算草案是否符合本法的规定、是否可行作出评价；

（三）对本级人民代表大会批准预算草案和预算报告提出建议；

（四）对执行年度预算、改进预算管理、提高预算绩效、加强预算监督等提出意见和建议。

第五十条 乡、民族乡、镇政府应当及时将经本级人民代表大会批准的本级预算报上一级政府备案。县级以上地方各级政府应当及时将经本级人民代表大会批准的本级预算及下一级政府报送备案的预算汇总，报上一级政府备案。

县级以上地方各级政府将下一级政府依照前款规定报送备案的预算汇总后，报本级人民代表大会常务委员会备案。国务院将省、自治区、直辖市政府依照前款规定报送备案的预算汇总后，报全国人民代表大会常务委员会备案。

第五十一条 国务院和县级以上地方各级政府对下一级政府依照本法第五十条规定报送备案的预算，认为有同法律、行政法规相抵触或者有其他不适当之处，需要撤销批准预算的决议的，应当提请本级人民代表大会常务委员会审议决定。

第五十二条 各级预算经本级人民代表大会批准后，本级政府财政部门应当在二十日内向本级各部门批复预算。各部门应当在接到本级政府财政部门批复的本部门预算后十五日内向所属各单位批复预算。

中央对地方的一般性转移支付应当在全国人民代表大会批准预算后三十

日内正式下达。中央对地方的专项转移支付应当在全国人民代表大会批准预算后九十日内正式下达。

省、自治区、直辖市政府接到中央一般性转移支付和专项转移支付后，应当在三十日内正式下达到本行政区域县级以上各级政府。

县级以上地方各级预算安排对下级政府的一般性转移支付和专项转移支付，应当分别在本级人民代表大会批准预算后的三十日和六十日内正式下达。

对自然灾害等突发事件处理的转移支付，应当及时下达预算；对据实结算等特殊项目的转移支付，可以分期下达预算，或者先预付后结算。

县级以上各级政府财政部门应当将批复本级各部门的预算和批复下级政府的转移支付预算，抄送本级人民代表大会财政经济委员会、有关专门委员会和常务委员会有关工作机构。

第六章　预算执行

第五十三条　各级预算由本级政府组织执行，具体工作由本级政府财政部门负责。

各部门、各单位是本部门、本单位的预算执行主体，负责本部门、本单位的预算执行，并对执行结果负责。

第五十四条　预算年度开始后，各级预算草案在本级人民代表大会批准前，可以安排下列支出：

（一）上一年度结转的支出；

（二）参照上一年同期的预算支出数额安排必须支付的本年度部门基本支出、项目支出，以及对下级政府的转移性支出；

（三）法律规定必须履行支付义务的支出，以及用于自然灾害等突发事件处理的支出。

根据前款规定安排支出的情况，应当在预算草案的报告中作出说明。

预算经本级人民代表大会批准后，按照批准的预算执行。

第五十五条　预算收入征收部门和单位，必须依照法律、行政法规的规定，及时、足额征收应征的预算收入。不得违反法律、行政法规规定，多征、提前征收或者减征、免征、缓征应征的预算收入，不得截留、占用或者挪用预算收入。

各级政府不得向预算收入征收部门和单位下达收入指标。

第五十六条 政府的全部收入应当上缴国家金库（以下简称国库），任何部门、单位和个人不得截留、占用、挪用或者拖欠。

对于法律有明确规定或者经国务院批准的特定专用资金，可以依照国务院的规定设立财政专户。

第五十七条 各级政府财政部门必须依照法律、行政法规和国务院财政部门的规定，及时、足额地拨付预算支出资金，加强对预算支出的管理和监督。

各级政府、各部门、各单位的支出必须按照预算执行，不得虚假列支。

各级政府、各部门、各单位应当对预算支出情况开展绩效评价。

第五十八条 各级预算的收入和支出实行收付实现制。

特定事项按照国务院的规定实行权责发生制的有关情况应当向本级人民代表大会常务委员会报告。

第五十九条 县级以上各级预算必须设立国库；具备条件的乡、民族乡、镇也应当设立国库。

中央国库业务由中国人民银行经理，地方国库业务依照国务院的有关规定办理。

各级国库应当按照国家有关规定，及时准确地办理预算收入的收纳、划分、留解、退付和预算支出的拨付。

各级国库库款的支配权属于本级政府财政部门。除法律、行政法规另有规定外，未经本级政府财政部门同意，任何部门、单位和个人都无权冻结、动用国库库款或者以其他方式支配已入国库的库款。

各级政府应当加强对本级国库的管理和监督，按照国务院的规定完善国库现金管理，合理调节国库资金余额。

第六十条 已经缴入国库的资金，依照法律、行政法规的规定或者国务院的决定需要退付的，各级政府财政部门或者其授权的机构应当及时办理退付。按照规定应当由财政支出安排的事项，不得用退库处理。

第六十一条 国家实行国库集中收缴和集中支付制度，对政府全部收入和支出实行国库集中收付管理。

第六十二条 各级政府应当加强对预算执行的领导，支持政府财政、税务、海关等预算收入的征收部门依法组织预算收入，支持政府财政部门严格管理预算支出。

财政、税务、海关等部门在预算执行中,应当加强对预算执行的分析;发现问题时应当及时建议本级政府采取措施予以解决。

第六十三条 各部门、各单位应当加强对预算收入和支出的管理,不得截留或者动用应当上缴的预算收入,不得擅自改变预算支出的用途。

第六十四条 各级预算预备费的动用方案,由本级政府财政部门提出,报本级政府决定。

第六十五条 各级预算周转金由本级政府财政部门管理,不得挪作他用。

第六十六条 各级一般公共预算年度执行中有超收收入的,只能用于冲减赤字或者补充预算稳定调节基金。

各级一般公共预算的结余资金,应当补充预算稳定调节基金。

省、自治区、直辖市一般公共预算年度执行中出现短收,通过调入预算稳定调节基金、减少支出等方式仍不能实现收支平衡的,省、自治区、直辖市政府报本级人民代表大会或者其常务委员会批准,可以增列赤字,报国务院财政部门备案,并应当在下一年度预算中予以弥补。

第七章　预算调整

第六十七条 经全国人民代表大会批准的中央预算和经地方各级人民代表大会批准的地方各级预算,在执行中出现下列情况之一的,应当进行预算调整:

(一)需要增加或者减少预算总支出的;

(二)需要调入预算稳定调节基金的;

(三)需要调减预算安排的重点支出数额的;

(四)需要增加举借债务数额的。

第六十八条 在预算执行中,各级政府一般不制定新的增加财政收入或者支出的政策和措施,也不制定减少财政收入的政策和措施;必须作出并需要进行预算调整的,应当在预算调整方案中作出安排。

第六十九条 在预算执行中,各级政府对于必须进行的预算调整,应当编制预算调整方案。预算调整方案应当说明预算调整的理由、项目和数额。

在预算执行中,由于发生自然灾害等突发事件,必须及时增加预算支出的,应当先动支预备费;预备费不足支出的,各级政府可以先安排支出,属于预算调整的，列入预算调整方案。

国务院财政部门应当在全国人民代表大会常务委员会举行会议审查和批准预算调整方案的三十日前，将预算调整初步方案送交全国人民代表大会财政经济委员会进行初步审查。

省、自治区、直辖市政府财政部门应当在本级人民代表大会常务委员会举行会议审查和批准预算调整方案的三十日前，将预算调整初步方案送交本级人民代表大会有关专门委员会进行初步审查。

设区的市、自治州政府财政部门应当在本级人民代表大会常务委员会举行会议审查和批准预算调整方案的三十日前，将预算调整初步方案送交本级人民代表大会有关专门委员会进行初步审查，或者送交本级人民代表大会常务委员会有关工作机构征求意见。

县、自治县、不设区的市、市辖区政府财政部门应当在本级人民代表大会常务委员会举行会议审查和批准预算调整方案的三十日前，将预算调整初步方案送交本级人民代表大会常务委员会有关工作机构征求意见。

中央预算的调整方案应当提请全国人民代表大会常务委员会审查和批准。县级以上地方各级预算的调整方案应当提请本级人民代表大会常务委员会审查和批准；乡、民族乡、镇预算的调整方案应当提请本级人民代表大会审查和批准。未经批准，不得调整预算。

第七十条 经批准的预算调整方案，各级政府应当严格执行。未经本法第六十九条规定的程序，各级政府不得作出预算调整的决定。

对违反前款规定作出的决定，本级人民代表大会、本级人民代表大会常务委员会或者上级政府应当责令其改变或者撤销。

第七十一条 在预算执行中，地方各级政府因上级政府增加不需要本级政府提供配套资金的专项转移支付而引起的预算支出变化，不属于预算调整。

接受增加专项转移支付的县级以上地方各级政府应当向本级人民代表大会常务委员会报告有关情况；接受增加专项转移支付的乡、民族乡、镇政府应当向本级人民代表大会报告有关情况。

第七十二条 各部门、各单位的预算支出应当按照预算科目执行。严格控制不同预算科目、预算级次或者项目间的预算资金的调剂，确需调剂使用的，按照国务院财政部门的规定办理。

第七十三条　地方各级预算的调整方案经批准后，由本级政府报上一级政府备案。

第八章　决　　算

第七十四条　决算草案由各级政府、各部门、各单位，在每一预算年度终了后按照国务院规定的时间编制。

编制决算草案的具体事项，由国务院财政部门部署。

第七十五条　编制决算草案，必须符合法律、行政法规，做到收支真实、数额准确、内容完整、报送及时。

决算草案应当与预算相对应，按预算数、调整预算数、决算数分别列出。一般公共预算支出应当按其功能分类编列到项，按其经济性质分类编列到款。

第七十六条　各部门对所属各单位的决算草案，应当审核并汇总编制本部门的决算草案，在规定的期限内报本级政府财政部门审核。

各级政府财政部门对本级各部门决算草案审核后发现有不符合法律、行政法规规定的，有权予以纠正。

第七十七条　国务院财政部门编制中央决算草案，经国务院审计部门审计后，报国务院审定，由国务院提请全国人民代表大会常务委员会审查和批准。

县级以上地方各级政府财政部门编制本级决算草案，经本级政府审计部门审计后，报本级政府审定，由本级政府提请本级人民代表大会常务委员会审查和批准。

乡、民族乡、镇政府编制本级决算草案，提请本级人民代表大会审查和批准。

第七十八条　国务院财政部门应当在全国人民代表大会常务委员会举行会议审查和批准中央决算草案的三十日前，将上一年度中央决算草案提交全国人民代表大会财政经济委员会进行初步审查。

省、自治区、直辖市政府财政部门应当在本级人民代表大会常务委员会举行会议审查和批准本级决算草案的三十日前，将上一年度本级决算草案提交本级人民代表大会有关专门委员会进行初步审查。

设区的市、自治州政府财政部门应当在本级人民代表大会常务委员会举行会议审查和批准本级决算草案的三十日前,将上一年度本级决算草案提交本级人民代表大会有关专门委员会进行初步审查,或者送交本级人民代表大会常务委员会有关工作机构征求意见。

县、自治县、不设区的市、市辖区政府财政部门应当在本级人民代表大会常务委员会举行会议审查和批准本级决算草案的三十日前,将上一年度本级决算草案送交本级人民代表大会常务委员会有关工作机构征求意见。

全国人民代表大会财政经济委员会和省、自治区、直辖市、设区的市、自治州人民代表大会有关专门委员会,向本级人民代表大会常务委员会提出关于本级决算草案的审查结果报告。

第七十九条 县级以上各级人民代表大会常务委员会和乡、民族乡、镇人民代表大会对本级决算草案,重点审查下列内容:

(一)预算收入情况;

(二)支出政策实施情况和重点支出、重大投资项目资金的使用及绩效情况;

(三)结转资金的使用情况;

(四)资金结余情况;

(五)本级预算调整及执行情况;

(六)财政转移支付安排执行情况;

(七)经批准举借债务的规模、结构、使用、偿还等情况;

(八)本级预算周转金规模和使用情况;

(九)本级预备费使用情况;

(十)超收收入安排情况,预算稳定调节基金的规模和使用情况;

(十一)本级人民代表大会批准的预算决议落实情况;

(十二)其他与决算有关的重要情况。

县级以上各级人民代表大会常务委员会应当结合本级政府提出的上一年度预算执行和其他财政收支的审计工作报告,对本级决算草案进行审查。

第八十条 各级决算经批准后,财政部门应当在二十日内向本级各部门批复决算。各部门应当在接到本级政府财政部门批复的本部门决算后十五日内向所属单位批复决算。

第八十一条 地方各级政府应当将经批准的决算及下一级政府上报备案

的决算汇总，报上一级政府备案。

县级以上各级政府应当将下一级政府报送备案的决算汇总后，报本级人民代表大会常务委员会备案。

第八十二条 国务院和县级以上地方各级政府对下一级政府依照本法第八十一条规定报送备案的决算，认为有同法律、行政法规相抵触或者有其他不适当之处，需要撤销批准该项决算的决议的，应当提请本级人民代表大会常务委员会审议决定；经审议决定撤销的，该下级人民代表大会常务委员会应当责成本级政府依照本法规定重新编制决算草案，提请本级人民代表大会常务委员会审查和批准。

第九章 监 督

第八十三条 全国人民代表大会及其常务委员会对中央和地方预算、决算进行监督。

县级以上地方各级人民代表大会及其常务委员会对本级和下级预算、决算进行监督。

乡、民族乡、镇人民代表大会对本级预算、决算进行监督。

第八十四条 各级人民代表大会和县级以上各级人民代表大会常务委员会有权就预算、决算中的重大事项或者特定问题组织调查，有关的政府、部门、单位和个人应当如实反映情况和提供必要的材料。

第八十五条 各级人民代表大会和县级以上各级人民代表大会常务委员会举行会议时，人民代表大会代表或者常务委员会组成人员，依照法律规定程序就预算、决算中的有关问题提出询问或者质询，受询问或者受质询的有关政府或者财政部门必须及时给予答复。

第八十六条 国务院和县级以上地方各级政府应当在每年六月至九月期间向本级人民代表大会常务委员会报告预算执行情况。

第八十七条 各级政府监督下级政府的预算执行；下级政府应当定期向上一级政府报告预算执行情况。

第八十八条 各级政府财政部门负责监督本级各部门及其所属各单位预算管理有关工作，并向本级政府和上一级政府财政部门报告预算执行情况。

第八十九条 县级以上政府审计部门依法对预算执行、决算实行审计监督。

对预算执行和其他财政收支的审计工作报告应当向社会公开。

第九十条 政府各部门负责监督检查所属各单位的预算执行，及时向本级政府财政部门反映本部门预算执行情况，依法纠正违反预算的行为。

第九十一条 公民、法人或者其他组织发现有违反本法的行为，可以依法向有关国家机关进行检举、控告。

接受检举、控告的国家机关应当依法进行处理，并为检举人、控告人保密。任何单位或者个人不得压制和打击报复检举人、控告人。

第十章 法律责任

第九十二条 各级政府及有关部门有下列行为之一的，责令改正，对负有直接责任的主管人员和其他直接责任人员追究行政责任：

（一）未依照本法规定，编制、报送预算草案、预算调整方案、决算草案和部门预算、决算以及批复预算、决算的；

（二）违反本法规定，进行预算调整的；

（三）未依照本法规定对有关预算事项进行公开和说明的；

（四）违反规定设立政府性基金项目和其他财政收入项目的；

（五）违反法律、法规规定使用预算预备费、预算周转金、预算稳定调节基金、超收收入的；

（六）违反本法规定开设财政专户的。

第九十三条 各级政府及有关部门、单位有下列行为之一的，责令改正，对负有直接责任的主管人员和其他直接责任人员依法给予降级、撤职、开除的处分：

（一）未将所有政府收入和支出列入预算或者虚列收入和支出的；

（二）违反法律、行政法规的规定，多征、提前征收或者减征、免征、缓征应征预算收入的；

（三）截留、占用、挪用或者拖欠应当上缴国库的预算收入的；

（四）违反本法规定，改变预算支出用途的；

（五）擅自改变上级政府专项转移支付资金用途的；

（六）违反本法规定拨付预算支出资金，办理预算收入收纳、划分、留解、退付，或者违反本法规定冻结、动用国库库款或者以其他方式支配已入国库库款的。

第九十四条　各级政府、各部门、各单位违反本法规定举借债务或者为他人债务提供担保，或者挪用重点支出资金，或者在预算之外及超预算标准建设楼堂馆所的，责令改正，对负有直接责任的主管人员和其他直接责任人员给予撤职、开除的处分。

第九十五条　各级政府有关部门、单位及其工作人员有下列行为之一的，责令改正，追回骗取、使用的资金，有违法所得的没收违法所得，对单位给予警告或者通报批评；对负有直接责任的主管人员和其他直接责任人员依法给予处分：

（一）违反法律、法规的规定，改变预算收入上缴方式的；

（二）以虚报、冒领等手段骗取预算资金的；

（三）违反规定扩大开支范围、提高开支标准的；

（四）其他违反财政管理规定的行为。

第九十六条　本法第九十二条、第九十三条、第九十四条、第九十五条所列违法行为，其他法律对其处理、处罚另有规定的，依照其规定。

违反本法规定，构成犯罪的，依法追究刑事责任。

第十一章　附　　则

第九十七条　各级政府财政部门应当按年度编制以权责发生制为基础的政府综合财务报告，报告政府整体财务状况、运行情况和财政中长期可持续性，报本级人民代表大会常务委员会备案。

第九十八条　国务院根据本法制定实施条例。

第九十九条　民族自治地方的预算管理，依照民族区域自治法的有关规定执行；民族区域自治法没有规定的，依照本法和国务院的有关规定执行。

第一百条　省、自治区、直辖市人民代表大会或者其常务委员会根据本法，可以制定有关预算审查监督的决定或者地方性法规。

第一百零一条　本法自1995年1月1日起施行。1991年10月21日国务院发布的《国家预算管理条例》同时废止。

中华人民共和国预算法实施条例

（1995年11月22日中华人民共和国国务院令第186号发布　2020年8月3日中华人民共和国国务院令第729号修订）

第一章　总　　则

第一条　根据《中华人民共和国预算法》（以下简称预算法），制定本条例。

第二条　县级以上地方政府的派出机关根据本级政府授权进行预算管理活动，不作为一级预算，其收支纳入本级预算。

第三条　社会保险基金预算应当在精算平衡的基础上实现可持续运行，一般公共预算可以根据需要和财力适当安排资金补充社会保险基金预算。

第四条　预算法第六条第二款所称各部门，是指与本级政府财政部门直接发生预算缴拨款关系的国家机关、军队、政党组织、事业单位、社会团体和其他单位。

第五条　各部门预算应当反映一般公共预算、政府性基金预算、国有资本经营预算安排给本部门及其所属各单位的所有预算资金。

各部门预算收入包括本级财政安排给本部门及其所属各单位的预算拨款收入和其他收入。各部门预算支出为与部门预算收入相对应的支出，包括基本支出和项目支出。

本条第二款所称基本支出，是指各部门、各单位为保障其机构正常运转、完成日常工作任务所发生的支出，包括人员经费和公用经费；所称项目支出，是指各部门、各单位为完成其特定的工作任务和事业发展目标所发生的支出。

各部门及其所属各单位的本级预算拨款收入和其相对应的支出，应当在部门预算中单独反映。

部门预算编制、执行的具体办法，由本级政府财政部门依法作出规定。

第六条 一般性转移支付向社会公开应当细化到地区。专项转移支付向社会公开应当细化到地区和项目。

政府债务、机关运行经费、政府采购、财政专户资金等情况，按照有关规定向社会公开。

部门预算、决算应当公开基本支出和项目支出。部门预算、决算支出按其功能分类应当公开到项；按其经济性质分类，基本支出应当公开到款。

各部门所属单位的预算、决算及报表，应当在部门批复后20日内由单位向社会公开。单位预算、决算应当公开基本支出和项目支出。单位预算、决算支出按其功能分类应当公开到项；按其经济性质分类，基本支出应当公开到款。

第七条 预算法第十五条所称中央和地方分税制，是指在划分中央与地方事权的基础上，确定中央与地方财政支出范围，并按税种划分中央与地方预算收入的财政管理体制。

分税制财政管理体制的具体内容和实施办法，按照国务院的有关规定执行。

第八条 县级以上地方各级政府应当根据中央和地方分税制的原则和上级政府的有关规定，确定本级政府对下级政府的财政管理体制。

第九条 预算法第十六条第二款所称一般性转移支付，包括：

（一）均衡性转移支付；

（二）对革命老区、民族地区、边疆地区、贫困地区的财力补助；

（三）其他一般性转移支付。

第十条 预算法第十六条第三款所称专项转移支付，是指上级政府为了实现特定的经济和社会发展目标给予下级政府，并由下级政府按照上级政府规定的用途安排使用的预算资金。

县级以上各级政府财政部门应当会同有关部门建立健全专项转移支付定期评估和退出机制。对评估后的专项转移支付，按照下列情形分别予以处理：

（一）符合法律、行政法规和国务院规定，有必要继续执行的，可以继续执行；

（二）设立的有关要求变更，或者实际绩效与目标差距较大、管理不够完善的，应当予以调整；

（三）设立依据失效或者废止的，应当予以取消。

第十一条 预算收入和预算支出以人民币元为计算单位。预算收支以人民币以外的货币收纳和支付的，应当折合成人民币计算。

第二章 预算收支范围

第十二条 预算法第二十七条第一款所称行政事业性收费收入，是指国家机关、事业单位等依照法律法规规定，按照国务院规定的程序批准，在实施社会公共管理以及在向公民、法人和其他组织提供特定公共服务过程中，按照规定标准向特定对象收取费用形成的收入。

预算法第二十七条第一款所称国有资源（资产）有偿使用收入，是指矿藏、水流、海域、无居民海岛以及法律规定属于国家所有的森林、草原等国有资源有偿使用收入，按照规定纳入一般公共预算管理的国有资产收入等。

预算法第二十七条第一款所称转移性收入，是指上级税收返还和转移支付、下级上解收入、调入资金以及按照财政部规定列入转移性收入的无隶属关系政府的无偿援助。

第十三条 转移性支出包括上解上级支出、对下级的税收返还和转移支付、调出资金以及按照财政部规定列入转移性支出的给予无隶属关系政府的无偿援助。

第十四条 政府性基金预算收入包括政府性基金各项目收入和转移性收入。

政府性基金预算支出包括与政府性基金预算收入相对应的各项目支出和转移性支出。

第十五条 国有资本经营预算收入包括依照法律、行政法规和国务院规定应当纳入国有资本经营预算的国有独资企业和国有独资公司按照规定上缴国家的利润收入、从国有资本控股和参股公司获得的股息红利收入、国有产权转让收入、清算收入和其他收入。

国有资本经营预算支出包括资本性支出、费用性支出、向一般公共预算调出资金等转移性支出和其他支出。

第十六条 社会保险基金预算收入包括各项社会保险费收入、利息收入、投资收益、一般公共预算补助收入、集体补助收入、转移收入、上级补助收入、下级上解收入和其他收入。

社会保险基金预算支出包括各项社会保险待遇支出、转移支出、补助下级支出、上解上级支出和其他支出。

第十七条 地方各级预算上下级之间有关收入和支出项目的划分以及上解、返还或者转移支付的具体办法，由上级地方政府规定，报本级人民代表大会常务委员会备案。

第十八条 地方各级社会保险基金预算上下级之间有关收入和支出项目的划分以及上解、补助的具体办法，按照统筹层次由上级地方政府规定，报本级人民代表大会常务委员会备案。

第三章　预　算　编　制

第十九条 预算法第三十一条所称预算草案，是指各级政府、各部门、各单位编制的未经法定程序审查和批准的预算。

第二十条 预算法第三十二条第一款所称绩效评价，是指根据设定的绩效目标，依据规范的程序，对预算资金的投入、使用过程、产出与效果进行系统和客观的评价。

绩效评价结果应当按照规定作为改进管理和编制以后年度预算的依据。

第二十一条 预算法第三十二条第三款所称预算支出标准，是指对预算事项合理分类并分别规定的支出预算编制标准，包括基本支出标准和项目支出标准。

地方各级政府财政部门应当根据财政部制定的预算支出标准，结合本地区经济社会发展水平、财力状况等，制定本地区或者本级的预算支出标准。

第二十二条 财政部于每年6月15日前部署编制下一年度预算草案的具体事项，规定报表格式、编报方法、报送期限等。

第二十三条 中央各部门应当按照国务院的要求和财政部的部署，结合本部门的具体情况，组织编制本部门及其所属各单位的预算草案。

中央各部门负责本部门所属各单位预算草案的审核，并汇总编制本部门的预算草案，按照规定报财政部审核。

第二十四条 财政部审核中央各部门的预算草案，具体编制中央预算草案；汇总地方预算草案或者地方预算，汇编中央和地方预算草案。

第二十五条 省、自治区、直辖市政府按照国务院的要求和财政部的部署，结合本地区的具体情况，提出本行政区域编制预算草案的要求。

县级以上地方各级政府财政部门应当于每年6月30日前部署本行政区域编制下一年度预算草案的具体事项，规定有关报表格式、编报方法、报送期限等。

第二十六条 县级以上地方各级政府各部门应当根据本级政府的要求和本级政府财政部门的部署，结合本部门的具体情况，组织编制本部门及其所属各单位的预算草案，按照规定报本级政府财政部门审核。

第二十七条 县级以上地方各级政府财政部门审核本级各部门的预算草案，具体编制本级预算草案，汇编本级总预算草案，经本级政府审定后，按照规定期限报上一级政府财政部门。

省、自治区、直辖市政府财政部门汇总的本级总预算草案或者本级总预算，应当于下一年度1月10日前报财政部。

第二十八条 县级以上各级政府财政部门审核本级各部门的预算草案时，发现不符合编制预算要求的，应当予以纠正；汇编本级总预算草案时，发现下级预算草案不符合上级政府或者本级政府编制预算要求的，应当及时向本级政府报告，由本级政府予以纠正。

第二十九条 各级政府财政部门编制收入预算草案时，应当征求税务、海关等预算收入征收部门和单位的意见。

预算收入征收部门和单位应当按照财政部门的要求提供下一年度预算收入征收预测情况。

第三十条 财政部门会同社会保险行政部门部署编制下一年度社会保险基金预算草案的具体事项。

社会保险经办机构具体编制下一年度社会保险基金预算草案，报本级社会保险行政部门审核汇总。社会保险基金收入预算草案由社会保险经办机构会同社会保险费征收机构具体编制。财政部门负责审核并汇总编制社会保险基金预算草案。

第三十一条 各级政府财政部门应当依照预算法和本条例规定，制定本级预算草案编制规程。

第三十二条　各部门、各单位在编制预算草案时，应当根据资产配置标准，结合存量资产情况编制相关支出预算。

第三十三条　中央一般公共预算收入编制内容包括本级一般公共预算收入、从国有资本经营预算调入资金、地方上解收入、从预算稳定调节基金调入资金、其他调入资金。

中央一般公共预算支出编制内容包括本级一般公共预算支出、对地方的税收返还和转移支付、补充预算稳定调节基金。

中央政府债务余额的限额应当在本级预算中单独列示。

第三十四条　地方各级一般公共预算收入编制内容包括本级一般公共预算收入、从国有资本经营预算调入资金、上级税收返还和转移支付、下级上解收入、从预算稳定调节基金调入资金、其他调入资金。

地方各级一般公共预算支出编制内容包括本级一般公共预算支出、上解上级支出、对下级的税收返还和转移支付、补充预算稳定调节基金。

第三十五条　中央政府性基金预算收入编制内容包括本级政府性基金各项目收入、上一年度结余、地方上解收入。

中央政府性基金预算支出编制内容包括本级政府性基金各项目支出、对地方的转移支付、调出资金。

第三十六条　地方政府性基金预算收入编制内容包括本级政府性基金各项目收入、上一年度结余、下级上解收入、上级转移支付。

地方政府性基金预算支出编制内容包括本级政府性基金各项目支出、上解上级支出、对下级的转移支付、调出资金。

第三十七条　中央国有资本经营预算收入编制内容包括本级收入、上一年度结余、地方上解收入。

中央国有资本经营预算支出编制内容包括本级支出、向一般公共预算调出资金、对地方特定事项的转移支付。

第三十八条　地方国有资本经营预算收入编制内容包括本级收入、上一年度结余、上级对特定事项的转移支付、下级上解收入。

地方国有资本经营预算支出编制内容包括本级支出、向一般公共预算调出资金、对下级特定事项的转移支付、上解上级支出。

第三十九条　中央和地方社会保险基金预算收入、支出编制内容包括本条例第十六条规定的各项收入和支出。

第四十条 各部门、各单位预算收入编制内容包括本级预算拨款收入、预算拨款结转和其他收入。

各部门、各单位预算支出编制内容包括基本支出和项目支出。

各部门、各单位的预算支出，按其功能分类应当编列到项，按其经济性质分类应当编列到款。

第四十一条 各级政府应当加强项目支出管理。各级政府财政部门应当建立和完善项目支出预算评审制度。各部门、各单位应当按照本级政府财政部门的规定开展预算评审。

项目支出实行项目库管理，并建立健全项目入库评审机制和项目滚动管理机制。

第四十二条 预算法第三十四条第二款所称余额管理，是指国务院在全国人民代表大会批准的中央一般公共预算债务的余额限额内，决定发债规模、品种、期限和时点的管理方式；所称余额，是指中央一般公共预算中举借债务未偿还的本金。

第四十三条 地方政府债务余额实行限额管理。各省、自治区、直辖市的政府债务限额，由财政部在全国人民代表大会或者其常务委员会批准的总限额内，根据各地区债务风险、财力状况等因素，并考虑国家宏观调控政策等需要，提出方案报国务院批准。

各省、自治区、直辖市的政府债务余额不得突破国务院批准的限额。

第四十四条 预算法第三十五条第二款所称举借债务的规模，是指各地方政府债务余额限额的总和，包括一般债务限额和专项债务限额。一般债务是指列入一般公共预算用于公益性事业发展的一般债券、地方政府负有偿还责任的外国政府和国际经济组织贷款转贷债务；专项债务是指列入政府性基金预算用于有收益的公益性事业发展的专项债券。

第四十五条 省、自治区、直辖市政府财政部门依照国务院下达的本地区地方政府债务限额，提出本级和转贷给下级政府的债务限额安排方案，报本级政府批准后，将增加举借的债务列入本级预算调整方案，报本级人民代表大会常务委员会批准。

接受转贷并向下级政府转贷的政府应当将转贷债务纳入本级预算管理。

使用转贷并负有直接偿还责任的政府，应当将转贷债务列入本级预算调整方案，报本级人民代表大会常务委员会批准。

地方各级政府财政部门负责统一管理本地区政府债务。

第四十六条 国务院可以将举借的外国政府和国际经济组织贷款转贷给省、自治区、直辖市政府。

国务院向省、自治区、直辖市政府转贷的外国政府和国际经济组织贷款，省、自治区、直辖市政府负有直接偿还责任的，应当纳入本级预算管理。省、自治区、直辖市政府未能按时履行还款义务的，国务院可以相应抵扣对该地区的税收返还等资金。

省、自治区、直辖市政府可以将国务院转贷的外国政府和国际经济组织贷款再转贷给下级政府。

第四十七条 财政部和省、自治区、直辖市政府财政部门应当建立健全地方政府债务风险评估指标体系，组织评估地方政府债务风险状况，对债务高风险地区提出预警，并监督化解债务风险。

第四十八条 县级以上各级政府应当按照本年度转移支付预计执行数的一定比例将下一年度转移支付预计数提前下达至下一级政府，具体下达事宜由本级政府财政部门办理。

除据实结算等特殊项目的转移支付外，提前下达的一般性转移支付预计数的比例一般不低于90％；提前下达的专项转移支付预计数的比例一般不低于70％。其中，按照项目法管理分配的专项转移支付，应当一并明确下一年度组织实施的项目。

第四十九条 经本级政府批准，各级政府财政部门可以设置预算周转金，额度不得超过本级一般公共预算支出总额的1％。年度终了时，各级政府财政部门可以将预算周转金收回并用于补充预算稳定调节基金。

第五十条 预算法第四十二条第一款所称结转资金，是指预算安排项目的支出年度终了时尚未执行完毕，或者因故未执行但下一年度需要按原用途继续使用的资金；连续两年未用完的结转资金，是指预算安排项目的支出在下一年度终了时仍未用完的资金。

预算法第四十二条第一款所称结余资金，是指年度预算执行终了时，预算收入实际完成数扣除预算支出实际完成数和结转资金后剩余的资金。

第四章 预算执行

第五十一条 预算执行中，政府财政部门的主要职责：

（一）研究和落实财政税收政策措施，支持经济社会健康发展；

（二）制定组织预算收入、管理预算支出以及相关财务、会计、内部控制、监督等制度和办法；

（三）督促各预算收入征收部门和单位依法履行职责，征缴预算收入；

（四）根据年度支出预算和用款计划，合理调度、拨付预算资金，监督各部门、各单位预算资金使用管理情况；

（五）统一管理政府债务的举借、支出与偿还，监督债务资金使用情况；

（六）指导和监督各部门、各单位建立健全财务制度和会计核算体系，规范账户管理，健全内部控制机制，按照规定使用预算资金；

（七）汇总、编报分期的预算执行数据，分析预算执行情况，按照本级人民代表大会常务委员会、本级政府和上一级政府财政部门的要求定期报告预算执行情况，并提出相关政策建议；

（八）组织和指导预算资金绩效监控、绩效评价；

（九）协调预算收入征收部门和单位、国库以及其他有关部门的业务工作。

第五十二条 预算法第五十六条第二款所称财政专户，是指财政部门为履行财政管理职能，根据法律规定或者经国务院批准开设的用于管理核算特定专用资金的银行结算账户；所称特定专用资金，包括法律规定可以设立财政专户的资金，外国政府和国际经济组织的贷款、赠款，按照规定存储的人民币以外的货币，财政部会同有关部门报国务院批准的其他特定专用资金。

开设、变更财政专户应当经财政部核准，撤销财政专户应当报财政部备案，中国人民银行应当加强对银行业金融机构开户的核准、管理和监督工作。

财政专户资金由本级政府财政部门管理。除法律另有规定外，未经本级政府财政部门同意，任何部门、单位和个人都无权冻结、动用财政专户资金。

财政专户资金应当由本级政府财政部门纳入统一的会计核算，并在预算执行情况、决算和政府综合财务报告中单独反映。

第五十三条 预算执行中，各部门、各单位的主要职责：

（一）制定本部门、本单位预算执行制度，建立健全内部控制机制；

（二）依法组织收入，严格支出管理，实施绩效监控，开展绩效评价，提高资金使用效益；

（三）对单位的各项经济业务进行会计核算；

（四）汇总本部门、本单位的预算执行情况，定期向本级政府财政部门报送预算执行情况报告和绩效评价报告。

第五十四条 财政部门会同社会保险行政部门、社会保险费征收机构制定社会保险基金预算的收入、支出以及财务管理的具体办法。

社会保险基金预算由社会保险费征收机构和社会保险经办机构具体执行，并按照规定向本级政府财政部门和社会保险行政部门报告执行情况。

第五十五条 各级政府财政部门和税务、海关等预算收入征收部门和单位必须依法组织预算收入，按照财政管理体制、征收管理制度和国库集中收缴制度的规定征收预算收入，除依法缴入财政专户的社会保险基金等预算收入外，应当及时将预算收入缴入国库。

第五十六条 除依法缴入财政专户的社会保险基金等预算收入外，一切有预算收入上缴义务的部门和单位，必须将应当上缴的预算收入，按照规定的预算级次、政府收支分类科目、缴库方式和期限缴入国库，任何部门、单位和个人不得截留、占用、挪用或者拖欠。

第五十七条 各级政府财政部门应当加强对预算资金拨付的管理，并遵循下列原则：

（一）按照预算拨付，即按照批准的年度预算和用款计划拨付资金。除预算法第五十四条规定的在预算草案批准前可以安排支出的情形外，不得办理无预算、无用款计划、超预算或者超计划的资金拨付，不得擅自改变支出用途；

（二）按照规定的预算级次和程序拨付，即根据用款单位的申请，按照用款单位的预算级次、审定的用款计划和财政部门规定的预算资金拨付程序拨付资金；

（三）按照进度拨付，即根据用款单位的实际用款进度拨付资金。

第五十八条 财政部应当根据全国人民代表大会批准的中央政府债务余额限额，合理安排发行国债的品种、结构、期限和时点。

省、自治区、直辖市政府财政部门应当根据国务院批准的本地区政府债务限额，合理安排发行本地区政府债券的结构、期限和时点。

第五十九条　转移支付预算下达和资金拨付应当由财政部门办理，其他部门和单位不得对下级政府部门和单位下达转移支付预算或者拨付转移支付资金。

第六十条　各级政府、各部门、各单位应当加强对预算支出的管理，严格执行预算，遵守财政制度，强化预算约束，不得擅自扩大支出范围、提高开支标准；严格按照预算规定的支出用途使用资金，合理安排支出进度。

第六十一条　财政部负责制定与预算执行有关的财务规则、会计准则和会计制度。各部门、各单位应当按照本级政府财政部门的要求建立健全财务制度，加强会计核算。

第六十二条　国库是办理预算收入的收纳、划分、留解、退付和库款支拨的专门机构。国库分为中央国库和地方国库。

中央国库业务由中国人民银行经理。未设中国人民银行分支机构的地区，由中国人民银行商财政部后，委托有关银行业金融机构办理。

地方国库业务由中国人民银行分支机构经理。未设中国人民银行分支机构的地区，由上级中国人民银行分支机构商有关地方政府财政部门后，委托有关银行业金融机构办理。

具备条件的乡、民族乡、镇，应当设立国库。具体条件和标准由省、自治区、直辖市政府财政部门确定。

第六十三条　中央国库业务应当接受财政部的指导和监督，对中央财政负责。

地方国库业务应当接受本级政府财政部门的指导和监督，对地方财政负责。

省、自治区、直辖市制定的地方国库业务规程应当报财政部和中国人民银行备案。

第六十四条　各级国库应当及时向本级政府财政部门编报预算收入入库、解库、库款拨付以及库款余额情况的日报、旬报、月报和年报。

第六十五条　各级国库应当依照有关法律、行政法规、国务院以及财政部、中国人民银行的有关规定，加强对国库业务的管理，及时准确地办理预算收入的收纳、划分、留解、退付和预算支出的拨付。

各级国库和有关银行业金融机构必须遵守国家有关预算收入缴库的规定，不得延解、占压应当缴入国库的预算收入和国库库款。

第六十六条 各级国库必须凭本级政府财政部门签发的拨款凭证或者支付清算指令于当日办理资金拨付，并及时将款项转入收款单位的账户或者清算资金。

各级国库和有关银行业金融机构不得占压财政部门拨付的预算资金。

第六十七条 各级政府财政部门、预算收入征收部门和单位、国库应当建立健全相互之间的预算收入对账制度，在预算执行中按月、按年核对预算收入的收纳以及库款拨付情况，保证预算收入的征收入库、库款拨付和库存金额准确无误。

第六十八条 中央预算收入、中央和地方预算共享收入退库的办法，由财政部制定。地方预算收入退库的办法，由省、自治区、直辖市政府财政部门制定。

各级预算收入退库的审批权属于本级政府财政部门。中央预算收入、中央和地方预算共享收入的退库，由财政部或者财政部授权的机构批准。地方预算收入的退库，由地方政府财政部门或者其授权的机构批准。具体退库程序按照财政部的有关规定办理。

办理预算收入退库，应当直接退给申请单位或者申请个人，按照国家规定用途使用。任何部门、单位和个人不得截留、挪用退库款项。

第六十九条 各级政府应当加强对本级国库的管理和监督，各级政府财政部门负责协调本级预算收入征收部门和单位与国库的业务工作。

第七十条 国务院各部门制定的规章、文件，凡涉及减免应缴预算收入、设立和改变收入项目和标准、罚没财物处理、经费开支标准和范围、国有资产处置和收益分配以及会计核算等事项的，应当符合国家统一的规定；凡涉及增加或者减少财政收入或者支出的，应当征求财政部意见。

第七十一条 地方政府依据法定权限制定的规章和规定的行政措施，不得涉及减免中央预算收入、中央和地方预算共享收入，不得影响中央预算收入、中央和地方预算共享收入的征收；违反规定的，有关预算收入征收部门和单位有权拒绝执行，并应当向上级预算收入征收部门和单位以及财政部报告。

第七十二条　各级政府应当加强对预算执行工作的领导，定期听取财政部门有关预算执行情况的汇报，研究解决预算执行中出现的问题。

第七十三条　各级政府财政部门有权监督本级各部门及其所属各单位的预算管理有关工作，对各部门的预算执行情况和绩效进行评价、考核。

各级政府财政部门有权对与本级各预算收入相关的征收部门和单位征收本级预算收入的情况进行监督，对违反法律、行政法规规定多征、提前征收、减征、免征、缓征或者退还预算收入的，责令改正。

第七十四条　各级政府财政部门应当每月向本级政府报告预算执行情况，具体报告内容、方式和期限由本级政府规定。

第七十五条　地方各级政府财政部门应当定期向上一级政府财政部门报送本行政区域预算执行情况，包括预算执行旬报、月报、季报，政府债务余额统计报告，国库库款报告以及相关文字说明材料。具体报送内容、方式和期限由上一级政府财政部门规定。

第七十六条　各级税务、海关等预算收入征收部门和单位应当按照财政部门规定的期限和要求，向财政部门和上级主管部门报送有关预算收入征收情况，并附文字说明材料。

各级税务、海关等预算收入征收部门和单位应当与相关财政部门建立收入征管信息共享机制。

第七十七条　各部门应当按照本级政府财政部门规定的期限和要求，向本级政府财政部门报送本部门及其所属各单位的预算收支情况等报表和文字说明材料。

第七十八条　预算法第八十八条第一款所称超收收入，是指年度本级一般公共预算收入的实际完成数超过经本级人民代表大会或者其常务委员会批准的预算收入数的部分。

预算法第六十六条第三款所称短收，是指年度本级一般公共预算收入的实际完成数小于经本级人民代表大会或者其常务委员会批准的预算收入数的情形。

前两款所称实际完成数和预算收入数，不包括转移性收入和政府债务收入。

省、自治区、直辖市政府依照预算法第六十六条第三款规定增列的赤字，可以通过在国务院下达的本地区政府债务限额内发行地方政府一般债券予以平衡。

设区的市、自治州以下各级一般公共预算年度执行中出现短收的，应当通过调入预算稳定调节基金或者其他预算资金、减少支出等方式实现收支平衡；采取上述措施仍不能实现收支平衡的，可以通过申请上级政府临时救助平衡当年预算，并在下一年度预算中安排资金归还。

各级一般公共预算年度执行中厉行节约、节约开支，造成本级预算支出实际执行数小于预算总支出的，不属于预算调整的情形。

各级政府性基金预算年度执行中有超收收入的，应当在下一年度安排使用并优先用于偿还相应的专项债务；出现短收的，应当通过减少支出实现收支平衡。国务院另有规定的除外。

各级国有资本经营预算年度执行中有超收收入的，应当在下一年度安排使用；出现短收的，应当通过减少支出实现收支平衡。国务院另有规定的除外。

第七十九条　年度预算确定后，部门、单位改变隶属关系引起预算级次或者预算关系变化的，应当在改变财务关系的同时，相应办理预算、资产划转。

第五章　决　算

第八十条　预算法第七十四条所称决算草案，是指各级政府、各部门、各单位编制的未经法定程序审查和批准的预算收支和结余的年度执行结果。

第八十一条　财政部应当在每年第四季度部署编制决算草案的原则、要求、方法和报送期限，制发中央各部门决算、地方决算以及其他有关决算的报表格式。

省、自治区、直辖市政府按照国务院的要求和财政部的部署，结合本地区的具体情况，提出本行政区域编制决算草案的要求。

县级以上地方政府财政部门根据财政部的部署和省、自治区、直辖市政府的要求，部署编制本级政府各部门和下级政府决算草案的原则、要求、方法和报送期限，制发本级政府各部门决算、下级政府决算以及其他有关决算的报表格式。

第八十二条 地方政府财政部门根据上级政府财政部门的部署,制定本行政区域决算草案和本级各部门决算草案的具体编制办法。

各部门根据本级政府财政部门的部署,制定所属各单位决算草案的具体编制办法。

第八十三条 各级政府财政部门、各部门、各单位在每一预算年度终了时,应当清理核实全年预算收入、支出数据和往来款项,做好决算数据对账工作。

决算各项数据应当以经核实的各级政府、各部门、各单位会计数据为准,不得以估计数据替代,不得弄虚作假。

各部门、各单位决算应当列示结转、结余资金。

第八十四条 各单位应当按照主管部门的布置,认真编制本单位决算草案,在规定期限内上报。

各部门在审核汇总所属各单位决算草案基础上,连同本部门自身的决算收入和支出数据,汇编成本部门决算草案并附详细说明,经部门负责人签章后,在规定期限内报本级政府财政部门审核。

第八十五条 各级预算收入征收部门和单位应当按照财政部门的要求,及时编制收入年报以及有关资料并报送财政部门。

第八十六条 各级政府财政部门应当根据本级预算、预算会计核算数据等相关资料编制本级决算草案。

第八十七条 年度预算执行终了,对于上下级财政之间按照规定需要清算的事项,应当在决算时办理结算。

县级以上各级政府财政部门编制的决算草案应当及时报送本级政府审计部门审计。

第八十八条 县级以上地方各级政府应当自本级决算经批准之日起30日内,将本级决算以及下一级政府上报备案的决算汇总,报上一级政府备案;将下一级政府报送备案的决算汇总,报本级人民代表大会常务委员会备案。

乡、民族乡、镇政府应当自本级决算经批准之日起30日内,将本级决算报上一级政府备案。

第六章 监 督

第八十九条 县级以上各级政府应当接受本级和上级人民代表大会及其常务委员会对预算执行情况和决算的监督，乡、民族乡、镇政府应当接受本级人民代表大会和上级人民代表大会及其常务委员会对预算执行情况和决算的监督；按照本级人民代表大会或者其常务委员会的要求，报告预算执行情况；认真研究处理本级人民代表大会代表或者其常务委员会组成人员有关改进预算管理的建议、批评和意见，并及时答复。

第九十条 各级政府应当加强对下级政府预算执行情况的监督，对下级政府在预算执行中违反预算法、本条例和国家方针政策的行为，依法予以制止和纠正；对本级预算执行中出现的问题，及时采取处理措施。

下级政府应当接受上级政府对预算执行情况的监督；根据上级政府的要求，及时提供资料，如实反映情况，不得隐瞒、虚报；严格执行上级政府作出的有关决定，并将执行结果及时上报。

第九十一条 各部门及其所属各单位应当接受本级政府财政部门对预算管理有关工作的监督。

财政部派出机构根据职责和财政部的授权，依法开展工作。

第九十二条 各级政府审计部门应当依法对本级预算执行情况和决算草案，本级各部门、各单位和下级政府的预算执行情况和决算，进行审计监督。

第七章 法律责任

第九十三条 预算法第九十三条第六项所称违反本法规定冻结、动用国库库款或者以其他方式支配已入国库库款，是指：

（一）未经有关政府财政部门同意，冻结、动用国库库款；

（二）预算收入征收部门和单位违反规定将所收税款和其他预算收入存入国库之外的其他账户；

（三）未经有关政府财政部门或者财政部门授权的机构同意，办理资金拨付和退付；

（四）将国库库款挪作他用；

（五）延解、占压国库库款；

（六）占压政府财政部门拨付的预算资金。

第九十四条　各级政府、有关部门和单位有下列行为之一的，责令改正；对负有直接责任的主管人员和其他直接责任人员，依法给予处分：

（一）突破一般债务限额或者专项债务限额举借债务；

（二）违反本条例规定下达转移支付预算或者拨付转移支付资金；

（三）擅自开设、变更账户。

第八章　附　　则

第九十五条　预算法第九十七条所称政府综合财务报告，是指以权责发生制为基础编制的反映各级政府整体财务状况、运行情况和财政中长期可持续性的报告。政府综合财务报告包括政府资产负债表、收入费用表等财务报表和报表附注，以及以此为基础进行的综合分析等。

第九十六条　政府投资年度计划应当和本级预算相衔接。政府投资决策、项目实施和监督管理按照政府投资有关行政法规执行。

第九十七条　本条例自2020年10月1日起施行。

财政总会计制度

第一章 总　　则

第一条　为加强财政预算管理，提升国家财政治理效能，规范各级政府财政总会计（以下简称总会计）核算，保证会计信息质量，充分发挥总会计的职能作用，根据《中华人民共和国会计法》《中华人民共和国预算法》《中华人民共和国预算法实施条例》及政府会计准则等法律、行政法规和规章，制定本制度。

第二条　本制度适用于中央，省、自治区、直辖市及新疆生产建设兵团，设区的市、自治州，县、自治县、不设区的市、市辖区，乡、民族乡、镇等各级政府财政部门总会计。

第三条　总会计是各级政府财政核算、反映、监督一般公共预算资金、政府性基金预算资金、国有资本经营预算资金、社会保险基金预算资金以及财政专户管理资金、专用基金和代管资金等资金有关的经济活动或事项的专业会计。

社会保险基金预算资金会计核算不适用本制度，由财政部另行规定。

第四条　总会计的职责主要包括：

（一）进行会计核算。办理政府财政各项预算收支、资产负债以及财政运行的会计核算工作，反映政府财政预算执行情况、财务状况、运行情况和现金流量等。

（二）严格财政资金收付调度管理。组织办理财政资金的收付、调拨，在确保资金安全性、规范性、流动性前提下，合理调度管理资金，提高资金使用效益。

（三）规范账户管理。加强对国库单一账户、财政专户、零余额账户和预算单位银行账户等的管理。

（四）实行会计监督，参与预算管理和财务管理。通过会计核算和反映，进行预算执行情况、财务状况、运行情况和现金流量情况分析，并对财政、部门及其所属单位的预算执行和财务管理情况实行会计监督。

（五）协调预算收入征收部门、国家金库、国库集中收付代理银行、财政专户开户银行和其他有关部门之间的业务关系。

（六）组织本地区财政总决算、部门决算、政府财务报告编审和汇总工作。

（七）组织和指导下级财政总会计工作。

第五条 各级政府财政部门应当根据工作需要，配备一定数量的专职会计人员，负责总会计工作，并保持相对稳定。

第六条 总会计应当根据政府会计准则（包括基本准则和具体准则）规定的原则和本制度的要求，对其发生的各项经济业务或事项进行会计核算。

第七条 总会计应当具备财务会计与预算会计双重功能，实现财务会计与预算会计适度区分并相互衔接，全面清晰反映政府财政财务信息和预算执行信息。

财务会计实行权责发生制。预算会计实行收付实现制，国家法律法规等另有规定的，依照其规定。

对于纳入预算管理的财政资金收支业务，在采用预算会计核算的同时应当进行财务会计核算；对于不同预算类型资金间的调入调出、待发国债等业务，仅需进行预算会计核算；对于其他业务，仅需进行财务会计核算。

第八条 总会计的核算目标是向会计信息使用者提供政府财政预算执行情况、财务状况、运行情况和现金流量等会计信息，反映政府财政受托责任履行情况。

总会计的会计信息使用者包括人民代表大会、政府及其有关部门、政府财政部门自身和其他会计信息使用者。

第九条 总会计的会计核算应当以本级政府财政业务活动持续正常地进行为前提。

第十条 总会计应当划分会计期间，分期结算账目，按规定编制会计报表和报告。

会计期间至少分为年度和月度。会计年度、月度等会计期间的起讫日期采用公历日期。

年度终了后，可根据工作需要设置一定期限的上年报告清理期。

第十一条 总会计应当以人民币作为记账本位币，以元为金额单位，元以下记至角、分。发生外币业务，在登记外币金额的同时，一般应当按照业务发生当日中国人民银行公布的汇率中间价，将有关外币金额折算为人民币金额记账。期末，各种以外币计价或结算的资产负债项目，应当按照期末中国人民银行公布的汇率中间价进行折算，因汇率变动产生的差额记入有关费用和支出科目。

第十二条 总会计应当采用借贷记账法记账。

第十三条 总会计的会计记录应当使用中文，少数民族地区可以同时使用本民族文字。

第二章 会 计 要 素

第十四条 本制度会计要素包括财务会计要素和预算会计要素。财务会计要素包括资产、负债、净资产、收入和费用；预算会计要素包括预算收入、预算支出和预算结余。

第一节 资　　产

第十五条 总会计核算的资产，应当按照取得或发生时实际金额进行计量。

第十六条 总会计核算的资产按照流动性，分为流动资产和非流动资产。流动资产是指预计在1年内（含1年）耗用或者可以变现的资产；非流动资产是指流动资产以外的资产。

第十七条 总会计核算的资产具体包括财政存款、国库现金管理资产、有价证券、应收非税收入、应收股利、应收及暂付款项、借出款项、预拨经费、在途款、应收转贷款、股权投资等。

财政存款是指政府财政部门代表政府管理的国库存款和其他财政存款等。财政存款的支配权属于同级政府财政部门，并由总会计负责管理，统一在国库或选定的银行开立存款账户，统一收付，不得透支，不得提取现金。

国库现金管理资产是指政府财政在确保支付需要前提下，将暂时闲置的国库存款存放商业银行或者投资于货币市场形成的资产，包括国库现金管理商业银行定期存款以及国库现金管理其他资产。

有价证券是指政府财政按照有关规定取得并持有的有价证券。

应收非税收入是指政府财政应向缴款人收取但实际尚未缴入国库的非税收入款项。

应收股利是指政府因持有股权投资应当收取的现金股利或应当分得的利润。

应收及暂付款项是指政府财政业务活动中形成的债权,包括与下级往来和其他应收款等。应收及暂付款项应当及时清理结算,不得长期挂账。

借出款项是指政府财政按照对外借款管理有关规定借给预算单位临时急需,并按期收回的款项。借出款项仅限于政府财政对纳入本级预算管理的一级预算单位(不含企业)安排借款,不得经预算单位再转借企业。借款资金仅限于临时性资金周转或应对社会影响较大突发事件的临时急需垫款,借款期限不得超过一年,借款时应明确还款来源。

预拨经费是指政府财政在本级人民代表大会批准年度预算前,可以提前预拨已经列入年度预算的各部门基本支出、项目支出和对下级转移支付支出,以及法律规定必须履行支付义务的支出和用于自然灾害等突发事件处理的支出。除上述支出事项及财政部另有规定外,其他支出均不得提前预拨。预拨经费(不含预拨下年度预算资金)应在年终前转列费用或清理收回。

在途款是指报告清理期和库款报解整理期内发生的需要通过本科目过渡处理的属于上年度收入、费用等业务的款项。

应收转贷款是指政府财政将借入的资金转贷给下级政府财政的款项,包括应收地方政府债券转贷款、应收主权外债转贷款等。

股权投资是指政府持有的各类股权投资,包括国际金融组织股权投资、政府投资基金股权投资和企业股权投资等。

第二节 负 债

第十八条 总会计核算的负债,应当按照承担的有关义务金额或实际发生金额进行计量。

第十九条 总会计核算的负债按照流动性,分为流动负债和非流动负债。流动负债是指预计在1年内(含1年)偿还的负债;非流动负债是指流动负债以外的负债。

第二十条 总会计核算的负债具体包括应付政府债券、应付国库集中支付结余、应付及暂收款项、应付代管资金、应付利息、借入款项、应付转贷款、其他负债等。

应付政府债券是指政府财政以政府名义发行的国债和地方政府债券的应付本金，包括应付短期政府债券和应付长期政府债券。

应付国库集中支付结余是指省级以上（含省级）政府财政国库集中支付中应列为当年费用，但年末未支付需结转下一年度支付的款项。

应付及暂收款项是指政府财政业务活动中形成的支付义务，包括与上级往来和其他应付款等。应付及暂收款项应当及时清理结算。

应付代管资金是指政府财政代为管理的，使用权属于被代管主体的资金。

应付利息是指政府财政以政府名义发行的政府债券及借入款项应支付的利息。

借入款项是指政府财政以政府名义向外国政府和国际金融组织等借入的款项，以及经国务院批准的其他方式借入的款项。

应付转贷款是指政府财政从上级政府财政借入的债务转贷款的本金和利息，包括应付地方政府债券转贷款和应付主权外债转贷款等。

其他负债是指政府财政因有关政策明确要求其承担支出责任的事项而形成的支付义务。

第三节 净资产

第二十一条 总会计核算的净资产是指本级政府财政总会计核算的资产扣除负债后的净额。

第二十二条 总会计核算的净资产包括累计盈余、本期盈余、预算稳定调节基金、预算周转金、权益法调整、以前年度盈余调整等。

累计盈余是指政府财政一般公共预算资金、政府性基金预算资金、国有资本经营预算资金、财政专户管理资金、专用基金历年实现的盈余滚存的金额。

本期盈余是指政府财政一般公共预算资金、政府性基金预算资金、国有资本经营预算资金、财政专户管理资金、专用基金本期各项收入、费用分别相抵后的余额。

预算稳定调节基金是指政府财政为保持年度间预算的衔接和稳定而设置

的储备性资金。

预算周转金是指政府财政为调剂预算年度内季节性收支差额,保证及时用款而设置的库款周转资金。

权益法调整是指政府财政按照持股比例计算应享有的被投资主体除净损益和利润分配以外的所有者权益变动的份额。

以前年度盈余调整是指政府财政调整以前年度盈余的事项。

第四节 收 入

第二十三条 总会计核算的收入,应当按照开具票据金额或实际取得金额进行计量。

第二十四条 总会计核算的收入包括税收收入、非税收入、投资收益、转移性收入、其他收入、财政专户管理资金收入和专用基金收入等。

税收收入是指政府财政筹集的纳入本级财政管理的税收收入。

非税收入是指政府财政筹集的纳入本级财政管理的非税收入。

投资收益是指政府持有股权投资所实现的收益或发生的损失。

转移性收入是指在各级政府财政之间进行资金调拨所形成的收入,包括补助收入、上解收入和地区间援助收入等。其中,补助收入是指上级政府财政按照财政体制规定或专项需要补助给本级政府财政的款项。上解收入是指按照财政体制规定或专项需要由下级政府财政上交给本级政府财政的款项。地区间援助收入是指受援方政府财政收到援助方政府财政转来的可统筹使用的各类援助、捐赠等资金收入。

其他收入是指政府财政从其他渠道调入资金、豁免主权外债偿还责任,以及无偿取得股权投资等产生的收入。

财政专户管理资金收入是指政府财政纳入财政专户管理的教育收费等资金收入。

专用基金收入是指政府财政根据法律法规等规定设立的各项专用基金(包括粮食风险基金等)取得的资金收入。

第五节 费 用

第二十五条 总会计核算的费用,应当按照承担支付义务金额或实际发生金额进行计量。

第二十六条 总会计核算的费用包括政府机关商品和服务拨款费用、政府机关工资福利拨款费用、对事业单位补助拨款费用、对企业补助拨款费用、对个人和家庭补助拨款费用、对社会保障基金补助拨款费用、资本性拨款费用、其他拨款费用、财务费用、转移性费用、其他费用、财政专户管理资金支出、专用基金支出等。

政府机关商品和服务拨款费用是指本级政府财政拨付给机关和参照公务员法管理的事业单位（以下简称参公事业单位）购买商品和服务的各类费用，不包括用于购置固定资产、战略性和应急性物资储备等资本性拨款费用。

政府机关工资福利拨款费用是指本级政府财政拨付给机关和参公事业单位在职职工和编制外长期聘用人员的各类劳动报酬及为上述人员缴纳的各项社会保险费等费用。

对事业单位补助拨款费用是指本级政府财政拨付的对事业单位（不含参公事业单位）的经常性补助费用，不包括对事业单位的资本性拨款费用。

对企业补助拨款费用是指本级政府财政拨付的对各类企业的补助费用，不包括对企业的资本金注入和资本性拨款费用。

对个人和家庭补助拨款费用是指本级政府财政拨付的对个人和家庭的补助费用。

对社会保障基金补助拨款费用是指本级政府财政拨付的对社会保险基金的补助，以及补充全国社会保障基金的费用。

资本性拨款费用是指本级政府财政拨付给行政事业单位和企业的资本性费用，不包括对企业的资本金注入。

其他拨款费用是指本级政府财政拨付的经常性赠与、国家赔偿费用、对民间非营利组织和群众性自治组织补贴等费用。

财务费用是指本级政府财政用于偿还政府债务的利息费用，政府债务发行、兑付、登记费用，以外币计算的政府资产及债务由于汇率变化产生的汇兑损益等。

转移性费用是指在各级政府财政之间进行资金调拨形成的费用，包括补助费用、上解费用、地区间援助费用等。其中，补助费用是指本级政府财政按照财政体制规定或专项需要补助给下级政府财政的费用。上解费用是指本级政府财政按照财政体制规定或专项需要上交给上级政府财政的费用。地区间援助费用是指援助方政府财政安排用于受援方政府财政统筹使用的各类援助、补偿、捐赠等费用。

其他费用是指政府财政无偿划出股权投资以及确认其他负债等产生的费用。

财政专户管理资金支出是指政府财政用纳入财政专户管理的教育收费等资金安排的支出。

专用基金支出是指政府财政用专用基金收入安排的支出。

第二十七条 对于收回本年度已列费用的款项，应冲减当期费用；对于收回以前年度已列费用的款项，通常记入以前年度盈余调整。

第六节 预算收入

第二十八条 预算收入一般在实际取得时予以确认，以实际取得的金额计量。

第二十九条 总会计核算的预算收入包括一般公共预算收入、政府性基金预算收入、国有资本经营预算收入、财政专户管理资金收入、专用基金收入、转移性预算收入、动用预算稳定调节基金、债务预算收入、债务转贷预算收入和待处理收入等。

一般公共预算收入是指政府财政筹集纳入本级一般公共预算管理的税收收入和非税收入。

政府性基金预算收入是指政府财政筹集纳入本级政府性基金预算管理的非税收入。

国有资本经营预算收入是指政府财政筹集纳入本级国有资本经营预算管理的非税收入。

财政专户管理资金收入是指政府财政纳入财政专户管理的教育收费等资金收入。

专用基金收入是指政府财政根据法律法规等规定设立各项专用基金（包括粮食风险基金等）取得的资金收入。

转移性预算收入是指在各级政府财政之间进行资金调拨以及在本级政府财政不同类型资金之间调剂所形成的收入，包括补助预算收入、上解预算收入、地区间援助预算收入和调入预算资金等。

补助预算收入是指上级政府财政按照财政体制规定或专项需要补助给本级政府财政的款项，包括返还性收入、一般性转移支付收入和专项转移支付收入等。上解预算收入是指按照财政体制规定或专项需要由下级政府财政上交给本级政府财政的款项。地区间援助预算收入是指受援方政府财政收到援助方政府财政转来的可统筹使用的各类援助、捐赠等资金收入。调入预算资金是指政府财政为平衡某类预算收支，从其他类型预算资金及其他渠道调入的资金。

动用预算稳定调节基金是指政府财政为弥补一般公共预算收支缺口动用的预算稳定调节基金。

债务预算收入是指政府财政根据法律法规等规定，通过发行债券、向外国政府和国际金融组织借款等方式筹集的纳入预算管理的资金收入。

债务转贷预算收入是指本级政府财政收到上级政府财政转贷的债务收入。

待处理收入是指本级政府财政收回的部门预算结转结余资金和转移支付结转资金。

第三十条 一般公共预算收入、政府性基金预算收入、国有资本经营预算收入、财政专户管理资金收入和专用基金收入应当按照实际收到的金额入账。中央政府财政年末可按有关规定对部分收入事项采用权责发生制核算。转移性预算收入应当按照财政体制的规定和预算管理需要，按实际发生的金额入账。债务预算收入应当按照实际发行额或借入的金额入账，债务转贷预算收入应当按照实际收到的转贷金额入账。待处理收入应当按照实际收到的金额入账。

已建乡（镇）国库的地区，乡（镇）财政的本级收入以乡（镇）国库收到数为准。县（含县本级）以上各级财政的各项预算收入（含固定收入与共享收入）以缴入基层国库数额为准。

未建乡（镇）国库的地区，乡（镇）财政的本级收入以乡（镇）总会计收到县级财政返回数额为准。

第三十一条 总会计应当加强各项预算收入的管理，严格会计核算手续。对于各项预算收入的账务处理必须以审核无误的国库入账凭证、预算收入日报表、专户资金入账凭证和其他合法凭证为依据。发现错误，应当按照有关规定及时通知有关单位共同更正。

对于已缴入国库和财政专户的预算收入退库（付），要严格把关，强化监督。凡不属于国家规定的退库（付）项目，一律不得办理退库（付）及冲退预算收入。属于国家规定的退库（付）事项，具体退库（付）程序按财政部的有关规定办理。

第七节 预算支出

第三十二条 预算支出一般在实际发生时予以确认，以实际发生的金额计量。

第三十三条 总会计核算的预算支出包括一般公共预算支出、政府性基金预算支出、国有资本经营预算支出、财政专户管理资金支出、专用基金支出、转移性预算支出、安排预算稳定调节基金、债务还本预算支出、债务转贷预算支出和待处理支出等。

一般公共预算支出是指政府财政管理的由本级政府安排使用的列入一般公共预算的支出。

政府性基金预算支出是指政府财政管理的由本级政府安排使用的列入政府性基金预算的支出。

国有资本经营预算支出是指政府财政管理的由本级政府安排使用的列入国有资本经营预算的支出。

财政专户管理资金支出是指政府财政用纳入财政专户管理的教育收费等资金安排的支出。

专用基金支出是指政府财政用专用基金收入安排的支出。

转移性预算支出是指各级政府财政之间进行资金调拨以及在本级政府财政不同类型资金之间调剂所形成的支出，包括补助预算支出、上解预算支出、地区间援助预算支出和调出预算资金等。补助预算支出是指本级政府财政按财政体制规定或专项需要补助给下级政府财政的款项，包括对下级的税收返还、一般性转移支付和专项转移支付等。上解预算支出是指按照财政体制规定或专项需要由本级政府财政上交给上级政府财政的款项。地区间援助预算支出是指援助方政府财政安排用于受援方政府财政统筹使用的各类援助、捐赠等资金支出。调出预算资金是指政府财政为平衡预算收支，在不同类型预算资金之间的调出支出。

安排预算稳定调节基金是指政府财政安排用于弥补以后年度预算资金不足的储备性资金。

债务还本预算支出是指政府财政偿还本级政府承担的债务本金支出。

债务转贷预算支出是指本级政府财政向下级政府财政转贷的债务支出。

待处理支出是指政府财政按照预拨经费管理有关规定预拨给预算单位尚未列为预算支出的款项。待处理支出（不含预拨下年度预算资金）应在年终前转列支出或清理收回。

第三十四条 一般公共预算支出、政府性基金预算支出、国有资本经营预算支出一般应当按照实际支付的金额入账。省级以上（含省级）政府财政年末可按规定采用权责发生制将国库集中支付结余列支入账。中央政府财政年末可按有关规定对部分支出事项采用权责发生制核算。从本级预算支出中安排提取的专用基金，按照实际提取金额列支入账。财政专户管理资金支出、专用基金支出应当按照实际支付的金额入账。转移性预算支出应当根据财政体制的规定和预算管理需要，按实际发生的金额入账。债务转贷预算支出应当按照实际转贷的金额入账。债务还本预算支出应当按照实际偿还的金额入账。待处理支出应当按照实际支付的金额入账。

对于收回当年已列支出的款项，应冲销当年预算支出。对于收回以前年度已列支出的款项，通常冲销当年预算支出。

第三十五条 总会计应当加强预算支出管理，科学预测和调度资金，严格按照批准的年度预算办理支出，严格审核拨付申请，严格按照预算管理规定和实际拨付金额列报支出，不得办理无预算、超预算的支出，不得任意调整预算支出科目。

对于各项支出的账务处理必须以审核无误的国库划款清算凭证、资金支付凭证和其他合法凭证为依据。

第八节 预算结余

第三十六条 预算结余是指预算年度内政府预算收入扣除预算支出后的余额，以及历年滚存的库款和专户资金余额。

第三十七条 总会计核算的预算结余包括一般公共预算结转结余、政府性基金预算结转结余、国有资本经营预算结转结余、财政专户管理资金结余、专用基金结余、预算稳定调节基金、预算周转金和资金结存等。

一般公共预算结转结余是指本级政府财政一般公共预算收支的执行结果。

政府性基金预算结转结余是指本级政府财政政府性基金预算收支的执行结果。

国有资本经营预算结转结余是指本级政府财政国有资本经营预算收支的执行结果。

财政专户管理资金结余是指本级政府财政纳入财政专户管理的教育收费等资金收支的执行结果。

专用基金结余是指本级政府财政专用基金收支的执行结果。

预算稳定调节基金是指本级政府财政为保持年度间预算的衔接和稳定，在一般公共预算中设置的储备性资金。

预算周转金是指本级政府财政为调剂预算年度内季节性收支差额，保证及时用款而设置的周转资金。

资金结存是指政府财政纳入预算管理资金的流入、流出、调整和滚存的结果。

第三十八条　各项结转结余应每年结算一次。

第三章　会 计 科 目

第三十九条　总会计应当按照下列规定运用会计科目：

（一）总会计应当对有关法律、法规允许进行的经济活动，按照本制度的规定使用会计科目进行核算；不得以本制度规定的会计科目及使用说明作为进行有关经济活动的依据。

（二）总会计应当按照本制度的规定设置和使用会计科目，不需使用的总账科目可以不使用；在不影响会计处理和编报会计报表的前提下，各级总会计可以根据实际情况在本套科目体系下自行增设下级明细科目。

（三）总会计应当执行本制度统一规定的会计科目编号，不得随意打乱重编，以便于填制会计凭证、登记账簿、查阅账目，实行会计信息化管理。

（四）总会计在填制会计凭证、登记会计账簿时，应同时填列会计科目的名称及编号。

（五）总会计设置明细科目或进行明细核算，除遵循本制度规定外，还应当满足政府财政预算管理和财务管理的需要。

第四十条　总会计适用的会计科目如下：

序号	科目编号	会计科目名称
一、财务会计科目		
（一）资产类		
1	1001	国库存款
2	1002	其他财政存款
3	1003	国库现金管理资产
	100301	商业银行定期存款
	100399	其他国库现金管理资产
4	1011	有价证券
5	1021	应收非税收入
6	1022	应收股利
7	1031	借出款项
8	1032	与下级往来
9	1033	预拨经费
10	1034	在途款
11	1035	其他应收款
12	1041	应收地方政府债券转贷款
	104101	应收本金
	104102	应收利息
13	1042	应收主权外债转贷款
	104201	应收本金
	104202	应收利息
14	1061	股权投资
	106101	国际金融组织股权投资
	106102	政府投资基金股权投资
	106103	企业股权投资
（二）负债类		
15	2001	应付短期政府债券
	200101	应付国债
	200102	应付地方政府一般债券
	200103	应付地方政府专项债券
16	2011	应付国库集中支付结余
17	2012	与上级往来
18	2013	其他应付款

续表

序号	科目编号	会计科目名称
19	2014	应付代管资金
20	2015	应付利息
	201501	应付国债利息
	201502	应付地方政府债券利息
	201503	应付地方政府主权外债利息
21	2021	应付长期政府债券
	202101	应付国债
	202102	应付地方政府一般债券
	202103	应付地方政府专项债券
22	2022	借入款项
23	2031	应付地方政府债券转贷款
	203101	应付本金
	203102	应付利息
24	2032	应付主权外债转贷款
	203201	应付本金
	203202	应付利息
25	2041	其他负债
(三) 净资产类		
26	3001	累计盈余
	300101	预算管理资金累计盈余
	300102	财政专户管理资金累计盈余
	300103	专用基金累计盈余
27	3011	本期盈余
	301101	预算管理资金本期盈余
	301102	财政专户管理资金本期盈余
	301103	专用基金本期盈余
28	3021	预算稳定调节基金
29	3022	预算周转金
30	3041	权益法调整
31	3051	以前年度盈余调整
	305101	预算管理资金以前年度盈余调整
	305102	财政专户管理资金以前年度盈余调整
	305103	专用基金以前年度盈余调整

续表

序号	科目编号	会计科目名称
(四) 收入类		
32	4001	税收收入
33	4002	非税收入
34	4011	投资收益
35	4021	补助收入
36	4022	上解收入
37	4023	地区间援助收入
38	4031	其他收入
39	4041	财政专户管理资金收入
40	4042	专用基金收入
(五) 费用类		
41	5001	政府机关商品和服务拨款费用
42	5002	政府机关工资福利拨款费用
43	5003	对事业单位补助拨款费用
44	5004	对企业补助拨款费用
45	5005	对个人和家庭补助拨款费用
46	5006	对社会保障基金补助拨款费用
47	5007	资本性拨款费用
48	5008	其他拨款费用
49	5011	财务费用
	501101	利息费用
	501102	债务发行兑付费用
	501103	汇兑损益
50	5021	补助费用
51	5022	上解费用
52	5023	地区间援助费用
53	5031	其他费用
54	5041	财政专户管理资金支出
55	5042	专用基金支出
二、预算会计科目		
(一) 预算收入类		
56	6001	一般公共预算收入

续表

序号	科目编号	会计科目名称
57	6002	政府性基金预算收入
58	6003	国有资本经营预算收入
59	6005	财政专户管理资金收入
60	6007	专用基金收入
61	6011	补助预算收入
	601101	一般公共预算补助收入
	601102	政府性基金预算补助收入
	601103	国有资本经营预算补助收入
	601111	上级调拨
62	6012	上解预算收入
	601201	一般公共预算上解收入
	601202	政府性基金预算上解收入
	601203	国有资本经营预算上解收入
63	6013	地区间援助预算收入
64	6021	调入预算资金
	602101	一般公共预算调入资金
	602102	政府性基金预算调入资金
65	6031	动用预算稳定调节基金
66	6041	债务预算收入
	604101	国债收入
	604102	一般债务收入
	604103	专项债务收入
67	6042	债务转贷预算收入
	604201	一般债务转贷收入
	604202	专项债务转贷收入
68	6051	待处理收入
	605101	库款资金待处理收入
	605102	专户资金待处理收入
(二) 预算支出类		
69	7001	一般公共预算支出
70	7002	政府性基金预算支出
71	7003	国有资本经营预算支出

续表

序号	科目编号	会计科目名称
72	7005	财政专户管理资金支出
73	7007	专用基金支出
74	7011	补助预算支出
	701101	一般公共预算补助支出
	701102	政府性基金预算补助支出
	701103	国有资本经营预算补助支出
	701111	调拨下级
75	7012	上解预算支出
	701201	一般公共预算上解支出
	701202	政府性基金预算上解支出
	701203	国有资本经营预算上解支出
76	7013	地区间援助预算支出
77	7021	调出预算资金
	702101	一般公共预算调出资金
	702102	政府性基金预算调出资金
	702103	国有资本经营预算调出资金
78	7031	安排预算稳定调节基金
79	7041	债务还本预算支出
	704101	国债还本支出
	704102	一般债务还本支出
	704103	专项债务还本支出
80	7042	债务转贷预算支出
	704201	一般债务转贷支出
	704202	专项债务转贷支出
81	7051	待处理支出
(三) 预算结余类		
82	8001	一般公共预算结转结余
83	8002	政府性基金预算结转结余
84	8003	国有资本经营预算结转结余
85	8005	财政专户管理资金结余
86	8007	专用基金结余
87	8031	预算稳定调节基金

续表

序号	科目编号	会计科目名称
88	8033	预算周转金
89	8041	资金结存
	804101	库款资金结存
	804102	专户资金结存
	804103	在途资金结存
	804104	集中支付结余结存
	804105	上下级调拨结存
	804106	待发国债结存
	804107	零余额账户结存
	804108	已结报支出
	804109	待处理结存

第四十一条 财务会计科目使用说明如下：

一、资产类

1001 国库存款

一、本科目核算政府财政存放在国库单一账户的款项。

二、国库存款的主要账务处理如下：

（一）国库存款增加时，按照实际收到的金额，借记本科目，贷记有关科目。

（二）国库存款减少时，按照实际支付的金额，借记有关科目，贷记本科目。

三、本科目期末借方余额反映政府财政国库存款的结存数。

1002 其他财政存款

一、本科目核算政府财政未列入"国库存款"科目反映的各项财政存款。

二、本科目应按照存款资金的性质和存款银行等进行明细核算。

三、其他财政存款的主要账务处理如下：

（一）财政专户收到款项时，按照实际收到的金额，借记本科目，贷记有关科目。

（二）其他财政存款产生的利息收入，除规定作为专户资金收入外，其他利息收入都应缴入国库。

取得其他财政存款利息收入时，按照实际获得的利息金额，根据以下情况分别处理：

1.按规定作为专户资金收入的，借记本科目，贷记"应付代管资金"或有关收入科目。

2.按规定应缴入国库的，借记本科目，贷记"其他应付款"科目。将其他财政存款利息收入缴入国库时，借记"其他应付款"科目，贷记本科目；同时，借记"国库存款"科目，贷记"非税收入"科目。

（三）其他财政存款减少时，按照实际支付的金额，借记有关科目，贷记本科目。

四、本科目期末借方余额反映政府财政持有的其他财政存款。

1003 国库现金管理资产

一、本科目核算政府财政将暂时闲置的国库存款存放商业银行或者投资于货币市场形成的资产。

二、本科目应按照业务种类设置"商业银行定期存款""其他国库现金管理资产"明细科目，并可根据管理需要进行明细核算。

三、国库现金管理资产的主要账务处理如下：

（一）商业银行定期存款

1.根据国库现金管理有关规定开展商业银行定期存款时，将国库存款转存商业银行，按照存入商业银行的金额，借记本科目，贷记"国库存款"科目。

2.商业银行定期存款收回国库时，按照实际收回的金额，借记"国库存款"科目，按照原存入商业银行的存款本金金额，贷记本科目，按照其差额，贷记"非税收入"科目。

（二）其他国库现金管理业务可根据管理条件和管理需要，参照商业银行定期存款的账务处理。

四、本科目期末借方余额反映政府财政开展国库现金管理业务形成的资产。

1011 有价证券

一、本科目核算政府财政按照有关规定取得并持有的有价证券。

二、本科目应按照有价证券种类进行明细核算。

三、有价证券的主要账务处理如下：

（一）购入有价证券时，按照实际支付的金额，借记本科目，贷记"国库存款""其他财政存款"等科目。

（二）转让或到期兑付有价证券时，按照实际收到的金额，借记"国库存款""其他财政存款"等科目，按照该有价证券的账面余额，贷记本科目，按照其差额，贷记或借记有关收入或费用科目。

四、本科目期末借方余额反映政府财政持有的有价证券金额。

1021 应收非税收入

一、本科目核算政府财政应向缴款人收取但实际尚未缴入国库的非税收入款项。对于非税收入管理部门不能提供已开具非税收入缴款票据、尚未缴入本级国库的非税收入数据的地区，可暂不使用本科目核算。

二、本科目应参照《政府收支分类科目》中"非税收入"科目进行明细核算，同时可根据管理需要，参照实际情况，按执收部门（单位）进行明细核算。

三、应收非税收入的主要账务处理如下：

（一）确认取得非税收入时，按照非税收入管理部门提供的已开具缴款票据、尚未缴入本级国库的非税收入金额，借记本科目，贷记"非税收入"科目。

（二）实际收到非税收入款项时，按照实际收到的非税收入金额，借记"国库存款"科目，已列应收非税收入部分金额，贷记本科目；未列入应收非税收入部分金额，贷记"非税收入"科目。

（三）期末，非税收入管理部门应对未入库的应收非税收入进行全面核查，总会计根据核查结果对应收非税收入余额进行确认，确保应收非税收入核算准确。

四、本科目期末借方余额反映政府财政尚未入库的应收非税收入。

1022 应收股利

一、本科目核算政府因持有股权投资应当收取的现金股利或应当分得的利润。

二、本科目应根据管理需要，按照被投资主体进行明细核算。

三、应收股利的主要账务处理如下：

（一）采用权益法核算

1.持有股权投资期间，被投资主体宣告发放现金股利或利润的，根据股权管理部门提供的资料，按照应上缴政府财政的部分，借记本科目，贷记"股权投资（损益调整）"科目。

2.收到现金股利或利润时，按照实际收到的金额，借记"国库存款"科目，贷记本科目；按照实际收到金额中未宣告发放的现金股利或利润，借记本科目，贷记"股权投资（损益调整）"科目。

（二）采用成本法核算

1.持有股权投资期间，被投资主体宣告发放现金股利或利润时，根据股权管理部门提供的资料，按照应上缴政府财政的部分，借记本科目，贷记"投资收益"科目。

2.收到现金股利或利润时，按照实际收到的金额，借记"国库存款"科目，贷记本科目；按照实际收到金额中未宣告发放的现金股利或利润，借记本科目，贷记"投资收益"科目。

四、本科目期末借方余额反映政府财政应当收取但尚未收到的现金股利或利润。

1031 借出款项

一、本科目核算政府财政按照对外借款管理有关规定借给预算单位临时急需，并按期收回的款项。

二、本科目应按照借款单位进行明细核算。

三、借出款项的主要账务处理如下：

（一）将款项借出时，按照实际支付的金额，借记本科目，贷记"国库存款"等科目。

（二）收回借款时，按照实际收到的金额，借记"国库存款"等科目，贷记本科目。

四、本科目期末借方余额反映政府财政借给预算单位尚未收回的款项。

1032 与下级往来

一、本科目核算本级政府财政与下级政府财政的往来待结算款项。

二、本科目应按照下级政府财政进行明细核算。

三、与下级往来的主要账务处理如下：

（一）拨付下级政府财政款项时，借记本科目，贷记"国库存款"科目。

（二）有主权外债业务的财政部门，贷款资金由下级政府财政同级部门（单位）使用，且贷款的最终还款责任由本级政府财政承担的，本级政府财政部门支付贷款资金时，借记本科目或"补助费用"科目，贷记"国库存款""其他财政存款"等科目；外方将贷款资金直接支付给供应商或用款单位时，借记本科目或"补助费用"科目，贷记"借入款项"或"应付主权外债转贷款"科目。

（三）两级财政年终结算时，确认应当由下级政府财政上交的收入数，借记本科目，贷记"上解收入"科目。

（四）两级财政年终结算时，确认应补助下级政府财政的费用数，借记"补助费用"科目，贷记本科目。

（五）收到下级政府财政缴入国库的往来待结算款项时，借记"国库存款"科目，贷记本科目。

（六）扣缴下级政府财政资金时，借记本科目，贷记"其他应付款"等科目。

四、本科目期末借方余额反映下级政府财政欠本级政府财政的款项；期末贷方余额反映本级政府财政欠下级政府财政的款项。

1033 预拨经费

一、本科目核算政府财政按照预拨经费管理有关规定预拨给预算单位尚未列为费用的款项。

二、本科目应当按照预算单位进行明细核算。

三、预拨经费的主要账务处理如下：

（一）拨出款项时，借记本科目，贷记"国库存款"等科目。

（二）转列费用时，借记有关费用科目，贷记本科目。

（三）收回预拨款项时，借记"国库存款"等科目，贷记本科目。

四、本科目期末借方余额反映政府财政年末尚未转列费用或尚待收回的预拨经费款项。

1034 在途款

一、本科目核算报告清理期和库款报解整理期内发生的需要通过本科目过渡处理的属于上年度收入、费用等业务的款项。

二、在途款的主要账务处理如下：

（一）报告清理期和库款报解整理期内收到属于上年度收入等款项时，在上年度账务中，借记本科目，贷记有关收入科目或"应收非税收入"科目；收回属于上年度费用等款项时，在上年度账务中，借记本科目，贷记"预拨经费"或有关费用科目。

（二）冲转在途款时，在本年度账务中，借记"国库存款"科目，贷记本科目。

三、本科目期末借方余额反映政府财政持有的在途款。

1035 其他应收款

一、本科目核算政府财政临时发生的其他应收、暂付、垫付款项。项目单位拖欠外国政府和国际金融组织贷款本息和有关费用导致有关政府财政履行担保责任，代偿的贷款本息费，也通过本科目核算。

二、本科目应按照资金类别、债务单位等进行明细核算。

三、其他应收款的主要账务处理如下：

（一）发生其他应收款项时，借记本科目，贷记"国库存款""其他财政存款"等科目。

（二）收回其他应收款项时，借记"国库存款""其他财政存款"科目，贷记本科目。

（三）其他应收款项转列费用时，借记有关费用科目，贷记本科目。

（四）政府财政对使用外国政府和国际金融组织贷款资金的项目单位履行担保责任，代偿贷款本息费时，借记本科目，贷记"国库存款""其他财政存款"等科目。政府财政行使追索权，收回项目单位贷款本息费时，借记"国库存款""其他财政存款"等科目，贷记本科目。政府财政最终未收回项目单位贷款本息费，经核准转列费用时，借记有关费用科目，贷记本科目。

四、本科目应及时清理结算，期末原则上应无余额。

1041 应收地方政府债券转贷款

一、本科目核算本级政府财政转贷给下级政府财政的地方政府债券资金的本金及利息。

二、本科目应设置"应收本金"和"应收利息"明细科目，并按照转贷对象进行明细核算，其下应根据管理规定设置"一般债券""专项债券"等明细科目。其中，"应收利息"科目通常应根据债务管理部门计算并提供的政府债券转贷款的应收利息情况，按期进行核算。

三、应收地方政府债券转贷款的主要账务处理如下：

（一）向下级政府财政转贷地方政府债券资金时，按照转贷的本金，借记本科目，按照实际拨付的金额或债务管理部门确认的转贷金额，贷记"国库存款"或"与下级往来"等科目，按照其差额，借记或贷记有关费用科目。

（二）按期确认地方政府债券转贷款的应收利息时，根据债务管理部门计算确认的转贷款本期应收未收利息金额，借记本科目，贷记"财务费用——利息费用"等有关科目。

（三）收到下级政府财政偿还的地方政府债券转贷款本息时，按照收到的金额，借记"国库存款""其他财政存款"等科目，贷记本科目。

（四）扣缴下级政府财政应偿还的地方政府债券转贷款本息时，按照扣缴的金额，借记"与下级往来"等科目，贷记本科目。

（五）豁免下级政府财政应偿还的地方政府债券转贷款本息时，根据债务管理部门转来的有关资料及有关预算文件，按照豁免金额，借记"补助费用""与下级往来"等科目，贷记本科目。

四、本科目期末借方余额反映政府财政应收未收的地方政府债券转贷款本金及利息。

1042 应收主权外债转贷款

一、本科目核算本级政府财政转贷给下级政府财政的外国政府、国际金融组织贷款等主权外债资金的本金及利息。

二、本科目应设置"应收本金"和"应收利息"明细科目，并按照转贷对象进行明细核算。其中，"应收利息"科目通常应根据债务管理部门计算并提供的主权外债转贷款的应收利息情况，按期进行核算。

三、应收主权外债转贷款的主要账务处理如下：

（一）向下级政府财政转贷主权外债资金，且主权外债最终还款责任由下级政府财政承担的，应当分别按照以下情况处理：

1.本级政府财政支付转贷资金时，借记本科目，贷记"国库存款""其他财政存款"科目。

2.外方或上级政府财政将贷款资金直接拨付给用款单位或供应商时，根据债务管理部门转来的有关资料，按照实际拨付的金额，借记本科目，贷记"借入款项"或"应付主权外债转贷款"科目。

（二）按期确认主权外债转贷款的应收利息时，根据债务管理部门计算确认的转贷款本期应收未收利息金额，借记本科目，贷记"财务费用——利息费用"等科目。

（三）收回下级政府财政偿还的主权外债转贷款本息时，按照收回的金额，借记"国库存款""其他财政存款"等科目，贷记本科目。

（四）扣缴下级政府财政应偿还的主权外债转贷款本息时，按照扣缴的金额，借记"与下级往来"等科目，贷记本科目。

（五）债权人豁免下级政府财政应偿还的主权外债转贷款本息时，根据债务管理部门转来的有关资料及有关预算文件，按照豁免转贷款的金额，借记"应付主权外债转贷款""借入款项""应付利息"等科目，贷记本科目。

（六）本级政府财政豁免下级政府财政应偿还的主权外债转贷款本息时，根据债务管理部门转来的有关资料及有关预算文件，按照豁免金额，借记"补助费用""与下级往来"等科目，贷记本科目。

（七）年末，根据债务管理部门提供的应收主权外债转贷款因汇率变动产生的期末人民币余额与账面余额之间的差额资料，借记或贷记"财务费用——汇兑损益"科目，贷记或借记本科目。

四、本级政府财政首次确认以前年度转贷给下级政府财政的主权外债时，根据债务管理部门提供的有关资料，按照转贷主权外债本息余额，借记本科目，贷记"以前年度盈余调整"科目。

五、本科目期末借方余额反映政府财政应收未收的主权外债转贷款本金及利息。

1061 股权投资

一、本科目核算政府持有的各类股权投资。包括国际金融组织股权投资、政府投资基金股权投资和企业股权投资等。

二、股权投资在持有期间，通常采用权益法进行核算。政府无权决定被投资主体的财务和经营政策或无权参与被投资主体的财务和经营政策决策的，应当采用成本法进行核算。

三、本科目应当按照"国际金融组织股权投资""政府投资基金股权投资""企业股权投资"设置一级明细科目，在一级明细科目下，分别设置"投资成本""损益调整""其他权益变动"明细科目，同时应根据管理需要，按照被投资主体进行明细核算。

四、股权投资的主要账务处理如下：

（一）采用权益法核算

1.政府财政以现金取得股权投资时，按照实际支付的金额，借记本科目（投资成本），贷记"国库存款"科目。

实际支付的金额中包含的已宣告但尚未发放的现金股利，应当单独确认为应收股利。

2.政府财政以现金以外其他资产置换取得股权投资时，按照股权管理部门确认的金额，借记本科目（投资成本），贷记相关资产类科目。

3.通过清查发现以前年度取得、尚未纳入财政总会计核算的股权投资时，根据股权管理部门提供的资料，按照股权投资的投资成本，借记本科目（投资成本），按照以前年度实现的损益中应享有的份额，借记本科目（损益调整），按照二者合计金额贷记"以前年度盈余调整"科目；按照确定的其他权益变动金额，借记本科目（其他权益变动），贷记"权益法调整"科目。已宣告但尚未发放的现金股利，应当单独确认为应收股利。

4.无偿划入股权投资时，根据股权管理部门提供的资料，按照股权投资的投资成本，借记本科目（投资成本），按照以前年度实现的损益中应享有的份额，借记本科目（损益调整），按照二者合计金额贷记"其他收入"科目；

按照确定的其他权益变动金额，借记本科目（其他权益变动），贷记"权益法调整"科目。

5.被投资主体实现净利润的，根据股权管理部门提供的资料，按照应享有的份额，借记本科目（损益调整），贷记"投资收益"科目。

被投资主体发生净亏损的，根据股权管理部门提供的资料，按照应分担的份额，借记"投资收益"科目，贷记本科目（损益调整），但以"股权投资"的账面余额减记至零为限。发生亏损的被投资主体以后年度又实现净利润的，按照收益分享额弥补未确认的亏损分担额等后的金额，借记本科目（损益调整），贷记"投资收益"科目。

6.被投资主体宣告发放现金股利或利润的，根据股权管理部门提供的资料，按照应上缴政府财政的部分，借记"应收股利"科目，贷记本科目（损益调整）。

7.收到现金股利或利润时，按照实际收到的金额，借记"国库存款"科目，贷记"应收股利"科目；按照实际收到金额中未宣告发放的现金股利或利润，借记"应收股利"科目，贷记本科目（损益调整）。

8.被投资主体发生除净损益和利润分配以外的所有者权益变动的，根据股权管理部门提供的资料，按照应享有或应分担的份额，借记或贷记本科目（其他权益变动），贷记或借记"权益法调整"科目。

9.股权投资持有期间，被投资主体以收益转增投资的，根据股权管理部门提供的资料，按照收益转增投资的金额，借记本科目（投资成本），贷记本科目（损益调整）。

10.处置股权投资时，根据股权管理部门提供的资料，按照被处置股权投资对应的"权益法调整"科目账面余额，借记或贷记"权益法调整"科目，贷记或借记本科目（其他权益变动）；按照处置收回的金额，借记"国库存款"科目，按照已宣告尚未领取的现金股利或利润，贷记"应收股利"科目，按照被处置股权投资的账面余额，贷记本科目（投资成本、损益调整），按照其差额，贷记或借记"投资收益"科目。

11.无偿划出股权投资时，根据股权管理部门提供的资料，按照被划出股权投资对应的"权益法调整"科目账面余额，借记或贷记"权益法调整"科目，贷记或借记本科目（其他权益变动）；按照被划出股权投资的账面余额，借记"其他费用"科目,贷记本科目(投资成本、损益调整)。

12.企业破产清算时,根据股权管理部门提供的资料,按照破产清算企业股权投资对应的"权益法调整"科目账面余额,借记或贷记"权益法调整"科目,贷记或借记本科目(其他权益变动);按照缴入国库清算收入的金额,借记"国库存款"科目,按照破产清算股权投资的账面余额,贷记本科目(投资成本、损益调整),按照其差额,借记或贷记"投资收益"科目。

(二)采用成本法核算

1.政府财政以现金取得股权投资时,按照实际支付的金额,借记本科目(投资成本),贷记"国库存款"科目。

实际支付的金额中包含的已宣告但尚未发放的现金股利,应当单独确认为应收股利。

2.政府财政以现金以外其他资产置换取得股权投资时,按照股权管理部门确认的金额,借记本科目(投资成本),贷记相关资产类科目。

3.通过清查发现以前年度取得、尚未纳入财政总会计核算的股权投资时,根据股权管理部门提供的资料,按照其确定的投资成本,借记本科目(投资成本),贷记"以前年度盈余调整"科目。已宣告但尚未发放的现金股利,应当单独确认为应收股利。

4.无偿划入股权投资时,根据股权管理部门提供的资料,按照其确定的投资成本,借记本科目(投资成本),贷记"其他收入"科目。

5.处置股权投资时,按照收回的金额,借记"国库存款"科目,按照已宣告尚未领取的现金股利或利润,贷记"应收股利"科目,按照被处置股权投资账面余额,贷记本科目(投资成本),按照其差额,贷记或借记"投资收益"科目。

6.无偿划出股权投资时,按照被划出股权投资的账面余额,借记"其他费用"科目,贷记本科目(投资成本)。

7.企业破产清算时,根据股权管理部门提供的资料,按照缴入国库清算收入的金额,借记"国库存款"科目,按照破产清算股权投资的账面余额,贷记本科目(投资成本),按照其差额,借记或贷记"投资收益"科目。

(三)成本法与权益法的转换

1.对股权投资的核算从成本法改为权益法的,应按照成本法下本科目(投资成本）账面余额与追加投资成本的合计金额，借记本科目（投资成本），按照成本法下本科目（投资成本）账面余额，贷记本科目（投资成本），按照追加投资的金额，贷记"国库存款"科目。

2.对股权投资的核算从权益法改为成本法的，按照"权益法调整"科目账面余额，借记或贷记"权益法调整"科目，贷记或借记本科目（其他权益变动）；按照权益法下本科目（投资成本、损益调整）账面余额作为成本法下投资成本账面余额，借记本科目（投资成本），贷记本科目（投资成本、损益调整）。

其后，被投资单位宣告分派现金股利或利润时，属于已记入投资成本账面余额的部分，按照应分得的现金股利或利润份额，借记"应收股利"科目，贷记本科目（投资成本）。

五、本科目期末借方余额反映政府持有的各类股权投资的价值。

二、负债类

2001 应付短期政府债券

一、本科目核算政府财政以政府名义发行的期限不超过1年（含1年）的国债和地方政府债券的应付本金，其中，国债包括中央政府财政发行的国内政府债券和境外发行的主权债券等。

二、本科目应设置"应付国债""应付地方政府一般债券""应付地方政府专项债券"明细科目。债务管理部门应当设置辅助明细账，主要包括政府债券金额、种类、期限、发行日、到期日、票面利率、偿还本金及付息情况等内容，并按期计算债券存续期应付利息情况。

三、应付短期政府债券的主要账务处理如下：

（一）实际收到短期政府债券发行收入时，按照实际收到的金额，借记"国库存款"科目，按照短期政府债券实际发行额，贷记本科目，按照发行收入和发行额的差额，借记或贷记有关费用科目。

（二）中央财政发生国债随卖业务时，按照实际收到的金额，借记"国库存款"等科目；根据国债随卖确认文件等相关债券管理资料，按照国债随卖面值，贷记本科目或"应付长期政府债券"科目；按照其差额，借记或贷记

"财务费用——利息费用"科目。

（三）中央财政发生国债随买业务时，根据国债随买确认文件等相关债务管理资料，按照国债随买面值，借记本科目或"应付长期政府债券"科目；按照实际支付的金额，贷记"国库存款"等科目；按照其差额，借记或贷记"财务费用——利息费用"科目。

（四）实际偿还本级政府财政承担的短期政府债券本金时，借记本科目，贷记"国库存款"等科目。

四、本科目期末贷方余额反映政府财政尚未偿还的短期政府债券本金。

2011 应付国库集中支付结余

一、本科目核算省级以上（含省级）政府财政国库集中支付中，应列为当年费用，但年末尚未支付需结转下一年度支付的款项。

二、本科目应按照预算单位进行明细核算；同时可根据管理需要，参照《政府收支分类科目》中支出经济分类科目进行明细核算。

三、应付国库集中支付结余的主要账务处理如下：

（一）年末，对当年发生的应付国库集中支付结余，借记有关费用科目，贷记本科目。

（二）实际支付应付国库集中支付结余资金时，借记本科目，贷记"国库存款"科目。

（三）收回尚未支付的应付国库集中支付结余时，借记本科目，贷记"以前年度盈余调整"等科目。

四、本科目期末贷方余额反映政府财政尚未支付的国库集中支付结余。

2012 与上级往来

一、本科目核算本级政府财政与上级政府财政的往来待结算款项。

二、本科目可根据管理需要，按照往来款项的类别和项目等进行明细核算。

三、与上级往来的主要账务处理如下：

（一）收到上级政府财政拨付的款项时，借记"国库存款""其他财政存款"科目，贷记本科目。

（二）有主权外债业务的财政部门，贷款资金由本级政府财政同级部门使用,且贷款的最终还款责任由上级政府财政承担的,本级政府财政收到贷款资金时,借记"国库存款""其他财政存款"等科目,贷记本科目或"补助收入"科目;外方或上级政府财政将贷款资金直接支付给供应商或用款单位时,借记有关费用科目,贷记本科目或"补助收入"科目。

(三)两级财政年终结算中确认的应当上交上级政府财政的款项,借记"上解费用"科目,贷记本科目。

(四)两级财政年终结算中确认的应当由上级政府财政补助的款项,借记本科目,贷记"补助收入"科目。

(五)上级政府财政扣缴有关款项时,借记有关科目,贷记本科目。

(六)归还上级政府财政的往来性款项时,按照实际归还的金额,借记本科目,贷记"国库存款""其他财政存款"等科目。

四、本科目期末贷方余额反映本级政府财政欠上级政府财政的款项;借方余额反映上级政府财政欠本级政府财政的款项。

2013 其他应付款

一、本科目核算政府财政临时发生的暂收、应付、收到的不明性质款项和收回的结转结余资金等。税务机关代征入库的社会保险费,也通过本科目核算。

二、本科目应按照债权人或资金来源等进行明细核算。

三、其他应付款的主要账务处理如下:

(一)收到不明性质款项及收回结转结余资金时,借记"国库存款""其他财政存款"等科目,贷记本科目。

(二)将有关款项清理退还、划转、转作收入时,借记本科目,贷记"国库存款""其他财政存款"或有关收入科目。

(三)社会保险费代征入库时,借记"国库存款"科目,贷记本科目。入库的社会保险费划转社保基金专户时,借记本科目,贷记"国库存款"科目。

(四)收回的结转结余资金,财政部门按原预算科目使用的,实际安排支出时,借记本科目,贷记"国库存款""其他财政存款"等科目。

收回的结转结余资金,财政部门调整预算科目使用的,实际安排支出时,借记本科目,贷记"以前年度盈余调整——预算管理资金以前年度盈余调整"

等科目；同时，借记有关费用科目，贷记"国库存款"等科目。

（五）有关款项确认冲减当年费用时，借记本科目，贷记有关费用科目；有关款项确认冲减以前年度有关费用事项的，借记本科目，贷记"以前年度盈余调整——预算管理资金以前年度盈余调整"等科目。

四、本科目应当及时清理结算，期末贷方余额反映政府财政尚未结清的其他应付款项。

2014 应付代管资金

一、本科目核算政府财政代为管理的使用权属于被代管主体的资金。

二、本科目应根据管理需要进行相关明细核算。

三、应付代管资金的主要账务处理如下：

（一）收到代管资金时，借记"其他财政存款"等科目，贷记本科目。

（二）支付代管资金时，借记本科目，贷记"其他财政存款"等科目。

（三）代管资金产生的利息收入按照有关规定仍属于代管资金的，借记"其他财政存款"等科目，贷记本科目。

四、本科目期末贷方余额反映政府财政尚未支付的代管资金。

2015 应付利息

一、本科目核算政府财政以政府名义发行的政府债券应支付的利息，以及以政府名义借入款项本期应承担的利息等。

二、本科目应根据管理需要设置"应付国债利息""应付地方政府债券利息""应付地方政府主权外债利息"明细科目。本科目应根据债务管理部门计算并提供的政府债券及借入款项的应付利息情况，按期进行核算。

三、应付利息的主要账务处理如下：

（一）根据债务管理部门计算确定的本期应付未付利息金额，借记"财务费用——利息费用"科目，贷记本科目。

（二）实际支付利息时，支付金额中已计提的部分，借记本科目，未计提的部分，借记"财务费用——利息费用"科目，贷记"国库存款""其他财政存款"等科目。

（三）提前赎回已发行的政府债券、豁免政府财政承担的主权外债应付利息时，按照减少的当年已计提应付利息金额，借记本科目，贷记"财务费用——利息费用"等科目。减少以前年度已计提但尚未支付的利息金额，借记本科目，贷记"以前年度盈余调整"科目。

（四）期末，政府发行的以外币计价的政府债券及借入款项由于汇率变化产生的应付利息折算差额，借记或贷记"财务费用——汇兑损益"科目，贷记或借记本科目。

四、本科目期末贷方余额反映政府财政应付未付的利息金额。

2021 应付长期政府债券

一、本科目核算政府财政以政府名义发行的期限超过1年的国债和地方政府债券的应付本金。其中，国债包括中央政府财政发行的国内政府债券和境外发行的主权债券等。

二、本科目应设置"应付国债""应付地方政府一般债券""应付地方政府专项债券"明细科目。债务管理部门应设置辅助明细账，主要包括政府债券金额、种类、期限、发行日、到期日、票面利率、实际偿还本金及付息情况等内容，并按期计算债券存续期应负担的利息金额。

三、应付长期政府债券的主要账务处理如下：

（一）实际收到长期政府债券发行收入时，按照实际收到的金额，借记"国库存款""其他财政存款"科目，按照长期政府债券实际发行额，贷记本科目，按照其差额，借记或贷记有关费用科目。

（二）中央财政发生国债随卖业务时，账务处理参照"应付短期政府债券"科目使用说明中国债随卖业务的账务处理。

（三）中央财政发生国债随买业务时，账务处理参照"应付短期政府债券"科目使用说明中国债随买业务的账务处理。

（四）政府财政以定向承销方式发行长期政府债券时，根据债务管理部门转来的债券发行文件等有关资料，借记"以前年度盈余调整""应收地方政府债券转贷款"等科目，按照长期政府债券实际发行额，贷记本科目，按照发行收入和发行额的差额，借记或贷记有关费用科目。

（五）实际偿还长期政府债券本金时，借记本科目，贷记"国库存款""其他财政存款"等科目。

四、本科目期末贷方余额反映政府财政尚未偿还的长期政府债券本金。

2022 借入款项

一、本科目核算政府财政以政府名义向外国政府、国际金融组织等借入的款项,以及经国务院批准的其他方式借入的款项。

二、本科目应按照债权人进行明细核算。债务管理部门应设置辅助明细账,主要包括借入款项对应的项目、期限、借入日期、实际偿还及付息情况等内容,并按期计算借款存续期应负担的利息金额。

三、借入款项的主要账务处理如下:

(一)借入主权外债的主要账务处理

1.本级政府财政收到借入的主权外债资金时,按照实际收到的金额借记"国库存款""其他财政存款"科目,按照实际承担的债务金额贷记本科目,按照实际收到的金额与承担的债务之间的差额,借记或贷记有关费用科目。

2.本级政府财政借入主权外债,且由外方或上级政府财政将贷款资金直接支付给用款单位或供应商时,应根据以下情况分别处理:

(1)本级政府财政承担还款责任,贷款资金由本级政府财政同级部门使用的,根据债务管理部门转来的有关资料,按照实际承担的债务金额,借记有关费用科目,贷记本科目。

(2)本级政府财政承担还款责任,贷款资金由下级政府财政同级部门使用的,根据债务管理部门转来的有关资料及有关预算文件,借记"补助费用"科目或"与下级往来"科目,贷记本科目。

(3)下级政府财政承担还款责任,贷款资金由下级政府财政同级部门使用的,根据债务管理部门转来的有关资料,借记"应收主权外债转贷款"科目,贷记本科目。

3.偿还主权外债本金时,按照实际支付的金额,借记本科目,贷记"国库存款""其他财政存款"等科目。

4.债权人豁免本级政府财政承担偿还责任的借入主权外债本金时,根据债务管理部门转来的有关资料,按照被豁免的本金,借记本科目,贷记"其他收入"等科目。

5.债权人豁免下级政府财政承担偿还责任的借入主权外债本金时,根据债务管理部门转来的有关资料,按照被豁免的本金,借记本科目,贷记"应收主权外债转贷款"科目。

（二）年末，根据债务管理部门提供借入款项因汇率变动产生的期末人民币余额与账面余额之间的差额资料，借记或贷记"财务费用——汇兑损益"科目，贷记或借记本科目。

（三）其他借入款项账务处理参照本科目使用说明中借入主权外债业务的账务处理。

四、本级政府财政首次确认以前年度借入的主权外债时，根据债务管理部门提供的有关资料，按照借入主权外债的余额，借记"以前年度盈余调整"科目，贷记本科目。

五、本科目期末贷方余额反映本级政府财政尚未偿还的借入款项本金。

2031 应付地方政府债券转贷款

一、本科目核算地方政府财政从上级政府财政借入地方政府债券转贷款的本金和利息。

二、本科目应设置"应付本金"和"应付利息"明细科目，其下可根据管理规定设置"地方政府一般债券""地方政府专项债券"等明细科目。其中，"应付利息"科目通常应根据债务管理部门计算并提供的政府债券转贷款的应付利息情况，按期进行核算。

三、应付地方政府债券转贷款的主要账务处理如下：

（一）上级政府财政转贷地方政府债券资金时，按照实际收到的金额或债务管理部门转来的相关资料，借记"国库存款"或"与上级往来"等科目，按照转贷本金金额，贷记本科目，按照其差额，借记或贷记有关费用科目。

（二）按期确认地方政府债券转贷款的应付利息时，根据债务管理部门计算确定的本期应付未付利息金额，借记"财务费用——利息费用"科目，贷记本科目。

（三）偿还本级政府财政承担的地方政府债券转贷款本息时，借记本科目，贷记"国库存款"等科目。

（四）上级政府财政扣缴地方政府债券转贷款本息时，借记本科目，贷记"与上级往来"等科目。

（五）上级政府财政豁免转贷款本息时，根据债务管理部门转来的有关资料及有关预算文件,按照豁免金额,借记本科目,贷记"补助收入"或"与上级往来"等科目。

四、本科目期末贷方余额反映本级政府财政尚未偿还的地方政府债券转贷款本金和利息。

2032 应付主权外债转贷款

一、本科目核算本级政府财政从上级政府财政借入主权外债转贷款的本金和利息。

二、本科目应设置"应付本金"和"应付利息"明细科目。债务管理部门应当设置辅助明细账,主要包括应付主权外债对应的项目、期限、借入日期、实际偿还及付息情况等内容,并按期计算外债存续期应负担的利息金额。

三、应付主权外债转贷款的主要账务处理如下:

(一)收到上级政府财政转贷的主权外债资金时,按照实际收到的金额借记"国库存款""其他财政存款"科目,按照实际承担的债务金额贷记本科目,按照实际收到的金额和承担的债务金额之间的差额,借记或贷记有关费用科目。

(二)从上级政府财政借入主权外债转贷款,且由外方或上级政府财政将贷款资金直接支付给用款单位或供应商时,应根据以下情况分别处理:

1.本级政府财政承担还款责任,贷款资金由本级政府财政同级部门使用的,根据债务管理部门转来的有关资料,借记有关费用科目,贷记本科目。

2.本级政府财政承担还款责任,贷款资金由下级政府财政同级部门使用的,根据债务管理部门转来的有关资料及有关预算文件,借记"补助费用"或"与下级往来"等科目,贷记本科目。

3.下级政府财政承担还款责任,贷款资金由下级政府财政同级部门使用的,根据债务管理部门转来的有关资料,借记"应收主权外债转贷款"科目,贷记本科目。

(三)按期确认主权外债转贷款的应付利息时,根据债务管理部门计算确认的转贷款本期应付未付利息金额,借记"财务费用——利息费用"科目,贷记本科目。

(四)偿还主权外债转贷款的本息时,借记本科目,贷记"国库存款""其他财政存款"等科目。

（五）上级政府财政扣缴借入主权外债转贷款的本息时，借记本科目，贷记"与上级往来"科目。

（六）上级政府财政豁免主权外债转贷款本息时，根据以下情况分别处理：

1.豁免本级政府财政承担偿还责任的主权外债转贷款本息时，根据债务管理部门转来的有关资料及有关预算文件，按照豁免转贷款的金额，借记本科目，贷记"补助收入"或"与上级往来"等科目。

2.豁免下级政府财政承担偿还责任的主权外债转贷款本息时，根据债务管理部门转来的有关资料及有关预算文件，按照豁免转贷款的金额，借记本科目，贷记"应收主权外债转贷款"科目，同时借记"补助费用"或"与下级往来"等科目，贷记"补助收入"或"与上级往来"科目。

（七）年末，根据债务管理部门提供的应付主权外债转贷款因汇率变动产生的期末人民币余额与账面余额之间的差额资料，借记或贷记"财务费用——汇兑损益"科目，贷记或借记本科目。

四、本级政府财政首次确认以前年度转贷的主权外债时，根据债务管理部门提供的有关资料，按照转贷主权外债本息余额，借记"以前年度盈余调整"科目，贷记本科目。

五、本科目期末贷方余额反映本级政府财政尚未偿还的主权外债转贷款本金和利息。

2041 其他负债

一、本科目核算政府财政因有关政策明确要求其承担支出责任的事项而形成的支付义务。

二、本科目可根据管理需要，按照项目等进行明细核算。

三、其他负债的主要账务处理如下：

（一）政策明确由政府财政承担支出责任的其他负债，按照确定应承担的负债金额，借记"其他费用"科目，贷记本科目。

（二）期末，根据债务管理部门转来的其他负债期末余额与账面余额的差额，借记或贷记本科目，贷记或借记"其他费用"科目。

四、本科目贷方余额反映政府财政承担的尚未支付的其他负债余额。

三、净资产类
3001 累计盈余

一、本科目核算政府财政纳入一般公共预算、政府性基金预算、国有资本经营预算管理的预算资金，财政专户管理资金、专用基金历年实现的盈余滚存的金额。

二、本科目应设置"预算管理资金累计盈余""财政专户管理资金累计盈余""专用基金累计盈余"明细科目。

三、累计盈余的主要账务处理如下：

（一）"预算管理资金累计盈余"科目的主要账务处理

1.年终转账时，将"本期盈余——预算管理资金本期盈余"科目余额转入本科目，借记或贷记"预算管理资金本期盈余"科目，贷记或借记本科目。

2.年终转账时，将"以前年度盈余调整——预算管理资金以前年度盈余调整"科目余额转入本科目，借记或贷记"以前年度盈余调整——预算管理资金以前年度盈余调整"科目，贷记或借记本科目。

3.本科目期末余额反映预算管理资金累计盈余的累计数。

（二）"财政专户管理资金累计盈余"科目的主要账务处理

1.年终转账时，将"本期盈余——财政专户管理资金本期盈余"科目余额转入本科目，借记或贷记"财政专户管理资金本期盈余"科目，贷记或借记本科目。

2.年终转账时，将"以前年度盈余调整——财政专户管理资金以前年度盈余调整"科目余额转入本科目，借记或贷记"以前年度盈余调整——财政专户管理资金以前年度盈余调整"科目，贷记或借记本科目。

3.本科目期末余额反映财政专户管理资金累计盈余的累计数。

（三）"专用基金累计盈余"科目的主要账务处理

1.年终转账时，将"本期盈余——专用基金本期盈余"科目的余额转入本科目，借记或贷记"专用基金本期盈余"科目，贷记或借记本科目。

2.年终转账时，将"以前年度盈余调整——专用基金以前年度盈余调整"

科目的余额转入本科目，借记或贷记"以前年度盈余调整——专用基金以前年度盈余调整"科目，贷记或借记本科目。

3.本科目期末余额反映专用基金累计盈余的累计数。

3011 本期盈余

一、本科目核算政府财政纳入一般公共预算、政府性基金预算、国有资本经营预算管理的资金，财政专户管理资金、专用基金本期各项收入、费用分别相抵后的余额。设置补充和动用预算稳定调节基金，设置补充预算周转金产生的盈余变动事项，也通过本科目核算。

二、本科目应设置"预算管理资金本期盈余""财政专户管理资金本期盈余""专用基金本期盈余"明细科目。

三、本期盈余的主要账务处理如下：

（一）"预算管理资金本期盈余"科目的账务处理

1.年终转账时，将纳入一般公共预算、政府性基金预算、国有资本经营预算管理的各类收入科目本年发生额转入本科目的贷方，借记"税收收入""非税收入""投资收益""补助收入""上解收入""地区间援助收入""其他收入"科目，贷记本科目；将纳入一般公共预算、政府性基金预算、国有资本经营预算管理的各类费用科目本年发生额转入本科目的借方，借记本科目，贷记"政府机关商品和服务拨款费用""政府机关工资福利拨款费用""对事业单位补助拨款费用""对企业补助拨款费用""对个人和家庭补助拨款费用""对社会保障基金补助拨款费用""资本性拨款费用""其他拨款费用""财务费用""补助费用""上解费用""地区间援助费用""其他费用"科目。

2.设置或补充预算稳定调节基金时，借记本科目，贷记"预算稳定调节基金"科目；动用预算稳定调节基金时，借记"预算稳定调节基金"科目，贷记本科目。

3.设置或补充预算周转金时，借记本科目，贷记"预算周转金"科目。

4.完成上述结转后，将本科目余额转入累计盈余。如为借方余额，贷记本科目，借记"累计盈余—预算管理资金累计盈余"科目；如为贷方余额，借记本科目，贷记"累计盈余—预算管理资金累计盈余"科目。

5.期末结转后，本科目应无余额。

（二）"财政专户管理资金本期盈余"科目的账务处理

1.年终转账时，将财政专户管理资金收入的本年发生额转入本科目的贷方，借记"财政专户管理资金收入"科目，贷记本科目；将财政专户管理资金支出的本年发生额转入本科目的借方，借记本科目，贷记"财政专户管理资金支出"科目。

2.完成上述结转后，将本科目余额转入累计盈余。借记或贷记本科目，贷记或借记"累计盈余——财政专户管理资金累计盈余"科目。

3.期末结转后，本科目应无余额。

（三）"专用基金本期盈余"科目的账务处理

1.年终转账时，将专用基金收入的本年发生额转入本科目的贷方，借记"专用基金收入"科目，贷记本科目；将专用基金支出的本年发生额转入本科目的借方，借记本科目，贷记"专用基金支出"科目。

2.完成上述结转后，将本科目余额转入累计盈余。借记或贷记本科目，贷记或借记"累计盈余——专用基金累计盈余"科目。

3.期末结转后，本科目应无余额。

3021 预算稳定调节基金

一、本科目核算本级政府财政为保持年度间预算的衔接和稳定而设置的储备性资金。

二、预算稳定调节基金的主要账务处理如下：

（一）设置或补充预算稳定调节基金时，借记"本期盈余——预算管理资金本期盈余"科目，贷记本科目。

（二）将预算周转金调入预算稳定调节基金时，借记"预算周转金"科目，贷记本科目。

（三）动用预算稳定调节基金时，借记本科目，贷记"本期盈余——预算管理资金本期盈余"科目。

三、本科目期末贷方余额反映预算稳定调节基金的累计规模。

3022 预算周转金

一、本科目核算政府财政设置的用于调剂预算年度内季节性收支差额周转使用的资金。

二、预算周转金的主要账务处理如下：

（一）设置或补充预算周转金时，借记"本期盈余——预算管理资金本期盈余"科目，贷记本科目。

（二）将预算周转金调入预算稳定调节基金时，借记本科目，贷记"预算稳定调节基金"科目。

三、本科目期末贷方余额反映预算周转金的累计规模。

3041 权益法调整

一、本科目核算政府财政按照持股比例计算应享有的被投资主体除净损益和利润分配以外的所有者权益变动的份额。

二、本科目应根据管理需要，按照被投资主体进行明细核算。

三、权益法调整的主要账务处理如下：

（一）被投资主体发生除净损益和利润分配以外的其他权益变动时，按照政府财政持股比例计算应享有的部分，借记或贷记"股权投资（其他权益变动）"科目，贷记或借记本科目。

（二）处置股权投资或因企业破产清算导致股权投资减少时，按照相应的"权益法调整"账面余额，借记或贷记本科目，贷记或借记"股权投资（其他权益变动）"科目。

（三）无偿划出股权投资时，根据股权管理部门提供的资料，按照被划出股权投资对应的"权益法调整"科目账面余额，借记或贷记本科目，贷记或借记"股权投资（其他权益变动）"科目；按照被划出股权投资的账面余额，借记"其他费用"科目，贷记"股权投资（投资成本、损益调整）"科目。

（四）由于管理需要，股权投资的核算由权益法改为成本法的，按照"权益法调整"科目账面余额，借记或贷记本科目，贷记或借记"股权投资（其他权益变动）"科目；按照权益法下"股权投资（投资成本、损益调整）"科目账面余额作为成本法下"股权投资（投资成本）"账面余额，借记"股权投资（投资成本）"科目，贷记"股权投资（投资成本、损益调整）"科目。

四、本科目期末余额反映政府财政在被投资主体除净损益和利润分配以外的所有者权益变动中累计享有（或分担）的份额。

3051 以前年度盈余调整

一、本科目核算政府财政调整以前年度盈余的事项。二、本科目应设置"预算管理资金以前年度盈余调整""财政专户管理资金以前年度盈余调整""专用基金以前年度盈余调整"明细科目。

三、以前年度盈余调整的主要账务处理如下：

（一）调整增加以前年度收入时，按照调整增加的金额，借记有关科目，贷记本科目；调整减少的，作相反会计分录。

（二）调整增加以前年度费用时，按照调整增加的金额，借记本科目，贷记有关科目；调整减少的，作相反会计分录。

（三）对于政府以前年度取得的资产或承担的负债，在本年初次确认时，借记有关资产科目或贷记有关负债科目，贷记或借记本科目。

（四）年终转账时，将本科目余额转入累计盈余，借记或贷记"累计盈余"科目，贷记或借记本科目。

四、期末结转后，本科目应无余额。

四、收入类

4001 税收收入

一、本科目核算政府财政筹集的纳入本级财政管理的税收收入。

二、本科目应参照《政府收支分类科目》中"税收收入"科目进行明细核算。

三、税收收入的主要账务处理如下：

（一）收到款项时，根据当日收入日报表所列本级税收收入数，借记"国库存款"科目，贷记本科目。

（二）年终转账时，本科目贷方余额转入本期盈余，借记本科目，贷记"本期盈余——预算管理资金本期盈余"科目。

四、本科目平时贷方余额反映本级政府财政税收收入的累计数。

五、期末结转后，本科目应无余额。

4002 非税收入

一、本科目核算政府财政筹集的纳入本级财政管理的非税收入。

二、本科目应参照《政府收支分类科目》中"非税收入"科目进行明细核算。

三、非税收入的主要账务处理如下：

（一）确认取得非税收入时

1.按照实际收到的非税收入金额，借记"国库存款"科目，贷记本科目。

2.全部实行非税收入电子化管理，非税收入管理部门具备条件提供已开具缴款票据、尚未缴入本级国库的非税收入数据的地区，按照本级应收的非税收入金额，借记"应收非税收入"科目，贷记本科目。

（二）期末，非税收入管理部门应提供已列应收非税收入中确认不能缴库的金额，借记本科目，贷记"应收非税收入"科目。

（三）年终转账时，本科目贷方余额转入本期盈余，借记本科目，贷记"本期盈余——预算管理资金本期盈余"科目。

四、本科目平时贷方余额反映本级政府财政非税收入的累计数。

五、期末结转后，本科目应无余额。

4011 投资收益

一、本科目核算政府股权投资所实现的收益或发生的损失。

二、本科目可根据管理需要，按照被投资主体进行明细核算。

三、投资收益的主要账务处理如下：

（一）采用权益法核算

1.股权投资持有期间，被投资主体实现净损益的，根据股权管理部门提供的资料，按照应享有或应分担的被投资主体实现净损益的份额，借记或贷记"股权投资（损益调整）"科目，贷记或借记本科目。

2.处置股权投资时，根据股权管理部门提供的资料，按照处置收回的金额，借记"国库存款"科目，按照已宣告尚未领取的现金股利或利润，贷记"应收股利"科目，按照被处置股权投资的账面余额，贷记"股权投资（投资成本、损益调整）"科目，按照借贷方差额，贷记或借记本科目；同时，按照被处置股权投资对应的"权益法调整"科目账面余额，借记或贷记"权益法调整"科目，贷记或借记"股权投资（其他权益变动）"科目。

3.企业破产清算时，按照缴入国库清算收入的金额，借记"国库存款"科目，按照破产清算股权投资的账面余额，贷记"股权投资（投资成本、损益调整）"科目，按照其差额，借记或贷记本科目；同时，按照破产清算企业股权投资对应的"权益法调整"科目账面余额，借记或贷记"权益法调整"科目，贷记或借记"股权投资（其他权益变动）"科目。

（二）采用成本法核算

1.股权投资持有期间，被投资主体宣告发放现金股利或利润的，根据股权管理部门提供的资料，按照应上缴政府财政的部分，借记"应收股利"科目，贷记本科目。

2.收到现金股利或利润时，按照实际收到的金额，借记"国库存款"科目，贷记"应收股利"科目；按照实际收到金额中未宣告发放的现金股利或利润，借记"应收股利"科目，贷记本科目。

3.处置股权投资时，按照收回的金额，借记"国库存款"科目，按照已宣告尚未领取的现金股利或利润，贷记"应收股利"科目，按照股权投资账面余额，贷记"股权投资（投资成本）"科目，按照借贷方差额，贷记或借记本科目。

4.企业破产清算时，根据股权管理部门提供的资料，按照缴入国库清算收入的金额，借记"国库存款"科目，按照破产清算股权投资的账面余额，贷记"股权投资（投资成本）"科目，按照其差额，借记或贷记本科目。

四、年终转账时，本科目余额转入本期盈余，借记或贷记本科目，贷记或借记"本期盈余——预算管理资金本期盈余"科目。

五、期末结转后，本科目应无余额。

4021 补助收入

一、本科目核算上级政府财政按照财政体制规定或专项需要补助给本级政府财政的款项，包括税收返还、转移支付等。

二、补助收入的主要账务处理如下：

（一）年终与上级政府财政结算时，按照结算确认的应当由上级政府补助的收入数，借记"与上级往来"科目，贷记本科目。退还或核减补助收入时，借记本科目，贷记"与上级往来"科目。

（二）年终转账时，本科目贷方余额转入本期盈余，借记本科目，贷记"本期盈余——预算管理资金本期盈余"科目。

三、本科目平时贷方余额反映本级政府财政取得补助收入的累计数。

四、期末结转后，本科目应无余额。

4022 上解收入

一、本科目核算按照财政体制规定或专项需要由下级政府财政上交给本级政府财政的款项。

二、本科目可根据管理需要，按照上解地区进行明细核算。

三、上解收入的主要账务处理如下：

（一）年终与下级政府财政结算时，按照结算确认的应上解金额，借记"与下级往来"科目，贷记本科目。退还或核减上解收入时，借记本科目，贷记"与下级往来"科目。

（二）年终转账时，本科目贷方余额转入本期盈余，借记本科目，贷记"本期盈余——预算管理资金本期盈余"科目。

四、本科目平时贷方余额反映上解收入的累计数。

五、期末结转后，本科目应无余额。

4023 地区间援助收入

一、本科目核算受援方政府财政收到援助方政府财政转来的可统筹使用的各类援助、捐赠等资金收入。援助方政府已列"地区间援助费用"科目的援助、捐赠等资金，受援方通过本科目核算。

二、本科目可根据管理需要，按照援助地区等进行明细核算。

三、地区间援助收入的主要账务处理如下：

（一）收到援助方政府财政转来的资金时，借记"国库存款"科目，贷记本科目。

（二）年终转账时，本科目贷方余额转入本期盈余，借记本科目，贷记"本期盈余——预算管理资金本期盈余"科目。

四、本科目平时贷方余额反映地区间援助收入的累计数。

五、期末结转后，本科目应无余额。

4031 其他收入

一、本科目核算政府财政除税收收入、非税收入、投资收益、补助收入、上解收入、地区间援助收入、财政专户管理资金收入、专用基金收入以外的各项收入，包括从其他渠道调入资金、豁免主权外债偿还责任以及无偿取得股权投资等产生的收入。

二、本科目可根据管理需要，按照其他收入类别等进行明细核算。

三、其他收入的主要账务处理如下：

（一）从其他渠道调入资金时，按照调入的金额，借记"国库存款"科目，贷记本科目。

（二）债权人豁免政府财政承担的主权外债时，政府财政按照减少的债务金额，借记"借入款项"等科目，贷记本科目。

（三）无偿划入股权投资时，账务处理参照"股权投资"科目使用说明中权益法和成本法下对应业务的账务处理。

（四）年终转账时，本科目贷方余额转入本期盈余。借记本科目，贷记"本期盈余——预算管理资金本期盈余"科目。

四、本科目平时贷方余额反映本级政府财政其他收入的累计数。

五、期末结转后，本科目应无余额。

4041 财政专户管理资金收入

一、本科目核算政府财政纳入财政专户管理的教育收费等资金收入。

二、本科目可根据管理需要，按照预算单位等进行明细核算。

三、财政专户管理资金收入的主要账务处理如下：

（一）收到财政专户管理资金时，借记"其他财政存款"科目，贷记本科目。

（二）年终转账时，本科目贷方余额转入本期盈余，借记本科目，贷记"本期盈余——财政专户管理资金本期盈余"科目。

四、本科目平时贷方余额反映财政专户管理资金收入的累计数。

五、期末结转后，本科目应无余额。

4042 专用基金收入

一、本科目核算政府财政按照法律法规和国务院、财政部规定设置或取得的粮食风险基金等专用基金收入。

二、本科目可根据管理需要，按照专用基金的种类进行明细核算。

三、专用基金收入的主要账务处理如下：

（一）取得专用基金收入转入财政专户时，借记"其他财政存款"科目，贷记本科目。退回取得的专用基金收入时，借记本科目，或"以前年度盈余调整——专用基金以前年度盈余调整"科目，贷记"其他财政存款"科目。

（二）通过费用安排取得专用基金收入仍留存国库的，借记有关费用科目，贷记"专用基金收入"科目。

（三）年终转账时，本科目贷方余额转入本期盈余，借记本科目，贷记"本期盈余——专用基金本期盈余"科目。

四、本科目平时贷方余额反映本级政府财政专用基金收入的累计数。

五、期末结转后，本科目应无余额。

五、费用类

5001 政府机关商品和服务拨款费用

一、本科目核算本级政府财政拨付给机关和参公事业单位购买商品和服务的各类费用，不包括用于购置固定资产、战略性和应急性物资储备等资本性拨款费用。

二、本科目可根据管理需要，参照《政府收支分类科目》中支出经济分类科目，按照预算单位和项目等进行明细核算。

三、政府机关商品和服务拨款费用的主要账务处理如下：

（一）实际发生政府机关商品和服务拨款费用时，借记本科目，贷记"国库存款"科目。

（二）当年政府机关商品和服务拨款费用发生退回时，按照实际收到的退回金额，借记"国库存款"科目，贷记本科目。

（三）年终转账时，本科目借方余额转入本期盈余，借记"本期盈余——预算管理资金本期盈余"科目，贷记本科目。

四、本科目平时借方余额反映本级政府机关商品和服务拨款费用的累计数。

五、期末结转后，本科目应无余额。

5002 政府机关工资福利拨款费用

一、本科目核算本级政府财政拨付给机关和参公事业单位在职职工和编制外长期聘用人员的各类劳动报酬及为上述人员缴纳的各项社会保险费等费用。

二、本科目可根据管理需要，参照《政府收支分类科目》中支出经济分类科目，按照预算单位和项目等进行明细核算。

三、政府机关工资福利拨款费用的主要账务处理如下：

（一）实际发生政府机关工资福利拨款费用时，借记本科目，贷记"国库存款"科目。

（二）当年政府机关工资福利拨款费用发生退回时，按照实际收到的退回金额，借记"国库存款"科目，贷记本科目。

（三）年终转账时，本科目借方余额转入本期盈余，借记"本期盈余——预算管理资金本期盈余"科目，贷记本科目。

四、本科目平时借方余额反映本级政府机关工资福利拨款费用的累计数。

五、期末结转后，本科目应无余额。

5003 对事业单位补助拨款费用

一、本科目核算本级政府财政拨付的对事业单位（不含参公事业单位）的经常性补助费用，不包括对事业单位的资本性拨款费用。

二、本科目可根据管理需要，参照《政府收支分类科目》中支出经济分类科目，按照预算单位和项目等进行明细核算。

三、对事业单位补助拨款费用的主要账务处理如下：

（一）实际发生对事业单位补助拨款费用时，借记本科目，贷记"国库存款"科目。

（二）当年对事业单位补助拨款费用发生退回时，按照实际收到的退回金额，借记"国库存款"科目，贷记本科目。

（三）年终转账时，本科目借方余额转入本期盈余，借记"本期盈余——预算管理资金本期盈余"科目，贷记本科目。

四、本科目平时借方余额反映本级政府财政对事业单位补助拨款费用的累计数。

五、期末结转后，本科目应无余额。

5004 对企业补助拨款费用

一、本科目核算本级政府财政拨付的对各类企业的补助费用，不包括对企业的资本金注入和资本性拨款费用。

二、本科目可根据管理需要，参照《政府收支分类科目》中支出经济分类科目，按照预算单位和项目等进行明细核算。

三、对企业补助拨款费用的主要账务处理如下：

（一）实际发生对企业补助拨款费用时，借记本科目，贷记"国库存款"科目。

（二）当年对企业补助拨款费用发生退回时，按照实际收到的退回金额，借记"国库存款"科目，贷记本科目。

（三）年终转账时，本科目借方余额转入本期盈余，借记"本期盈余——预算管理资金本期盈余"科目，贷记本科目。

四、本科目平时借方余额反映本级政府财政对企业补助拨款费用的累计数。

五、期末结转后，本科目应无余额。

5005 对个人和家庭补助拨款费用

一、本科目核算本级政府财政拨付的对个人和家庭的补助费用。

二、本科目可根据管理需要，参照《政府收支分类科目》中支出经济分类科目，按照预算单位和项目等进行明细核算。

三、对个人和家庭补助拨款费用的主要账务处理如下：

（一）实际发生对个人和家庭补助拨款费用时，借记本科目，贷记"国库存款"科目。

（二）当年对个人和家庭补助拨款费用发生退回时，按照实际收到的金额，借记"国库存款"科目，贷记本科目。

（三）年终转账时，本科目借方余额转入本期盈余，借记"本期盈余——预算管理资金本期盈余"科目，贷记本科目。

四、本科目平时借方余额反映本级政府财政对个人和家庭补助拨款费用的累计数。

五、期末结转后，本科目应无余额。

5006 对社会保障基金补助拨款费用

一、本科目核算本级政府财政拨付的对社会保险基金的补助费用，以及补充全国社会保障基金的费用。

二、本科目可根据管理需要，参照《政府收支分类科目》中支出经济分类科目，按照预算单位和项目等进行明细核算。

三、对社会保障基金补助拨款费用的主要账务处理如下：

（一）实际发生对社会保障基金补助拨款费用时，借记本科目，贷记"国库存款"科目。

（二）当年对社会保障基金补助拨款费用发生退回时，按照实际收到的金额，借记"国库存款"科目，贷记本科目。

（三）年终转账时，本科目借方余额转入本期盈余，借记"本期盈余——预算管理资金本期盈余"科目，贷记本科目。

四、本科目平时借方余额反映本级政府财政对社会保障基金补助拨款费用的累计数。

五、期末结转后，本科目应无余额。

5007 资本性拨款费用

一、本科目核算政府财政拨付给行政事业单位和企业的资本性拨款费用，不包括对企业的资本金注入。

二、本科目可根据管理需要，参照《政府收支分类科目》中支出经济分类科目，按照预算单位和项目等进行明细核算。

三、资本性拨款费用的主要账务处理如下：

（一）实际发生资本性拨款费用时，借记本科目，贷记"国库存款"科目。

（二）当年资本性拨款费用发生退回时，按照实际退回的金额，借记"国库存款"科目，贷记本科目。

（三）年终转账时，本科目借方余额转入本期盈余，借记"本期盈余——预算管理资金本期盈余"科目，贷记本科目。

四、本科目平时借方余额反映本级政府财政资本性拨款费用的累计数。

五、期末结转后，本科目应无余额。

5008 其他拨款费用

一、本科目核算本级政府财政拨付的经常性赠与、国家赔偿费用、对民间非营利组织和群众性自治组织补贴等拨款费用。

二、本科目可根据管理需要，参照《政府收支分类科目》中支出经济分类科目，按照预算单位和项目等进行明细核算。

三、其他拨款费用的主要账务处理如下：

（一）实际发生其他拨款费用时，借记本科目，贷记"国库存款"科目。

（二）当年其他拨款费用发生退回时，按照实际收到的退回金额，借记"国库存款"科目，贷记本科目。

（三）年终转账时，本科目借方余额转入本期盈余，借记"本期盈余——预算管理资金本期盈余"科目，贷记本科目。

四、本科目平时借方余额反映本级政府财政其他拨款费用的累计数。

五、期末结转后，本科目应无余额。

5011 财务费用

一、本科目核算本级政府财政用于偿还政府债务利息费用，政府债务发行、兑付、登记费用，以外币计算的政府资产及债务由于汇率变化产生的汇兑损益等。

二、本科目应设置"利息费用""债务发行兑付费用""汇兑损益"明细科目。

三、财务费用的主要账务处理如下：

（一）利息费用的主要账务处理

1.按期计提利息费用时，根据债务管理部门计算确定的本期应支付利息金额，借记本科目，贷记"应付利息""应付地方政府债券转贷款——应付利息""应付主权外债转贷款——应付利息"等科目。

2.中央财政发生国债随卖业务时，账务处理参照"应付短期政府债券"科目使用说明中债随卖业务的账务处理。

3.中央财政发生国债随买业务时，账务处理参照"应付短期政府债券"

科目使用说明中国债随买业务的账务处理。

4.提前赎回已发行的政府债券、债权人豁免政府财政承担的主权外债应付利息时，按照减少的当年已计提应付利息金额，借记"应付利息""应付地方政府债券转贷款——应付利息""应付主权外债转贷款——应付利息"等科目，贷记本科目。

（二）债务发行兑付费用的主要账务处理

1.支付政府债务发行、兑付、登记款项时，按照实际支付的金额，借记本科目，贷记"国库存款"科目。

2.收到或扣缴下级政府财政应承担的政府债务发行、兑付、登记款项时，按照实际收到或扣缴的金额，借记"国库存款""其他财政存款""与下级往来"等科目，贷记本科目。

（三）汇兑损益的主要账务处理

1.期末，将所有以外币计算的政府资产按期末汇率折算为人民币金额，折算后的金额小于账面余额时，按照折算差额，借记本科目，贷记"其他财政存款""应收主权外债转贷款"等科目；折算后的金额大于账面余额时，按照折算差额，借记"其他财政存款""应收主权外债转贷款"科目，贷记本科目。

2.期末，将所有以外币计算的借入款项、政府债券、主权外债转贷款、应付利息等政府负债按期末汇率折算为人民币金额，折算后的金额小于账面余额时，按照折算差额，借记"借入款项""应付长期政府债券""应付主权外债转贷款""应付利息"等科目，贷记本科目；折算后的金额大于账面余额时，按照折算差额，借记本科目，贷记"借入款项""应付长期政府债券""应付主权外债转贷款""应付利息"等科目。

（四）年终转账时，本科目借方或贷方余额转入本期盈余，借记或贷记"本期盈余——预算管理资金本期盈余"科目，贷记或借记本科目。

四、本科目平时借方余额反映本级政府财政财务费用的累计数。

五、期末结转后，本科目应无余额。

5021 补助费用

一、本科目核算本级政府财政按财政体制规定或专项需要补助给下级政府财政的款项，包括对下级的税收返还、一般性转移支付和专项转移支付等。

二、本科目可根据管理需要，按照补助地区进行明细核算。

三、补助费用的主要账务处理如下：

（一）年终与下级政府财政结算时，按照结算确认的应当补助下级政府的费用数，借记本科目，贷记"与下级往来"科目。退还或核减补助费用时，借记"与下级往来"科目，贷记本科目。

（二）专项转移支付资金实行特设专户管理的，根据有关支出管理部门下达的预算文件和拨款依据确认费用，借记本科目或"与下级往来"科目；资金由本级政府财政拨付给下级的，贷记"其他财政存款"等科目；资金由上级政府财政直接拨给下级的，贷记"与上级往来"或"补助收入"科目。

（三）年终转账时，本科目借方余额转入本期盈余，借记"本期盈余——预算管理资金本期盈余"科目，贷记本科目。

四、本科目平时借方余额反映本级政府财政对下级补助费用的累计数。

五、期末结转后，本科目应无余额。

5022 上解费用

一、本科目核算本级政府财政按照财政体制规定或专项需要上解给上级政府财政的款项。

二、本科目可根据管理需要按照项目等进行明细核算。

三、上解费用的主要账务处理如下：

（一）年终与上级政府财政结算时，按照结算确认的应当上解费用数，借记本科目，贷记"与上级往来"科目。退还或核减上解费用时，借记"与上级往来"等科目，贷记本科目。

（二）年终转账时，本科目借方余额转入本期盈余，借记"本期盈余——预算管理资金本期盈余"科目，贷记本科目。

四、本科目平时借方余额反映本级政府财政上解费用的累计数。

五、期末结转后，本科目应无余额。

5023 地区间援助费用

一、本科目核算援助方政府财政安排用于受援方政府财政统筹使用的各类援助、补偿、捐赠等。

二、本科目可根据管理需要，按照受援地区等进行明细核算。

三、地区间援助费用的主要账务处理如下：

（一）发生地区间援助费用时，借记本科目，贷记"国库存款"科目。

（二）年终转账时，本科目借方余额转入本期盈余，借记"本期盈余——预算管理资金本期盈余"科目，贷记本科目。

四、本科目平时借方余额反映地区间援助费用的累计数。

五、期末结转后，本科目应无余额。

5031 其他费用

一、本科目核算本级政府财政无偿划出股权投资时产生的投资损失、政府财政承担支出责任的其他负债等。

二、本科目可根据管理需要，按照类别进行明细核算。

三、其他费用的主要账务处理如下：

（一）政府财政无偿划出股权投资时，根据股权管理部门提供的资料，按照被划出股权投资对应的"权益法调整"科目账面余额，借记或贷记"权益法调整"科目，贷记或借记"股权投资（其他权益变动）"科目；按照被划出股权投资的账面余额，借记本科目，贷记"股权投资（投资成本、损益调整）"科目。

（二）政府财政承担支出责任的其他负债，按照确定应承担的负债金额，借记本科目，贷记"其他负债"科目。

（三）无偿划出股权投资时，账务处理参照"股权投资"科目使用说明中权益法和成本法下对应业务的账务处理。

（四）年终转账时，本科目借方余额转入本期盈余，借记"本期盈余——预算管理资金本期盈余"科目，贷记本科目。

四、本科目平时借方余额反映本级政府财政其他费用的累计数。

五、期末结转后，本科目应无余额。

5041 财政专户管理资金支出

一、本科目核算本级政府财政用纳入财政专户管理的教育收费等资金安排的支出。

二、本科目可根据管理需要，按照预算单位等进行明细核算。

三、财政专户管理资金支出的主要账务处理如下：

（一）发生财政专户管理资金支出时，借记本科目，贷记"其他财政存款"等科目。

（二）当年记入的财政专户管理资金支出发生退回时，按照实际退回的金额，借记"其他财政存款"科目，贷记本科目。

（三）以前年度财政专户管理资金支出发生退回时，按照实际退回的金额，借记"其他财政存款"科目，贷记"以前年度盈余调整——财政专户管理资金以前年度盈余调整"科目。

（四）年终转账时，本科目借方余额转入本期盈余，借记"本期盈余——财政专户管理资金本期盈余"科目，贷记本科目。

四、本科目平时借方余额反映财政专户管理资金支出的累计数。

五、期末结转后，本科目应无余额。

5042 专用基金支出

一、本科目核算本级政府财政用专用基金收入安排的支出。

二、本科目可根据管理需要，按照专用基金种类、预算单位等进行明细核算。

三、专用基金支出的主要账务处理如下：

（一）发生专用基金支出时，借记本科目，贷记"其他财政存款"等科目。

（二）当年专用基金支出发生退回时，按照实际退回的金额，借记"其他财政存款"等科目，贷记本科目。

（三）以前年度专用基金支出发生退回时，按照实际退回的金额，借记"其他财政存款"等科目，贷记"以前年度盈余调整——专用基金以前年度盈余调整"科目。

（四）年终转账时，本科目借方余额转入本期盈余，借记"本期盈余——专用基金本期盈余"科目，贷记本科目。

四、本科目平时借方余额反映专用基金支出的累计数。

五、期末结转后，本科目应无余额。

第四十二条 预算会计科目使用说明如下：

六、预算收入类

6001 一般公共预算收入

一、本科目核算政府财政筹集的纳入本级一般公共预算管理的税收收入和非税收入。

二、本科目应根据《政府收支分类科目》中"一般公共预算收入"科目进行明细核算。

三、一般公共预算收入的主要账务处理如下：

（一）收到款项时，根据当日预算收入日报表所列一般公共预算本级收入数，借记"资金结存——库款资金结存"科目，贷记本科目。

（二）年终转账时，本科目贷方余额转入一般公共预算结转结余，借记本科目，贷记"一般公共预算结转结余"科目。

四、本科目平时贷方余额反映本级一般公共预算收入的累计数。

五、期末结转后，本科目应无余额。

6002 政府性基金预算收入

一、本科目核算政府财政筹集的纳入本级政府性基金预算管理的非税收入。

二、本科目应根据《政府收支分类科目》中"政府性基金预算收入"科目进行明细核算。

三、政府性基金预算收入的主要账务处理如下：

（一）收到款项时，根据当日预算收入日报表所列政府性基金预算本级收入数，借记"资金结存——库款资金结存"科目，贷记本科目。

（二）年终转账时，本科目贷方余额转入政府性基金预算结转结余，借记本科目，贷记"政府性基金预算结转结余"科目。

四、本科目平时贷方余额反映本级政府性基金预算收入的累计数。

五、期末结转后，本科目应无余额。

6003 国有资本经营预算收入

一、本科目核算政府财政筹集的纳入本级国有资本经营预算管理的非税收入。

二、本科目应根据《政府收支分类科目》中"国有资本经营预算收入"科目进行明细核算。

三、国有资本经营预算收入的主要账务处理如下：

（一）收到款项时，根据当日预算收入日报表所列国有资本经营预算本级收入数，借记"资金结存——库款资金结存"科目，贷记本科目。

（二）年终转账时，本科目贷方余额转入国有资本经营预算结转结余，借记本科目，贷记"国有资本经营预算结转结余"科目。

四、本科目平时贷方余额反映本级国有资本经营预算收入的累计数。

五、期末结转后，本科目应无余额。

6005 财政专户管理资金收入

一、本科目核算政府财政纳入财政专户管理的教育收费等资金收入。

二、本科目应根据《政府收支分类科目》中收入分类科目进行明细核算。同时，根据管理需要，按预算单位等进行明细核算。

三、财政专户管理资金收入的主要账务处理如下：

（一）收到财政专户管理资金收入时，借记"资金结存——专户资金结存"科目，贷记本科目。

（二）年终转账时，本科目贷方余额转入财政专户管理资金结余，借记本科目，贷记"财政专户管理资金结余"科目。

四、本科目平时贷方余额反映财政专户管理资金收入的累计数。

五、期末结转后，本科目应无余额。

6007 专用基金收入

一、本科目核算本级政府财政按照法律法规和国务院、财政部规定设置或取得的粮食风险基金等专用基金收入。

二、本科目应按照专用基金种类进行明细核算。

三、专用基金收入的主要账务处理如下：

（一）通过预算支出安排取得专用基金收入并将资金转入财政专户的，借记"资金结存——专户资金结存"科目，贷记本科目；同时，借记"一般公共预算支出"等科目，贷记"资金结存——库款资金结存"等科目。退回专用基金收入时，做相反的会计分录。

（二）通过预算支出安排取得专用基金收入，资金仍留存国库的，借记"一般公共预算支出"等科目，贷记本科目。

（三）年终转账时，本科目贷方余额转入专用基金结余，借记本科目，贷记"专用基金结余"科目。

四、本科目平时贷方余额反映取得专用基金收入的累计数。

五、期末结转后，本科目应无余额。

6011 补助预算收入

一、本科目核算上级政府财政按照财政体制规定或专项需要补助给本级政府财政的款项，包括税收返还、一般性转移支付和专项转移支付等。

二、本科目下应设置"一般公共预算补助收入""政府性基金预算补助收入""国有资本经营预算补助收入""上级调拨"明细科目，可根据《政府收支分类科目》规定进行明细核算。其中，"一般公共预算补助收入"科目核算本级政府财政收到上级政府财政的一般公共预算转移支付收入；"政府性基金预算补助收入"科目核算本级政府财政收到上级政府财政的政府性基金转移支付收入；"国有资本经营预算补助收入"科目核算本级政府财政收到上级政府财政的国有资本经营预算转移支付收入；"上级调拨"科目核算年度执行中，本级政府财政收到暂不能明确资金类别的上级政府财政调拨资金或按年终结算应确认事项金额。

三、补助预算收入的主要账务处理如下：

（一）年度执行中，收到上级政府财政调拨的资金时，按照实际收到的金额，借记"资金结存——库款资金结存"科目，贷记"补助预算收入——上级调拨"等科目。

专项转移支付资金实行特设专户管理的，收到资金时按照实际收到的金额，借记"资金结存——专户资金结存"科目，贷记"补助预算收入——上级调拨"科目。

有主权外债业务的财政部门，贷款资金由本级政府财政同级预算单位使用，且贷款的最终还款责任由上级政府财政承担的，本级政府财政部门收到贷款资金时，借记"资金结存——专户资金结存"科目，贷记"补助预算收入——上级调拨"科目；外方或上级政府财政将贷款资金直接支付给供应商或用款单位时，借记"一般公共预算支出"科目，贷记"补助预算收入——上级调拨"等科目；上级政府财政豁免本级政府财政主权外债，根据债务管理部门提供的有关资料和有关预算文件，借记"资金结存——上下级调拨结存"科目，贷记"补助预算收入——上级调拨"科目。

（二）根据预算管理需要，本级政府财政向上级政府财政归还资金时，按照实际转出的金额，借记"补助预算收入——上级调拨"科目，贷记"资金结存——库款资金结存"科目。

（三）年终两级财政办理结算以后，根据预算管理部门提供的结算单确认上级补助预算收入，借记"补助预算收入——上级调拨"科目，贷记"补助预算收入——一般公共预算补助收入""补助预算收入——政府性基金预算补助收入""补助预算收入——国有资本经营预算补助收入"等科目；两级财政年终结算中发生应上交上级政府财政款项时，借记"上解预算支出"等科目，贷记"补助预算收入——上级调拨"等科目。

（四）完成上述结转以后，将本科目下各明细科目余额分别结转至相应的预算结余类科目，借记本科目，贷记"一般公共预算结转结余""政府性基金预算结转结余""国有资本经营预算结转结余""资金结存——上下级调拨结存"等科目。

四、本科目平时贷方余额反映本级政府财政收到上级政府财政调拨资金的累计数。

五、期末结转后，本科目应无余额。

6012 上解预算收入

一、本科目核算按照财政体制规定或专项需要由下级政府财政上交给本级政府财政的款项。

二、本科目下应按照不同资金性质设置"一般公共预算上解收入""政府性基金预算上解收入""国有资本经营预算上解收入"明细科目，并按照上解地区进行明细核算。

三、上解预算收入的主要账务处理如下：

（一）年终与下级政府财政结算时，根据预算管理部门提供的有关资料，按照尚未收到的上解款金额，借记"补助预算支出——调拨下级"科目，贷记本科目。

（二）年终转账时，本科目贷方余额应根据不同资金性质分别转入相应的结转结余科目，借记本科目，贷记"一般公共预算结转结余""政府性基金预算结转结余""国有资本经营预算结转结余"等科目。

四、本科目平时贷方余额反映上解收入的累计数。

五、期末结转后，本科目应无余额。

6013 地区间援助预算收入

一、本科目核算受援方政府财政收到援助方政府财政转来的可统筹使用的各类援助、捐赠等资金收入。援助方政府已列"地区间援助预算支出"的援助、捐赠等资金，受援方通过本科目核算。

二、本科目应根据管理需要，按照援助地区等进行明细核算。

三、地区间援助预算收入的主要账务处理如下：

（一）收到援助方政府财政转来的资金时，借记"资金结存——库款资金结存"科目，贷记本科目。

（二）年终转账时，本科目贷方余额转入一般公共预算结转结余，借记本科目，贷记"一般公共预算结转结余"科目。

四、本科目平时贷方余额反映地区间援助收入的累计数。

五、期末结转后，本科目应无余额。

6021 调入预算资金

一、本科目核算政府财政为平衡某类预算收支、从其他类型预算资金及其他渠道调入的资金。

二、本科目下应按照不同资金性质设置"一般公共预算调入资金""政府性基金预算调入资金"明细科目。

三、调入预算资金的主要账务处理如下：

（一）从其他类型预算资金及其他渠道调入一般公共预算时，按照调入或实际收到的金额，借记"调出预算资金——政府性基金预算调出资金""调出预算资金——国有资本经营预算调出资金""资金结存——库款资金结存"等科目，贷记"调入预算资金——一般公共预算调入资金"科目。

（二）从其他类型预算资金及其他渠道调入政府性基金预算时，按照调入或实际收到的资金金额，借记"资金结存——库款资金结存"等科目，贷记"调入预算资金——政府性基金预算调入资金"科目。

（三）年终转账时，本科目贷方余额按明细科目分别转入相应的结转结余科目，借记本科目，贷记"一般公共预算 结转结余""政府性基金预算结转结余"等科目。

四、本科目平时贷方余额反映调入预算资金的累计数。

五、期末结转后，本科目无余额。

6031 动用预算稳定调节基金

一、本科目核算政府财政为弥补本年度预算资金不足，动用的预算稳定调节基金。

二、动用预算稳定调节基金的主要账务处理如下：

（一）动用预算稳定调节基金时，借记"预算稳定调节基金"科目，贷记本科目。

（二）年终转账时，本科目贷方余额转入一般公共预算结转结余，借记本科目，贷记"一般公共预算结转结余"科目。

三、本科目平时贷方余额反映动用预算稳定调节基金的累计数。

四、期末结转后，本科目应无余额。

6041 债务预算收入

一、本科目核算政府财政根据法律法规等规定，通过发行债券、向外国政府和国际金融组织借款等方式筹集的纳入预算管理的债务收入。

二、本科目应设置"国债收入""一般债务收入"和"专项债务收入"明细科目，并根据《政府收支分类科目》中"债务收入"科目进行明细核算。

三、债务预算收入的主要账务处理如下：

（一）省级以上（含省级）政府财政收到政府债券发行收入时，按照实际收到的金额，借记"资金结存——库款资金结存"科目，按照政府债券实际发行额，贷记本科目，按照其差额，借记或贷记有关支出科目。

（二）中央财政发生国债随卖业务时，按照实际收到的金额，借记"资金结存——库款资金结存"科目；根据国债随卖确认文件等相关债券管理资料，按照国债随卖面值，贷记本科目，按照实际收到金额与面值的差额，借记或贷记"一般公共预算支出"科目。

（三）按定向承销方式发行的政府债券，根据债务管理部门转来的债券发行文件等有关资料进行确认，由本级政府财政承担还款责任，贷款资金由本级政府财政同级部门使用的，借记"债务还本预算支出"科目，贷记本科目；转贷下级政府财政的，借记"债务转贷预算支出"科目，贷记本科目。

（四）政府财政向外国政府、国际金融组织等机构借款时，按照实际提款的外币金额和即期汇率折算的人民币金额，借记"资金结存——库款资金结存""资金结存——专户资金结存"等科目，贷记本科目。

（五）本级政府财政借入主权外债，且由外方或上级政府财政将贷款资金直接支付给用款单位或供应商时，应根据以下情况分别处理：

1.本级政府财政承担还款责任，贷款资金由本级政府财政同级部门使用的，本级政府财政根据贷款资金支付有关资料，借记"一般公共预算支出"科目，贷记本科目。

2.本级政府财政承担还款责任，贷款资金由下级政府财政同级部门使用的，本级政府财政根据贷款资金支付有关资料及预算文件，借记"补助预算支出——调拨下级"等科目，贷记本科目。

3.下级政府财政承担还款责任，贷款资金由下级政府财政同级部门使用的，本级政府财政根据贷款资金支付有关资料，借记"债务转贷预算支出"科目，贷记本科目。

（六）年终转账时，本科目下"国债收入""一般债务收入"的贷方余额转入一般公共预算结转结余，借记"债务预算收入——国债收入""债务预算收入——一般债务收入"科目，贷记"一般公共预算结转结余"科目；本科目下"专项债务收入"的贷方余额转入政府性基金预算结转结余，借记"债务预算收入——专项债务收入"科目，贷记"政府性基金预算结转结余"科目，可根据预算管理需要，按照专项债务对应的政府性基金预算收入科目分别转入"政府性基金预算结转结余"相应明细科目。

四、本科目平时贷方余额反映债务预算收入的累计数。

五、期末结转后，本科目应无余额。

6042 债务转贷预算收入

一、本科目核算省级以下（不含省级）政府财政收到上级政府财政转贷的债务收入。

二、本科目应设置"一般债务转贷收入""专项债务转贷收入"明细科目，并根据《政府收支分类科目》中"债务转贷收入"科目进行明细核算。

三、债务转贷预算收入的主要账务处理如下：

（一）省级以下（不含省级）政府财政收到地方政府债券转贷收入时，按照实际收到的金额或债务管理部门确认的金额，借记"资金结存——库款资金结存""补助预算收入——上级调拨"等科目，贷记本科目；实际收到的金额与债务管理部门确认的到期应偿还转贷款本金之间的差额，借记或贷记有关支出科目。

（二）实行定向承销方式转贷的地方政府债券，省级以下（不含省级）政府财政根据债务管理部门提供的有关资料进行确认，借记"债务还本预算支出"科目，贷记本科目。

（三）省级以下（不含省级）政府财政收到主权外债转贷收入的具体账务处理如下：

1.本级财政收到主权外债转贷资金时，借记"资金结存——库款资金结存""资金结存——专户资金结存"科目，贷记本科目。

2.从上级政府财政借入主权外债转贷款，且由外方或上级政府财政将贷款资金直接支付给用款单位或供应商时，应根据以下情况分别处理：

（1）本级政府财政承担还款责任，贷款资金由本级政府财政同级部门使用的，本级政府财政根据贷款资金支付有关资料，借记"一般公共预算支出"科目，贷记本科目。

（2）本级政府财政承担还款责任，贷款资金由下级政府财政同级部门使用的，本级政府财政根据贷款资金支付有关资料及预算文件，借记"补助预算支出——调拨下级"等科目，贷记本科目。

（3）下级政府财政承担还款责任，贷款资金由下级政府财政同级部门使用的，本级政府财政根据转贷资金支付有关资料，借记"债务转贷预算支出"科目，贷记本科目；下级政府财政根据贷款资金支付有关资料，借记"一般公共预算支出"科目，贷记本科目。

（四）年终转账时，本科目下"一般债务转贷收入"明细科目的贷方余额转入一般公共预算结转结余，借记本科目，贷记"一般公共预算结转结余"科目；本科目下"专项债务转贷收入"明细科目的贷方余额转入政府性基金预算结转结余，借记本科目，贷记"政府性基金预算结转结余"科目，可根据预算管理需要，按照专项债务对应的政府性基金预算收入科目分别转入"政府性基金预算结转结余"相应明细科目。

四、本科目平时贷方余额反映债务转贷预算收入的累计数。

五、期末结转后，本科目应无余额。

6051 待处理收入

一、本科目核算本级政府财政收回的结转结余资金。

二、本科目下应设置"库款资金待处理收入""专户资金待处理收入"明细科目。

三、待处理收入的主要账务处理如下：

（一）收到收回的结转结余资金时，借记"资金结存——库款资金结存"等科目，贷记本科目。

（二）收回的结转结余资金，财政部门按原预算科目使用的，实际安排支出时，借记本科目或"资金结存——待处理结存"科目，贷记"资金结存——库款资金结存"科目。

（三）收回的结转结余资金，财政部门调整预算科目使用的，实际安排支出时，借记本科目或"资金结存——待处理结存"科目，按原结转预算科目，贷记"一般公共预算支出"等科目；同时，按实际支出预算科目，借记"一般公共预算支出"等科目，贷记"资金结存——库款资金结存"等科目。

（四）年终，本科目贷方余额转入资金结存，借记本科目，贷记"资金结存——待处理结存"科目。

四、本科目平时贷方余额反映待处理收入的累计数。

五、期末结转后，本科目应无余额。

七、预算支出类

7001 一般公共预算支出

一、本科目核算政府财政管理的由本级政府安排使用的列入一般公共预算的支出。

二、本科目应根据《政府收支分类科目》中支出功能分类科目和支出经济分类科目进行明细核算。同时，可根据预算管理需要，按照预算单位和项目等进行明细核算。

三、一般公共预算支出的主要账务处理如下：

（一）实际发生一般公共预算支出时，借记本科目，贷记"资金结存——库款资金结存"等科目。

（二）已支出事项发生退回时，借记"资金结存——库款资金结存"等科目，贷记本科目。

（三）年终转账时，本科目借方余额转入一般公共预算结转结余，借记"一般公共预算结转结余"科目，贷记本科目。

四、本科目平时借方余额反映一般公共预算支出的累计数。

五、期末结转后，本科目应无余额。

7002 政府性基金预算支出

一、本科目核算政府财政管理的由本级政府安排使用的列入政府性基金预算的支出。

二、本科目应根据《政府收支分类科目》中支出功能分类科目和支出经济分类科目进行明细核算。同时，可根据预算管理需要，按照预算单位和项目等进行明细核算。

三、政府性基金预算支出的主要账务处理如下：

（一）实际发生政府性基金预算支出时，借记本科目，贷记"资金结存——库款资金结存"等科目。

（二）已支出事项发生退回时，借记"资金结存——库款资金结存"等科目，贷记本科目。

（三）年终转账时，本科目借方余额转入政府性基金预算结转结余，借记"政府性基金预算结转结余"科目，贷记本科目。

四、本科目平时借方余额反映政府性基金预算支出的累计数。

五、期末结转后，本科目应无余额。

7003 国有资本经营预算支出

一、本科目核算政府财政管理的由本级政府安排使用的列入国有资本经营预算的支出。

二、本科目应根据《政府收支分类科目》中支出功能分类科目和支出经济分类科目进行明细核算。同时，根据预算管理需要，按照预算单位和项目等进行明细核算。

三、国有资本经营预算支出的主要账务处理如下：

（一）实际发生国有资本经营预算支出时，借记本科目，贷记"资金结存——库款资金结存"等科目。

（二）已支出事项发生退回时，借记"资金结存——库款资金结存"等科目，贷记本科目。

（三）年终转账时，本科目借方余额转入国有资本经营预算结转结余，借记"国有资本经营预算结转结余"科目，贷记本科目。

四、本科目平时借方余额反映国有资本经营预算支出的累计数。

五、期末结转后，本科目应无余额。

7005 财政专户管理资金支出

一、本科目核算本级政府财政用纳入财政专户管理的教育收费等资金安排的支出。

二、本科目应根据《政府收支分类科目》中支出功能分类科目和支出经济分类科目进行明细核算。同时，可根据管理需要，按照预算单位和项目等进行明细核算。

三、财政专户管理资金支出的主要账务处理如下：

（一）发生财政专户管理资金支出时，借记本科目，贷记"资金结存——专户资金结存"等科目。

（二）已支出事项发生退回时，借记"资金结存——专户资金结存"等科目，贷记本科目。

（三）年终转账时，本科目借方余额转入财政专户管理资金结余，借记

"财政专户管理资金结余"科目,贷记本科目。

四、本科目平时借方余额反映财政专户管理资金支出的累计数。

五、期末结转后,本科目应无余额。

7007 专用基金支出

一、本科目核算政府财政专用基金收入安排的支出。

二、本科目应根据专用基金的种类设置明细科目。同时,根据预算管理需要,按预算单位等进行明细核算。

三、专用基金支出的主要账务处理如下:

(一)发生专用基金支出时,借记本科目,贷记"资金结存——库款资金结存""资金结存——专户资金结存"等科目。

(二)已支出事项发生退回时,借记"资金结存——库款资金结存""资金结存——专户资金结存"等科目,贷记本科目。

(三)年终转账时,本科目借方余额转入专用基金结余,借记"专用基金结余"科目,贷记本科目。

四、本科目平时借方余额反映专用基金支出的累计数。

五、期末结转后,本科目应无余额。

7011 补助预算支出

一、本科目核算本级政府财政按照财政体制规定或专项需要补助给下级政府财政的款项,包括对下级的税收返还、一般性转移支付和专项转移支付等。

二、本科目应按照不同资金性质设置"一般公共预算补助支出""政府性基金预算补助支出""国有资本经营预算补助支出"和"调拨下级"明细科目。同时,可根据管理需要,按照补助地区和《政府收支分类科目》中支出功能分类科目进行明细核算。其中,"一般公共预算补助支出"科目核算本级政府财政对下级政府财政的一般性转移支付支出;"政府性基金预算补助支出"科目核算本级政府财政对下级政府财政的政府性基金预算转移支付支出;"国有资本经营预算补助支出"科目核算本级政府财政对下级政府财政的国有资本经营预算转移支付支出;"调拨下级"科目核算年度执行中,本级政府财政调拨给下级政府财政的尚未指定资金性质的资金或结算应确认事项金额。

三、补助预算支出的主要账务处理如下：

（一）年度执行中，调拨资金给下级政府财政，根据实际调拨的金额借记"补助预算支出——调拨下级"等科目，贷记"资金结存——库款资金结存""资金结存——专户资金结存"科目。

（二）两级财政年终结算中应当由下级政府财政上交的款项，借记"补助预算支出——调拨下级"等科目，贷记"上解预算收入"科目。

（三）专项转移支付资金实行特设专户管理的，根据有关支出管理部门下达的预算文件和拨款依据确认支出，借记"补助预算支出——调拨下级"等科目；资金由本级政府财政拨付给下级的，贷记"资金结存——专户资金结存"等科目；资金由上级政府财政直接拨给下级的，贷记"补助预算收入——上级调拨"科目。

（四）本级政府财政借入或收到转贷的主权外债，贷款资金由下级政府财政同级部门使用，且贷款最终还款责任由本级政府财政承担的，根据债务管理部门提供的有关资料，借记"补助预算支出——调拨下级"等科目，贷记"资金结存——库款资金结存""资金结存——专户资金结存"科目；外方或上级政府财政将贷款资金直接支付给用款单位或供应商时，借记"补助预算支出——调拨下级"等科目，贷记"债务预算收入""债务转贷预算收入"等科目；本级政府财政豁免下级政府财政主权外债，根据债务管理部门提供的有关资料和有关预算文件，借记"补助预算支出——调拨下级"等科目，贷记"资金结存——上下级调拨结存"科目。

（五）根据预算管理需要，收回已调拨下级政府财政资金时，按照实际收到的金额，借记"资金结存——库款资金结存""资金结存——专户资金结存"等科目，贷记"补助预算支出——调拨下级"等科目。

（六）发生上解多交应当退回的，按照应当退回的金额，借记"上解预算收入"科目，贷记"补助预算支出——调拨下级"等科目。

（七）年终两级财政办理结算以后，根据预算管理部门提供的结算单确认补助下级预算支出，借记"补助预算支出——一般公共预算补助支出""补助预算支出——政府性基金预算补助支出""补助预算支出——国有资本经营预算补助支出"等科目，贷记"补助预算支出——调拨下级"科目。

（八）完成上述结转以后，将本科目下各明细科目余额分别结转至相应的预算结余类科目。借记"资金结存——上下级调拨结存""一般公共预算结转结余""政府性基金预算结转结余""国有资本经营预算结转结余"等科目，贷记本科目。

四、本科目平时借方余额反映补助预算支出的累计数。

五、期末结转后，本科目应无余额。

7012 上解预算支出

一、本科目核算本级政府财政按照财政体制规定或专项需要上交给上级政府财政的款项。

二、本科目应按照不同资金性质设置"一般公共预算上解支出""政府性基金预算上解支出""国有资本经营预算上解支出"明细科目。

三、上解预算支出的主要账务处理如下：

（一）发生上解预算支出时，借记本科目，贷记"资金结存——库款资金结存""补助预算收入——上级调拨"等科目。

（二）年终与上级政府财政结算时，按照尚未支付的上解金额，借记本科目，贷记"补助预算收入——上级调拨"等科目。退还或核减上解支出时，借记"资金结存——库款资金结存""补助预算收入——上级调拨"等科目，贷记本科目。

（三）年终转账时，本科目借方余额应根据不同资金性质分别转入相应的结转结余科目，借记"一般公共预算结转结余""政府性基金预算结转结余"等科目，贷记本科目。

四、本科目平时借方余额反映上解支出的累计数。

五、期末结转后，本科目应无余额。

7013 地区间援助预算支出

一、本科目核算援助方政府财政安排用于受援方政府财政统筹使用的各类援助、捐赠等资金支出。

二、本科目应按照受援地区等进行相应明细核算。

三、地区间援助预算支出的主要账务处理如下：

（一）发生地区间援助预算支出时，借记本科目，贷记"资金结存——库款资金结存"科目。

(二)年终转账时,本科目借方余额转入一般公共预算结转结余,借记"一般公共预算结转结余"科目,贷记本科目。

四、本科目平时借方余额反映地区间援助支出的累计数。

五、期末结转后,本科目应无余额。

7021 调出预算资金

一、本科目核算政府财政为平衡预算收支,在不同类型预算资金之间的调出支出。

二、本科目应设置"一般公共预算调出资金""政府性基金预算调出资金"和"国有资本经营预算调出资金"明细科目。

三、调出预算资金的主要账务处理如下:

(一)从一般公共预算调出资金时,按照调出的金额,借记"调出预算资金——一般公共预算调出资金"科目,贷记"调入预算资金"有关明细科目。

(二)从政府性基金预算调出资金时,按照调出的金额,借记"调出预算资金——政府性基金预算调出资金"科目,贷记"调入预算资金"有关明细科目。

(三)从国有资本经营预算调出资金时,按照调出的金额,借记"调出预算资金——国有资本经营预算调出资金"科目,贷记"调入预算资金"有关明细科目。

(四)年终转账时,本科目借方余额分别转入相应的结转结余科目,借记"一般公共预算结转结余""政府性基金预算结转结余"和"国有资本经营预算结转结余"等科目,贷记本科目。

四、本科目平时借方余额反映调出预算资金的累计数。

五、期末结转后,本科目应无余额。

7031 安排预算稳定调节基金

一、本科目核算政府财政安排用于弥补以后年度预算资金不足的储备资金。

二、安排预算稳定调节基金的主要账务处理如下:

(一)安排预算稳定调节基金时,借记本科目,贷记"预算稳定调节基金"科目。

（二）年终转账时，本科目借方余额转入一般公共预算结转结余，借记"一般公共预算结转结余"科目，贷记本科目。

三、本科目平时借方余额反映安排预算稳定调节基金的累计数。

四、期末结转后，本科目应无余额。

7041 债务还本预算支出

一、本科目核算政府财政偿还本级政府财政承担的纳入预算管理的债务本金支出。

二、本科目应设置"国债还本支出""一般债务还本支出""专项债务还本支出"明细科目，并根据《政府收支分类科目》中"债务还本支出"科目进行明细核算。

三、债务还本预算支出的主要账务处理如下：

（一）偿还本级政府财政承担的政府债券、主权外债等纳入预算管理的债务本金时，借记本科目，贷记"资金结存—库款资金结存""资金结存——专户资金结存""补助预算收入——上级调拨"等科目。

（二）中央财政发生国债随买业务时，根据国债随买确认文件等相关债券管理资料，按照国债随买面值，借记本科目，按照实际支付的金额，贷记"资金结存—库款资金结存"科目；按照其差额，借记或贷记"一般公共预算支出"科目。

（三）年终转账时，本科目下"国债还本支出""一般债务还本支出"的借方余额转入一般公共预算结转结余，借记"一般公共预算结转结余"科目，贷记"债务还本预算支出——国债还本支出""债务还本预算支出——一般债务还本支出"科目；本科目下"专项债务还本支出"的借方余额转入政府性基金预算结转结余，借记"政府性基金预算结转结余"科目，贷记"债务还本预算支出——专项债务还本支出"科目，可根据预算管理需要，按照专项债务对应的政府性基金预算支出科目分别转入"政府性基金预算结转结余"相应明细科目。

四、本科目平时借方余额反映本级政府财政债务还本预算支出的累计数。

五、期末结转后，本科目应无余额。

7042 债务转贷预算支出

一、本科目核算本级政府财政向下级政府财政转贷的债务支出。

二、本科目应设置"一般债务转贷支出""专项债务转贷支出"明细科目，并根据《政府收支分类科目》中"债务转贷支出"科目和转贷地区进行明细核算。

三、债务转贷预算支出的主要账务处理如下：

（一）本级政府财政向下级政府财政转贷地方政府债券资金时，借记本科目，贷记"资金结存——库款资金结存""补助预算支出——调拨下级"等科目。

（二）本级政府财政向下级政府财政转贷主权外债资金，且主权外债最终还款责任由下级政府财政承担的具体账务处理如下：

1.支付转贷资金时，根据外债管理部门提交的转贷业务有关资料，借记本科目，贷记"资金结存——库款资金结存""资金结存—专户资金结存"科目。

2.外方或上级政府财政将贷款资金直接支付给用款单位或供应商时，根据外债管理部门提交的转贷业务有关资料，借记本科目，贷记"债务预算收入""债务转贷预算收入"科目。

（三）年终转账时，本科目下"一般债务转贷支出"明细科目的借方余额转入一般公共预算结转结余，借记"一般公共预算结转结余"科目，贷记"债务转贷预算支出——一般债务转贷支出"科目；本科目下"专项债务转贷支出"明细科目的借方余额转入政府性基金预算结转结余，借记"政府性基金预算结转结余"科目，贷记"债务转贷预算支出——专项债务转贷支出"科目，可根据预算管理需要，按照专项债务对应的政府性基金预算支出科目分别转入"政府性基金预算结转结余"相应明细科目。

四、本科目平时借方余额反映债务转贷支出的累计数。

五、期末结转后，本科目应无余额。

7051 待处理支出

一、本科目核算政府财政按照预拨经费管理有关规定预拨给预算单位尚未列为预算支出的款项。

二、本科目应当按照预算单位进行明细核算。

三、待处理支出的主要账务处理如下：

（一）拨出款项时，借记本科目，贷记"资金结存——库款资金结存"等科目。

（二）转列预算支出时，借记"一般公共预算支出""政府性基金预算支出""国有资本经营预算支出"等科目，贷记本科目。

（三）收回预拨款项时，借记"资金结存——库款资金结存"等科目，贷记本科目。

（四）年终，本科目借方余额转入资金结存，借记"资金结存——待处理结存"科目，贷记本科目。

四、本科目平时借方余额反映政府财政尚未转列支出或尚待收回的待处理支出数。

五、期末结转后，本科目应无余额。

八、预算结余类

8001 一般公共预算结转结余

一、本科目核算本级政府财政一般公共预算收支的执行结果。

二、一般公共预算结转结余的主要账务处理如下：

（一）年终转账时，将一般公共预算的有关收入科目贷方余额转入本科目的贷方，借记"一般公共预算收入""补助预算收入——一般公共预算补助收入""上解预算收入——一般公共预算上解收入""地区间援助预算收入""调入预算资金——一般公共预算调入资金""债务预算收入——国债收入""债务预算收入——一般债务收入""债务转贷预算收入——一般债务转贷收入""动用预算稳定调节基金"科目，贷记本科目；将一般公共预算的有关支出科目借方余额转入本科目的借方，借记本科目，贷记"一般公共预算支出""补助预算支出——一般公共预算补助支出""上解预算支出——一般公共预算上解支出""地区间援助预算支出""调出预算资金——一般公共预算调出资金""安排预算稳定调节基金""债务还本预算支出——国债还本支出""债务还本预算支出——一般债务还本支出""债务转贷预算支出——一般债务转贷支出"科目。

（二）设置或补充预算周转金时，借记本科目，贷记"预算周转金"科目。

三、本科目期末贷方余额反映一般公共预算收支相抵后的滚存结转结余。

8002 政府性基金预算结转结余

一、本科目核算本级政府财政政府性基金预算收支的执行结果。

二、本科目可根据管理需要，按照政府性基金的项目进行明细核算。

三、政府性基金预算结转结余的主要账务处理如下：

年终转账时，将政府性基金预算的有关收入科目贷方余额转入本科目的贷方，按照政府性基金项目分别转入本科目的贷方，借记"政府性基金预算收入""补助预算收入——政府性基金预算补助收入""上解预算收入——政府性基金预算上解收入""调入预算资金——政府性基金预算调入资金""债务预算收入——专项债务收入""债务转贷预算收入——专项债务转贷收入"科目，贷记本科目；将政府性基金预算的有关支出科目借方余额转入本科目的借方，借记本科目，贷记"政府性基金预算支出""补助预算支出——政府性基金预算补助支出""上解预算支出——政府性基金预算上解支出""调出预算资金——政府性基金预算调出资金""债务还本预算支出——专项债务还本支出""债务转贷预算支出——专项债务转贷支出"科目。

四、本科目期末贷方余额反映政府性基金预算收支相抵后的滚存结转结余。

8003 国有资本经营预算结转结余

一、本科目核算本级政府财政国有资本经营预算收支的执行结果。

二、国有资本经营预算结转结余的主要账务处理如下：

年终转账时，将国有资本经营预算的有关收入科目贷方余额转入本科目的贷方，借记"国有资本经营预算收入""补助预算收入——国有资本经营预算补助收入""上解预算收入——国有资本经营预算上解收入"科目，贷记本科目；将国有资本经营预算的有关支出科目借方余额转入本科目的借方，借记本科目，贷记"国有资本经营预算支出""补助预算支出——国有资本经营预算补助支出""上解预算支出——国有资本经营预算上解支出""调出预算资金——国有资本经营预算调出资金"科目。

三、本科目期末贷方余额反映国有资本经营预算收支相抵后的滚存结转结余。

8005 财政专户管理资金结余

一、本科目核算本级政府财政纳入财政专户管理的教育收费等资金收支的执行结果。

二、财政专户管理资金结余的主要账务处理如下：

年终转账时，将财政专户管理资金的有关收入科目贷方余额转入本科目的贷方，借记"财政专户管理资金收入"科目，贷记本科目；将财政专户管理资金的有关支出科目借方余额转入本科目的借方，借记本科目，贷记"财政专户管理资金支出"科目。

三、本科目期末贷方余额反映政府财政纳入财政专户管理的资金收支相抵后的滚存结余。

8007 专用基金结余

一、本科目核算本级政府财政专用基金收支的执行结果。

二、本科目应根据专用基金的种类进行明细核算。

三、专用基金结余的主要账务处理如下：

年终转账时，将专用基金的有关收入科目贷方余额转入本科目的贷方，借记"专用基金收入"科目，贷记本科目；将专用基金的有关支出科目借方余额转入本科目的借方，借记本科目，贷记"专用基金支出"科目。

四、本科目期末贷方余额反映政府财政管理的专用基金收支相抵后的滚存结余。

8031 预算稳定调节基金

一、本科目核算本级政府财政为保持年度间预算的衔接和稳定，在一般公共预算中设置的储备性资金。

二、预算稳定调节基金的主要账务处理如下：

（一）使用超收收入或一般公共预算结余设置或补充预算稳定调节基金时，借记"安排预算稳定调节基金"科目，贷记本科目。

（二）将预算周转金调入预算稳定调节基金时，借记"预算周转金"科目，贷记本科目。

（三）动用预算稳定调节基金时，借记本科目，贷记"动用预算稳定调节基金"科目。

三、本科目期末贷方余额反映预算稳定调节基金的累计规模。

8033 预算周转金

一、本科目核算政府财政设置的用于调剂预算年度内季节性收支差额周转使用的资金。

二、预算周转金的主要账务处理如下：

（一）设置或补充预算周转金时，借记"一般公共预算结转结余"科目，贷记本科目。

（二）将预算周转金调入预算稳定调节基金时，借记本科目，贷记"预算稳定调节基金"科目。

三、本科目期末贷方余额反映预算周转金的累计规模。

8041 资金结存

一、本科目核算政府财政纳入预算管理的资金流入、流出、调整和滚存的情况。

二、本科目应设置"库款资金结存""专户资金结存""在途资金结存""集中支付结余结存""上下级调拨结存""待发国债结存""零余额账户结存""已结报支出""待处理结存"明细科目。

三、资金结存科目的主要账务处理如下：

（一）"库款资金结存"科目核算政府财政以国库存款形态存在的资金。本科目期末应为借方余额。

1.收到预算收入时，根据当日预算收入日报表所列预算收入数，借记本科目，贷记有关预算收入科目。

已入库款项发生退库（付）的，资金划出时，借记有关预算收入科目，贷记本科目。

2.发生预算支出时，按照实际支付的金额，借记有关预算支出科目，贷记本科目。

预算支出发生退回的，资金划出时，借记本科目，贷记有关预算支出科目。

（二）"专户资金结存"科目核算政府财政以财政专户存款形态存在的资金。本科目期末应为借方余额。

1.收到预算收入时，按照有关收入凭证，借记本科目，贷记有关预算收入科目。

已收到款项发生退付的，资金划出时，借记有关预算收入科目，贷记本科目。

2.发生预算支出时，按照实际支付的金额，借记有关预算支出科目，贷记本科目。

预算支出发生退回的，资金划出时，借记本科目，贷记有关预算支出科目。

（三）"在途资金结存"科目核算报告清理期和库款报解整理期内发生的需要通过本科目过渡处理的属于上年度收入、支出等业务的款项。本科目期末余额反映政府财政持有的在途款金额。

1.报告清理期和库款报解整理期内收到属于上年度收入时，在上年度账务中，借记本科目，贷记有关收入科目；收回属于上年度支出时，在上年度账务中，借记本科目，贷记"预拨经费"或有关支出科目。

2.冲转在途款时，在本年度账务中，借记"资金结存——库款资金结存"科目，贷记本科目。

（四）"集中支付结余结存"科目核算省级以上（含省级）政府财政国库集中支付中，应列为当年支出，但年末尚未支付需结转下一年度支付的款项。本科目期末应为贷方余额，反映政府财政尚未支付的国库集中支付结余。

1.年末，对当年发生的应付国库集中支付结余，借记有关支出科目，贷记本科目。

2.实际支付应付国库集中支付结余资金时，借记本科目，贷记"资金结存——库款资金结存"科目。

3.收回尚未支付的应付国库集中支付结余时，借记本科目，贷记有关支出科目。

（五）"上下级调拨结存"科目核算上下级政府财政之间资金调拨和资金

结算等事项。本科目期末余额反映政府财政上下级往来款项的净额。

1.年终转账时,将"补助预算收入——上级调拨"科目贷方余额转入资金结存,借记"补助预算收入——上级调拨"科目,贷记本科目。

2.年终转账时,将"补助预算支出——调拨下级"科目借方余额转入资金结存,借记本科目,贷记"补助预算支出——调拨下级"科目。

(六)"待发国债结存"科目核算为弥补中央财政预算收支差额,中央财政预计发行国债与实际发行国债之间的差额。本科目期末应为借方余额,反映中央财政尚未使用的国债发行额度。

年度终了,实际发行国债收入用于债务还本支出后,小于为弥补中央财政预算收支差额中央财政预计发行国债时,按照其差额,借记本科目,贷记"债务预算收入"科目;实际发行国债收入用于债务还本支出后,大于为弥补中央财政预算收支差额中央财政预计发行国债时,按照其差额,借记"债务预算收入"科目,贷记本科目。

(七)"零余额账户结存"科目核算政府财政国库支付执行机构在代理银行开设的财政零余额账户发生的支付和清算业务。财政国库支付执行机构未单设的地区不使用本科目。本科目年末应无余额。

1.财政国库支付执行机构通过财政零余额账户支付款项时,借记有关预算支出科目,贷记本科目。

2.根据每日清算的金额,借记本科目,贷记"资金结存——已结报支出"科目。

(八)"已结报支出"科目核算政府财政国库支付执行机构已清算的国库集中支付支出数额。财政国库支付执行机构未单设的地区不使用本科目。本科目年末应无余额。

1.财政国库集中支付执行机构根据每日清算的金额,借记"资金结存——零余额账户结存"科目,贷记本科目。

2.财政国库集中支付执行机构按照国库集中支付制度有关规定办理资金支付时,借记相关预算支出科目,贷记本科目。

3.年终财政国库集中支付执行机构按照累计结清的预算支出金额,与有关方面核对一致后转账,借记本科目,贷记有关预算支出科目。

(九)"待处理结存"科目核算结转下年度的待处理收入和待处理支出等。

本科目期末余额反映尚未清理的以前年度待处理收支的金额。

1.年终转账时,将"待处理收入"科目贷方余额转入资金结存,借记"待处理收入"科目,贷记本科目。

2.年终转账时,将"待处理支出"科目借方余额转入资金结存,借记本科目,贷记"待处理支出"科目。

3.将以前年度结转的待处理收入转列预算收入或退回时,借记本科目,贷记有关预算收入科目、"资金结存——库款资金结存"科目。

4.将以前年度结转的待处理支出转列预算支出或收回时,借记有关预算支出科目、"资金结存——库款资金结存"等科目,贷记本科目。

第四章 会计结账和结算

第四十三条 总会计应当按月进行会计结账。具体结账方法,按照会计基础工作规范有关规定办理。

第四十四条 政府财政部门应当及时进行年终清理结算,并在预算会计和财务会计账中准确反映清理结算结果。年终清理结算的主要事项如下:

(一)核对年度预算。年终前,总会计应配合预算管理部门将本级政府财政全年预算指标与上、下级政府财政转移性收支预算和本级各部门预算进行核对,及时办理预算调整和转移支付事项。本年预算调整和下达对下级政府财政转移支付预算指标一般截止到11月30日;各项预算拨款,一般截止到12月25日。

(二)清理本年收入。总会计应认真清理本年收入,与非税收入征收部门核对年末应收非税收入情况,并组织收入征收部门和国家金库进行年度对账,督促收入征收部门和国家金库年终前及时将本年税收收入和非税收入缴入国库或指定财政专户,确保准确核算本年收入。

(三)清理本年支出和费用。应在本年支领列报的款项,非特殊原因,应在年终前办理完毕。总会计对本级各单位的支出和费用应与单位的相应收入核对无误。属于应收回的拨款,应及时收回,并按收回数相应冲减支出和费用。

(四)核实股权、债权和债务。财政部门内部有关资产、债务管理部门应在有关业务发生时及时向总会计提供与股权、债权、债务等核算和反映有关的资料,确保财务会计资产负债信息确认的及时性。各级财政债务管理部门需定期提供上下级财政核对确认的本地区债权债务利息有关资料。财政部门内部涉及股权投资的相关管理部门应提供股权投资对应的股权证明材料及变动情况资料。

年末,总会计对股权投资、借出款项、应收股利、应收地方政府债券转贷款、应收主权外债转贷款、借入款项、应付短期政府债券、应付长期政府债券、应付地方政府债券转贷款、应付主权外债转贷款、应付利息、其他负债等余额应与相关管理部门进行核对,记录不一致的要及时查明原因,按规定调整账务,相关管理部门要及时提供有关资料,确保账实相符,账账相符。

(五)清理往来款项。政府财政要认真清理其他应收款、其他应付款等各种往来款项,在年度终了前予以收回或归还。应转作收入或支出、费用的各项款项,预算会计与财务会计要及时处理。

第四十五条 总会计对年终报告清理期内发生的会计事项,应当划清会计年度,及时进行结账。属于清理上年度的会计事项,记入上年度会计账;属于新年度的会计事项,记入新年度会计账,防止错记漏记。通常记入上年度的会计事项主要有:

(一)依据年终财政结算进行核算。财政预算管理部门要在年终清理的基础上,于次年元月底前结清上下级政府财政的转移性收支和往来款项。总会计要按照财政管理体制的规定和专项需要,根据预算结算单,与年度预算执行过程中已补助和已上解数额进行比较,结合往来款和借垫款情况,计算出全年最后应补或应退数额,填制"年终财政决算结算单",经核对无误后,作为年终财政结算凭证,预算会计和财务会计据以入账。

(二)依据企业决算数据进行核算。财政部门内部涉及股权投资的相关管理部门应及时取得纳入总会计核算范围的被投资主体经审计后的决算报表,并据此向总会计提供股权投资核算所需资料,财务会计对股权投资变动情况进行核算。

(三)依据人大审议意见进行核算。本级人民代表大会常务委员会(或人民代表大会)审查意见中,提出的需更正原报告有关事项,总会计应根据审查意见相应调整有关账目。

第四十六条　总会计应对预算会计和财务会计分别办理年终结账。年终结账工作一般分为年终转账、结清旧账和记入新账三个步骤，依次做账。

（一）年终转账。计算出预算会计和财务会计各科目12月份合计数和全年累计数，结出年末余额。

预算会计将预算收入和预算支出分别转入"一般公共预算结转结余""政府性基金预算结转结余""国有资本经营预算结转结余""财政专户管理资金结余""专用基金结余"等科目冲销。

财务会计将收入和费用分别转入相应的本期盈余科目冲销；再将本期盈余科目转入相应的累计盈余科目冲销。

（二）结清旧账。将各收入、支出和费用科目的借方、贷方结出全年总计数。对年终有余额的科目，在"摘要"栏内注明"结转下年"字样，表示转入新账。

（三）记入新账。根据年终转账后的总账和明细账余额，编制年终"资产负债表"和有关明细表（不需填制记账凭证），预算会计和财务会计将表列各科目余额分别记入新年度有关总账和明细账年初余额栏内，并在"摘要"栏注明"上年结转"字样，以区别新年度发生数。

第五章　会计报表

第四十七条　财务会计报表包括资产负债表、收入费用表、现金流量表、本年预算结余与本期盈余调节表等会计报表和附注。

资产负债表是反映政府财政在某一特定日期财务状况的报表。

收入费用表是反映政府财政在一定会计期间运行情况的报表。

现金流量表是反映政府财政在一定会计期间现金流入和流出情况的报表。

本年预算结余与本期盈余调节表是反映政府财政在某一会计年度内预算结余与本期盈余差异调整情况的报表。

附注是指对在会计报表中列示项目的文字描述或明细资料，以及对未能在会计报表中列示项目的说明。

第四十八条　财务会计报表格式如下：

资产负债表

总会财01表

编制单位：＿＿＿＿＿＿　　　　　＿＿＿＿＿年＿＿月＿＿日　　　　　　单位：元

资产	年初余额	期末余额	负债和净资产	年初余额	期末余额
流动资产：			流动负债：		
国库存款			应付短期政府债券		
其他财政存款			应付国库集中支付结余		
国库现金管理资产			与上级往来		
有价证券			其他应付款		
应收非税收入			应付代管资金		
应收股利			应付利息		
借出款项			一年内到期的非流动负债		
与下级往来			流动负债合计		
预拨经费			非流动负债：		
在途款			应付长期政府债券		
其他应收款			借入款项		
应收利息			应付地方政府债券转贷款		
一年内到期的非流动资产			应付主权外债转贷款		
流动资产合计			其他负债		
非流动资产：			非流动负债合计		
应收地方政府债券转贷款			负债合计		
应收主权外债转贷款			净资产：		
股权投资			累计盈余		
非流动资产合计			预算稳定调节基金		
			预算周转金		
			权益法调整		
			净资产合计		
资产总计			负债和净资产总计		

收入费用表

总会财02表

编制单位：　　　　　　　　　　　　　　　年　　月　　　　　　　　　　　　　　　单位：元

项 目	预算管理资金		财政专户管理资金		专用基金	
	本月数	本年累计数	本月数	本年累计数	本月数	本年累计数
收入合计						
税收收入			—	—	—	—
非税收入			—	—	—	—
投资收益			—	—	—	—
补助收入			—	—		
上解收入			—	—		
地区间援助收入			—	—		
其他收入			—	—		—
财政专户管理资金收入	—	—			—	—
专用基金收入	—	—	—	—		
费用合计						
政府机关商品和服务拨款费用			—	—	—	—
政府机关工资福利拨款费用			—	—	—	—
对事业单位补助拨款费用			—	—	—	—
对企业补助拨款费用			—	—	—	—
对个人和家庭补助拨款费用			—	—	—	—
对社会保障基金补助拨款费用			—	—	—	—
资本性拨款费用			—	—	—	—
其他拨款费用			—	—	—	—
财务费用			—	—	—	—
补助费用			—	—		
上解费用			—	—		
地区间援助费用			—	—		
其他费用			—	—		
财政专户管理资金支出	—	—			—	—
专用基金支出	—	—	—	—		
本期盈余（本年收入与费用的差额）						

注：表中有"—"的部分不必填列。

现金流量表

总会财03表

编制单位： ＿＿＿＿年＿＿＿月　　　　　单位：元

项目	本年金额	上年金额
一、日常活动产生的现金流量		
组织税收收入收到的现金		
组织非税收入收到的现金		
组织财政专户管理资金收入收到的现金		
组织专用基金收入收到的现金		
上下级政府财政资金往来收到的现金		
收回暂付性款项相关的现金		
其他日常活动所收到的现金		
现金流入小计		
政府机关商品和服务拨款所支付的现金		
政府机关工资福利拨款所支付的现金		
对事业单位补助拨款所支付的现金		
对企业补助拨款所支付的现金		
对个人和家庭补助拨款所支付的现金		
对社会保障基金补助拨款所支付的现金		
财政专户管理资金支出所支付的现金		
专用基金支出所支付的现金		
上下级政府财政资金往来所支付的现金		
资本性拨款所支付的现金		
暂付性款项所支付的现金		
其他日常活动所支付的现金		
现金流出小计		
日常活动产生的现金流量净额		
二、投资活动产生的现金流量		
收回股权投资所收到的现金		
取得股权投资收益收到的现金		
收到其他与投资活动有关的现金		
现金流入小计		
取得股权投资所支出的现金		
支付其他与投资活动有关的现金		

续表

项目	本年金额	上年金额
现金流出小计		
投资活动产生的现金流量净额		
三、筹资活动产生的现金流量		
发行政府债券收到的现金		
借入款项收到的现金		
取得政府债券转贷款收到的现金		
取得主权外债转贷款收到的现金		
收回转贷款本金收到的现金		
收到下级上缴转贷款利息相关的现金		
其他筹资活动收到的现金		
现金流入小计		
转贷地方政府债券所支付的现金		
转贷主权外债所支付的现金		
支付债务本金相关的现金		
支付债务利息相关的现金		
其他筹资活动支付的现金		
现金流出小计		
筹资活动产生的现金流量净额		
四、汇率变动对现金的影响额		
五、现金净增加额		

本年预算结余与本期盈余调节表

总会财04表

编制单位：　　　　　　　　　　　_____年　　　　　　　　　　　单位：元

项目	金额
本年预算结余（本年预算收入与支出差额）：	
日常活动产生的差异：	
加：1.当期确认为收入但没有确认为预算收入	
当期应收未缴库非税收入	
减：2.当期确认为预算收入但没有确认为收入	
当期收到上期应收未缴库非税收入	
3.当期确认为预算支出收回但没有确认为费用收回	

续表

项目	金额
（1）当期收到退回以前年度已列支资金	
（2）当期将以前年度国库集中支付结余收回预算	
投资活动产生的差异：	
加：1.当期确认为收入但没有确认为预算收入	
（1）当期投资收益或损失	
（2）当期无偿划入股权投资	
2.当期确认为预算支出但没有确认为费用	
（1）当期股权投资增支	
（2）当期股权投资减支	
减：3.当期确认为预算收入但没有确认为收入	
（1）当期收到利润收入和股利股息收入	
（2）当期收到清算、处置股权投资的收入	
4.当期确认为费用但没有确认为预算支出	
当期无偿划出股权投资费用	
筹资活动产生的差异：	
加：1.当期确认为预算支出但没有确认为费用	
（1）当期转贷款支出	
（2）当期债务还本支出	
（3）拨付上年计提债务利息	
减：2.当期确认为预算收入但没有确认为收入	
（1）当期债务收入	
（2）当期转贷款收入	
3.当期确认为费用但没有确认为预算支出	
当期计提未拨付债务利息	
其他差异事项	
当期汇兑损益净额	
本期盈余（本年收入与费用的差额）	

第四十九条 总会计应当按照下列规定编制财务会计报表：

（一）收入费用表应当按月度和年度编制，资产负债表、现金流量表、本年预算结余与本期盈余调节表和附注应当至少按年度编制。

（二）总会计应当根据本制度编制并提供真实、完整的会计报表，切实做到账表一致，不得估列代编，弄虚作假。

（三）总会计要严格按照统一规定的种类、格式、内容、计算方法和编制口径填制会计报表，以保证全国统一汇总和分析。汇总报表的单位，要把所属单位的报表汇集齐全，防止漏报。

第五十条 财务会计报表编制说明如下：

一、资产负债表的编制说明

（一）本表"年初余额"栏内各项数字，应当根据上年年末资产负债表"期末余额"栏内数字填列。如果本年度资产负债表规定的各个项目的名称和内容同上年度不一致，应对上年年末资产负债表各项目的名称和数字按照本年度的规定进行调整，填入本表"年初余额"栏内。

（二）本表"期末余额"栏各项目的内容和填列方法

1. 资产类项目

（1）"国库存款"项目，反映政府财政期末存放在国库单一账户的款项金额。本项目应当根据"国库存款"科目的期末余额填列。

（2）"其他财政存款"项目，反映政府财政期末持有的其他财政存款金额。本项目应当根据"其他财政存款"科目的期末余额填列。

（3）"国库现金管理资产"项目，反映政府财政期末实行国库现金管理业务等持有的资产金额。本项目应当根据"国库现金管理资产"科目的期末余额填列。

（4）"有价证券"项目，反映政府财政期末持有的有价证券金额。本项目应当根据"有价证券"科目的期末余额填列。

（5）"应收非税收入"项目，反映政府财政期末向缴款人收取但尚未缴入国库的非税收入。本项目应当根据"应收非税收入"科目的期末余额填列。

（6）"应收股利"项目，反映政府财政期末尚未收回的现金股利或利润金额。本项目应当根据"应收股利"科目的期末余额填列。

（7）"借出款项"项目，反映政府财政期末借给预算单位尚未收回的款项金额。本项目应当根据"借出款项"科目的期末余额填列。

（8）"与下级往来"项目，正数反映下级政府财政欠本级政府财政的款项金额；负数反映本级政府财政欠下级政府财政的款项金额。本项目应当根据"与下级往来"科目的期末余额填列，期末余额如为借方则以正数填列，如为贷方则以负数填列。

（9）"预拨经费"项目，反映政府财政期末尚未转列支出或尚待收回的预拨经费金额。本项目应当根据"预拨经费"科目的期末余额填列。

(10)"在途款"项目，反映政府财政期末持有的在途款金额。本项目应当根据"在途款"科目的期末余额填列。

(11)"其他应收款"项目，反映政府财政期末尚未收回的其他应收款的金额。本项目应当根据"其他应收款"科目的期末余额填列。

(12)"应收利息"项目，反映政府财政期末应收未收的转贷款利息金额。本项目应当根据"应收地方政府债券转贷款""应收主权外债转贷款"科目下的"应收利息"明细科目期末余额填列。

(13)"一年内到期的非流动资产"项目，反映政府财政期末非流动资产项目中距离偿还本金日期1年以内（含1年）的转贷款本金。本项目应当根据"应收地方政府债券转贷款""应收主权外债转贷款"科目下的"应收本金"明细科目期末余额及债务管理部门提供的资料分析填列。

(14)"流动资产合计"项目，反映政府财政期末流动资产的合计数。本项目应当根据本表中"国库存款""其他财政存款""国库现金管理资产""有价证券""应收非税收入""应收股利""借出款项""与下级往来""预拨经费""在途款""其他应收款""应收利息""一年内到期的非流动资产"项目金额的合计数填列。

(15)"应收地方政府债券转贷款"项目，反映政府财政期末尚未收回的距离偿还本金日期超过1年的地方政府债券转贷款的本金金额。本项目应当根据"应收地方政府债券转贷款"科目下的"应收本金"明细科目期末余额及债务管理部门提供的资料分析填列。

(16)"应收主权外债转贷款"项目，反映政府财政期末尚未收回的距离偿还本金日期超过1年的主权外债转贷款的本金金额。本项目应当根据"应收主权外债转贷款"科目下的"应收本金"明细科目期末余额及债务管理部门提供的资料分析填列。

（17）"股权投资"项目，反映政府期末持有股权投资的金额。本项目应当根据"股权投资"科目的期末余额填列。

（18）"非流动资产合计"项目，反映政府财政期末非流动资产的合计数。本项目应当根据本表中"应收地方政府债券转贷款""应收主权外债转贷款""股权投资"项目金额的合计数填列。

（19）"资产总计"项目，反映政府财政期末资产的合计数。本项目应当根据本表中"流动资产合计""非流动资产合计"项目金额的合计数填列。

2. 负债类项目

（1）"应付短期政府债券"项目，反映政府财政期末尚未偿还的发行期不超过1年（含1年）的国债和地方政府债券本金金额。本项目应当根据"应付短期政府债券"科目的期末余额填列。

（2）"应付国库集中支付结余"项目，反映政府财政期末尚未支付的国库集中支付结余金额。本项目应当根据"应付国库集中支付结余"科目的期末余额填列。

（3）"与上级往来"项目，正数反映本级政府财政期末欠上级政府财政的款项金额；负数反映上级政府财政欠本级政府财政的款项金额。本项目应当根据"与上级往来"科目的期末余额填列，期末余额如为贷方则以正数填列，如为借方则以负数填列。

（4）"其他应付款"项目，反映政府财政期末尚未支付的其他应付款的金额。本项目应当根据"其他应付款"科目的期末余额填列。

（5）"应付代管资金"项目，反映政府财政期末尚未支付的代管资金金额。本项目应当根据"应付代管资金"科目的期末余额填列。

（6）"应付利息"项目，反映政府财政期末尚未支付的利息金额。省级以上（含省级）政府财政应当根据"应付利息"科目期末余额填列；市县政府财政应当根据"应付地方政府债券转贷款""应付主权外债转贷款"科目下的"应付利息"明细科目期末余额填列。

（7）"一年内到期的非流动负债"项目，反映政府财政期末承担的距离偿还本金日期1年以内（含1年）的非流动负债。省级以上（含省级）政府财政应当根据"应付长期政府债券""借入款项"科目余额，市县政府财政应当根据"应付地方政府债券转贷款""应付主权外债转贷款"科目下的"应付本金"明细科目期末余额及债务管理部门提供的资料分析填列。

（8）"流动负债合计"项目，反映政府财政期末流动负债合计数。本项目应当根据本表"应付短期政府债券""应付国库集中支付结余""与上级往来""其他应付款""应付代管资金""应付利息""一年内到期的非流动负债"项目金额的合计数填列。

（9）"应付长期政府债券"项目，反映政府财政期末承担的距离偿还本金日期超过1年的国债和地方政府债券本金金额。本项目应当根据"应付长期政府债券"科目期末余额及债务管理部门提供的资料分析填列。

（10）"借入款项"项目，反映政府财政期末承担的距离偿还本金日期超过1年的借入款项的本金金额。省级以上（含省级）政府财政应当根据"借入款项"科目的期末余额及债务管理部门提供的资料分析填列。

（11）"应付地方政府债券转贷款"项目，反映政府财政期末承担的距离偿还本金日期超过1年的地方政府债券转贷款的本金金额。本项目应当根据"应付地方政府债券转贷款"科目下的"应付本金"明细科目期末余额及债务管理部门提供的资料分析填列。

（12）"应付主权外债转贷款"项目，反映政府财政期末承担的距离偿还本金日期超过1年的主权外债转贷款的本金金额。本项目应当根据"应付主权外债转贷款"科目下的"应付本金"明细科目期末余额及债务管理部门提供的资料分析填列。

（13）"其他负债"项目，反映中央政府财政期末承担的其他负债金额。本项目应当根据"其他负债"科目的期末余额填列。

（14）"非流动负债合计"项目，反映政府财政期末非流动负债合计数。本项目应当根据本表中"应付长期政府债券""借入款项""应付地方政府债券转贷款""应付主权外债转贷款""其他负债"项目金额的合计数填列。

（15）"负债合计"项目，反映政府财政期末负债的合计数。本项目应当根据本表中"流动负债合计""非流动负债合计"项目金额的合计数填列。

3.净资产类项目

（1）"累计盈余"项目，反映政府财政纳入一般公共预算、政府性基金预算、国有资本经营预算管理的预算资金，财政专户管理资金、专用基金历年实现的盈余滚存的金额。本项目应当根据"预算管理资金累计盈余""财政专户管理资金累计盈余""专用基金累计盈余"科目的期末余额填列。

（2）"预算稳定调节基金"项目，反映政府财政期末预算稳定调节基金的余额。本项目应当根据"预算稳定调节基金"科目的期末余额填列。

（3）"预算周转金"项目，反映政府财政期末预算周转金的余额。本项目应当根据"预算周转金"科目的期末余额填列。

（4）"权益法调整"项目，反映政府财政按照持股比例计算应享有的被投资主体除净损益和利润分配以外的其他权益变动的份额。本项目根据"权益法调整"科目的期末余额填列。

（5）"净资产合计"项目，反映政府财政期末净资产合计数。本项目应当根据本表中"累计盈余""预算稳定调节基金""预算周转金""权益法调整"项目金额的合计数填列。

（6）"负债和净资产总计"项目，应当根据本表中"负债合计""净资产合计"项目金额的合计数填列。

二、收入费用表的编制说明

（一）本表"本月数"栏反映各项目的本月实际发生数。在编制年度收入费用表时，应将本栏改为"上年数"栏，反映上年度各项目的实际发生数；如果本年度收入费用表规定的各个项目的名称和内容同上年度不一致，应对上年度收入费用表各项目的名称和数字按照本年度的规定进行调整，填入本年度收入费用表的"上年数"栏。

本表"本年累计数"栏反映各项目自年初起至报告期末止的累计实际发生数。编制年度收入费用表时，应当将本栏改为"本年数"。

（二）本表"本月数"栏各项目的内容和填列方法

1. "收入合计"项目，反映政府财政本期取得的各项收入合计金额。其中，预算管理资金的"收入合计"应当根据属于预算管理资金的"税收收入""非税收入""投资收益""补助收入""上解收入""地区间援助收入""其他收入"项目金额的合计填列；财政专户管理资金的"收入合计"应当根据"财政专户管理资金收入"项目的金额填列；专用基金的"收入合计"应当根据"专用基金收入"项目的金额填列。

2. "税收收入"项目，反映政府财政本期取得的税收收入金额。本项目根据"税收收入"科目本期发生额填列。

3. "非税收入"项目，反映政府财政本期取得的各项非税收入金额。本项目根据"非税收入"科目本期发生额填列。

4. "投资收益"项目，反映政府财政本期取得的各项投资收益金额。本项目根据"投资收益"科目本期发生额填列。

5."补助收入"项目,反映政府财政本期取得的各类资金的补助收入金额。本项目根据"补助收入"科目本期发生额填列。

6."上解收入"项目,反映政府财政本期取得的各类资金的上解收入金额。本项目根据"上解收入"科目本期发生额填列。

7."地区间援助收入"项目,反映政府财政本期取得的地区间援助收入金额。本项目应当根据"地区间援助收入"科目的本期发生额填列。

8."其他收入"项目,反映政府财政本期取得的除"税收收入""非税收入""投资收益""补助收入""上解收入""地区间援助收入""财政专户管理资金收入""专用基金收入"以外的收入金额。本项目应当根据"其他收入"科目本期发生额填列。

9."财政专户管理资金收入"项目,反映政府财政本期取得的教育收费等资金收入金额。本项目根据"财政专户管理资金收入"科目本期发生额填列。

10."专用基金收入"项目,反映政府财政本期取得的粮食风险基金等资金收入金额。本项目根据"专用基金收入"科目本期发生额填列。

11."费用合计"项目,反映政府财政本期发生的各类费用合计金额。其中,预算管理资金的"费用合计"应当根据属于预算管理资金的"政府机关商品和服务拨款费用""政府机关工资福利拨款费用""对事业单位补助拨款费用""对企业补助拨款费用""对个人和家庭补助拨款费用""对社会保障基金补助拨款费用""资本性拨款费用""其他拨款费用""财务费用""补助费用""上解费用""地区间援助费用""其他费用"项目金额的合计填列;财政专户管理资金的"费用合计"应当根据"财政专户管理资金支出"项目的金额填列;专用基金的"费用合计"应当根据"专用基金支出"项目的金额填列。

12."政府机关商品和服务拨款费用"项目,反映政府财政本期发生的购买商品和服务的各类费用金额。本项目根据"政府机关商品和服务拨款费用"科目本期发生额填列。

13."政府机关工资福利拨款费用"项目,反映政府财政本期发生的支付给职工和长期聘用人员的各类劳动报酬及为上述人员缴纳的各项社会保险费等费用。本项目根据"政府机关工资福利拨款费用"科目本期发生额填列。

14."对事业单位补助拨款费用"项目，反映政府财政本期发生的对事业单位的经常性补助费用金额。本项目根据"对事业单位补助拨款费用"科目本期发生额填列。

15."对企业补助拨款费用"项目，反映政府财政本期发生的对企业补助拨款费用金额。本项目根据"对企业补助拨款费用"科目本期发生额填列。

16."对个人和家庭补助拨款费用"项目，反映政府财政本期发生的对个人和家庭补助拨款费用金额。本项目根据"对个人和家庭补助拨款费用"科目本期发生额填列。

17."对社会保障基金补助拨款费用"项目，反映政府财政本期发生的对社会保险基金的补助拨款以及补充全国社会保障基金费用的拨款金额。本项目根据"对社会保障基金补助拨款费用"科目本期发生额填列。

18."资本性拨款费用"项目，反映政府财政本期发生的对行政事业单位的房屋建筑物购建、基础设施建设、公务用车购置、设备购置、物资储备等方面资本性拨款费用金额。本项目根据"资本性拨款费用"科目本期发生额填列。

19."其他拨款费用"项目，反映政府财政未列入以上拨款费用项目的财政拨款费用金额。本项目根据"其他拨款费用"科目本期发生额填列。

20."财务费用"项目，反映政府财政本期发生的偿还政府债务利息及支付政府债务发行、兑付、登记相关费用及汇兑损益金额。本项目根据"财务费用"科目本期发生额填列。

21."补助费用"项目，反映政府财政本期发生的各类资金的补助费用金额。本项目根据"补助费用"科目本期发生额填列。

22."上解费用"项目，反映政府财政本期发生的上缴上级各类资金产生的费用金额。本项目根据"上解费用"科目本期发生额填列。

23."地区间援助费用"项目，反映政府财政本期发生的地区间援助费用金额。本项目根据"地区间援助费用"科目的本期发生额填列。

24."其他费用"项目，反映政府财政本期股权划出、其他负债变动形成的费用金额。本项目根据"其他费用"科目的本期发生额填列。

25."财政专户管理资金支出"项目，反映政府财政本期使用纳入财政专户管理的教育收费等资金产生的费用金额。本项目根据"财政专户管理资金支出"科目本期发生额填列。

26."专用基金支出"项目，反映政府财政本期使用专用基金产生的费用金额。本项目根据"专用基金支出"科目本期发生额填列。

27."本期盈余"项目，反映政府财政本年末收入减去费用的金额。本项目根据本表"收入合计"减去"费用合计"的差额填列。

三、现金流量表的编制说明

（一）本表中现金，是指政府财政的国库存款、其他财政存款及国库现金管理资产中的商业银行定期存款。本表中现金流量，是指现金的流入和流出。

（二）本表应当按照日常活动、投资活动、筹资活动的现金流量分别反映。

（三）本表"本年金额"栏反映各项目的本年实际发生数。本表"上年金额"栏反映各项目的上年实际发生数，应当根据上年现金流量表中"本年金额"栏内所列数字填列。

（四）本表"本年金额"栏各项目的填列方法。

1.日常活动产生的现金流量

（1）现金流入项目

"组织税收收入收到的现金"项目，反映政府财政本年取得税收收入收到的现金。本项目应当根据会计账簿中"税收收入""在途款"科目发生额分析填列。

"组织非税收入收到的现金"项目，反映政府财政本年取得非税收入收到的现金。本项目应当根据会计账簿中"非税收入""应收非税收入""在途款"科目发生额分析填列。

"组织财政专户管理资金收入收到的现金"项目，反映政府财政本年取得财政专户管理资金收入收到的现金。本项目根据会计账簿中"财政专户管理资金收入"科目发生额分析填列。

"组织专用基金收入收到的现金"项目，反映政府财政本年取得专用基金收入收到的现金。本项目根据会计账簿中"专用基金收入"科目发生额分析填列。

"上下级政府财政资金往来收到的现金"项目，反映政府财政本年收到上下级政府财政转移支付、清算欠款、临时调度款等相关的现金。本项目根据会计账簿中"补助收入""上解收入""与下级往来""与上级往来"科目贷方发生额分析填列。

"收回暂付性款项相关的现金"项目,反映政府财政本年收回暂付性款项相关的现金。本项目根据会计账簿中"预拨经费""借出款项""其他应收款"科目贷方发生额分析填列。

"其他日常活动所收到的现金"项目,反映政府财政收到的除以上项目外与日常活动相关的现金。本项目根据会计账簿中"地区间援助收入""其他收入""其他应付款""应付代管资金""在途款""以前年度盈余调整"等科目贷方发生额分析填列。

(2)现金流出项目

"政府机关商品和服务拨款所支付的现金"项目,反映政府财政本年在日常活动中用于购买商品、接受劳务支付的现金。本项目根据会计账簿中"政府机关商品和服务拨款费用"科目和"应付国库集中支付结余"科目借方发生额分析填列。

"政府机关工资福利拨款所支付的现金"项目,反映政府财政本年承担职工劳务报酬及社会保险费等支付的现金。本项目根据会计账簿中"政府机关工资福利拨款费用"科目和"应付国库集中支付结余"科目借方发生额分析填列。

"对事业单位补助拨款所支付的现金"项目,反映政府财政本年对事业单位经常性补助所支付的现金。本项目根据会计账簿中"对事业单位补助拨款费用"科目和"应付国库集中支付结余"科目借方发生额分析填列。

"对企业补助拨款所支付的现金"项目,反映政府财政本年对企业资本性投资外的其他补助所支付的现金。本项目根据会计账簿中"对企业补助拨款费用"科目和"应付国库集中支付结余"科目借方发生额分析填列。

"对个人和家庭补助拨款所支付的现金"项目,反映政府财政本年对个人和家庭的补助所支付的现金。本项目根据会计账簿中"对个人和家庭补助拨款费用"科目和"应付国库集中支付结余"科目借方发生额分析填列。

"对社会保障基金补助拨款所支付的现金"项目,反映政府财政本年对社会保险基金的补助,以及补充全国社会保障基金所支付的现金。本项目根据会计账簿中"对社会保障基金补助拨款费用"科目和"应付国库集中支付结余"科目借方发生额分析填列。

"财政专户管理资金支出所支付的现金"项目，反映政府财政本年从财政专户管理资金中安排各项支出所支付的现金。本项目根据会计账簿中"财政专户管理资金支出"科目借方发生额分析填列。

"专用基金支出所支付的现金"项目，反映政府财政用专用基金收入安排的支出所支付的现金。本项目根据会计账簿中"专用基金支出"科目借方发生额分析填列。

"上下级政府财政资金往来所支付的现金"项目，反映政府财政本年支付上下级政府财政转移支付、清算欠款、临时调度款等相关的现金。本项目根据会计账簿中"补助费用""上解费用""与下级往来""与上级往来"科目借方发生额分析填列。

"资本性拨款所支付的现金"项目，反映政府财政本年支付行政事业单位和企业用于房屋建筑物构建、基础设施建设、公务用车购置、设备购置、物资储备等相关的现金。本项目根据会计账簿中"资本性拨款费用"科目和"应付国库集中支付结余"科目借方发生额分析填列。

"暂付性款项所支付的现金"项目，反映政府财政本年安排暂付性款项所支付的现金。本项目根据会计账簿中"预拨经费""借出款项""其他应收款"科目借方发生额分析填列。

"其他日常活动所支付的现金"项目，反映政府财政本年支付除以上项目外与日常活动相关的现金。本项目根据会计账簿中"其他拨款费用""地区间援助费用""其他应付款""应付代管资金""应付国库集中支付结余""在途款""以前年度盈余调整"等科目借方发生额分析填列。

2.投资活动产生的现金流量

（1）现金流入项目

"收回股权投资所收到的现金"项目，反映政府财政本年出售、转让、处置股权等收回投资而收到的现金。本项目根据会计账簿中"股权投资"科目下"投资成本""损益调整"明细科目贷方发生额分析填列。

"取得股权投资收益收到的现金"项目，反映政府财政本年因被投资单位分配股利、利润或处置股权、企业破产清算等产生收益而收到的现金。本项目根据会计账簿中"应收股利""投资收益"科目贷方发生额分析填列。

"收到的其他与投资活动有关的现金"项目，反映政府财政本年收到除以上项目外与投资活动相关的现金。本项目根据会计账簿中"有价证券""应收股利"等科目贷方发生额分析填列。

2.现金流出项目

"取得股权投资所支出的现金"项目，反映政府财政本年为取得股权投资而支付的现金。本项目根据会计账簿中"股权投资"科目借方发生额分析填列。

"支付其他与投资活动有关的现金"项目，反映政府财政本年支付除以上项目外与投资活动相关的现金。本项目根据会计账簿中"有价证券"等科目借方发生额分析填列。

投资活动产生的现金流量净额。本项目根据现金流入项目合计数减去现金流出项目合计数差额填列，差额小于零则以负数填列。

3.筹资活动产生的现金流量

（1）现金流入项目

"发行政府债券收到的现金"项目，反映政府财政本年发行国债和地方政府债券收到的现金。本项目根据会计账簿中"应付短期政府债券""应付长期政府债券"科目贷方发生额分析填列。

"借入款项收到的现金"项目，反映政府财政本年借入款项收到的现金。本项目根据会计账簿中"借入款项"科目贷方发生额分析填列。

"取得政府债券转贷款收到的现金"项目，反映政府财政本年取得政府债券转贷款收到的现金。本项目根据会计账簿中"应付地方政府债券转贷款"科目下"应付本金"明细科目贷方发生额分析填列。

"取得主权外债转贷款收到的现金"项目，反映政府财政本年取得主权外债转贷款收到的现金。本项目根据会计账簿中"应付主权外债转贷款"科目下"应付本金"明细科目贷方发生额分析填列。

"收回转贷款本金收到的现金"项目，反映政府财政本年收到下级政府财政归还政府债券转贷款及主权外债转贷款本金相关的现金。本项目根据会计账簿中"应收地方政府债券转贷款""应收主权外债转贷款"科目下"应收本金"明细科目贷方发生额分析填列。

"收到下级上缴转贷款利息相关的现金"项目，反映政府财政本年收到下级政府财政上缴政府债券转贷款及主权外债转贷款利息相关的现金。本项目根据会计账簿中"应收地方政府债券转贷款""应收主权外债转贷款"科目下"应收利息"明细科目贷方发生额分析填列。

"其他筹资活动收到的现金"项目，反映政府财政本年收到的其他与筹资活动相关的现金。本项目根据会计账簿中"其他应付款""其他应收款"等科目贷方发生额分析填列。

（2）现金流出项目

"转贷地方政府债券所支付的现金"项目，反映政府财政本年对下级政府财政转贷地方政府债券所支付的现金。本项目根据会计账簿中"应收地方政府债券转贷款"科目下"应收本金"明细科目借方发生额分析填列。

"转贷主权外债所支付的现金"项目，反映政府财政本年对下级政府财政转贷主权外债所支付的现金。本项目根据会计账簿中"应收主权外债转贷款"科目下"应收本金"明细科目借方发生额分析填列。

"支付债务本金相关的现金"项目，反映政府财政本年偿还政府债务本金所支付的现金。省级以上（含省级）政府财政根据会计账簿中"应付短期政府债券""应付长期政府债券""借入款项"科目借方发生额分析填列；市县政府财政根据会计账簿中"应付地方政府债券转贷款""应付主权外债转贷款"科目下"应付本金"明细科目借方发生额分析填列。

"支付债务利息相关的现金"项目，反映政府财政本年支付政府债务利息相关的现金。省级以上（含省级）政府财政根据会计账簿中"应付利息"科目借方发生额分析填列；市县政府财政根据会计账簿中"应付地方政府债券转贷款""应付主权外债转贷款"科目下"应付利息"明细科目、"财务费用"科目借方发生额分析填列。

"其他筹资活动支付的现金"项目，反映政府财政本年支付的政府债券发行、兑付、登记费用等其他与筹资活动相关的现金。本项目根据会计账簿中"财务费用""其他应付款""其他应收款"等科目借方发生额分析填列。

筹资活动产生的现金流量净额。本项目根据现金流入项目合计数减去现金流出项目合计数差额填列，差额小于零则以负数填列。

汇率变动对现金的影响额。反映政府财政外币现金流量折算为人民币时，所采用的即期汇率折算的人民币金额与期末汇率折算的人民币金额之间的差额。本项目根据"财务费用"科目下的"汇兑损益"明细科目发生额分析填列。

现金净增加额。本项目反映政府财政本年现金变动的净额，根据本表中"日常活动产生的现金流量净额""投资活动产生的现金流量净额""筹资活动产生的现金流量净额""汇率变动对现金的影响额"项目金额的合计数填列，金额小于零则以负数填列。

四、本年预算结余与本期盈余调节表编制说明

（一）当期预算结余。本项目根据本年预算收入与预算支出的差额填列。

（二）日常活动产生的差异。

1."当期确认为收入但没有确认为预算收入"项目

主要为"当期应收未缴库非税收入"项目。本项目反映政府财政本年已确认非税收入但缴款人尚未缴入国库的各项非税款项。根据会计账簿中"应收非税收入"以及"非税收入"科目发生额分析填列。

2."当期确认为预算收入但没有确认为收入"项目

主要为"当期收到上期应收未缴库非税收入"项目。本项目反映政府财政本年收到的上年应收非税收入。根据会计账簿中"应收非税收入"科目贷方发生额以及"国库存款"科目借方发生额分析填列，不含以前年度盈余调整事项和新增确认的非税收入。

3."当期确认为预算支出收回但没有确认为费用收回"项目

（1）"当期收到退回以前年度已列支资金"项目。本项目反映政府财政收到退回的以前年度已列支资金而冲减预算支出的事项。根据会计账簿中"国库存款""其他财政存款"科目借方发生额以及"以前年度盈余调整"科目贷方发生额分析填列。

（2）"当期将以前年度国库集中支付结余收回预算"项目。本项目反映政府财政将以前年度应付国库集中支付结余资金收回预算而冲减预算支出的事项。根据会计账簿中"应付国库集中支付结余"科目借方发生额以及"以前年度盈余调整"科目贷方发生额分析填列。

（三）投资活动产生的差异

1."当期确认为收入但没有确认为预算收入"项目

（1）"当期投资收益或损失"项目。本项目反映政府财政本年确认的股权

投资收益。根据会计账簿中"投资收益"科目发生额分析填列。其中，投资损失以负数填列；不含清算、处置股权投资增加的收益。

（2）"当期无偿划入股权投资"项目。本项目反映政府财政本年接受无偿划入的股权投资。根据会计账簿中"股权投资"科目下"投资成本"明细科目借方发生额、"其他收入"科目贷方发生额分析填列。

2."当期确认为预算支出但没有确认为费用"项目

（1）"当期股权投资增支"项目。本项目反映政府财政本年新增股权投资增加的支出。根据会计账簿中"股权投资"科目下"投资成本"明细科目借方发生额以及"国库存款"科目贷方发生额分析填列，不含无偿划入或权益法调整增加的股权投资以及补记以前年度股权投资。

（2）"当期股权投资减支"项目。本项目反映政府财政本年退出、清算、处置股权投资减少的支出。根据会计账簿中"股权投资"科目下"投资成本"明细科目贷方发生额以及"国库存款"科目借方发生额分析，以负数填列，不含无偿划出或权益法调整减少的股权投资额。

3."当期确认为预算收入但没有确认为收入"项目

（1）"当期收到利润收入和股利股息收入"项目。本项目反映政府财政本年收到被投资主体上缴以前年度利润和股利股息。根据会计账簿中"资金结存——库款资金结存"科目借方发生额以及"一般公共预算收入——利润收入、股利股息收入""国有资本经营预算收入——利润收入、股利股息收入"贷方发生额分析填列，不含清算、处置股权投资增加的收益。

（2）"当期收到清算、处置股权投资的收入"项目。本项目反映政府财政本年清算、处置股权投资发生的收入，需根据"投资收益""国库存款"科目借方发生额、"股权投资"等科目贷方发生额分析填列。

4."当期确认为费用但没有确认为预算支出"项目

主要为"当期无偿划出股权投资费用"项目。本项目反映政府财政本年无偿划出的股权投资。根据会计账簿中"股权投资"科目下"投资成本"明细科目贷方发生额、"其他费用"科目借方发生额分析填列。

（四）筹资活动产生的差异

1."当期确认为预算支出但没有确认为费用"项目

（1）"当期转贷款支出"项目。反映政府财政本年转贷下级政府财政的政府债券、主权外债资金。根据会计账簿中"债务转贷预算支出"科目借方发生额分析填列。

（2）"当期债务还本支出"项目。反映本级政府财政本年偿还的债务本金。根据会计账簿中"债务还本预算支出"科目借方发生额分析填列。

（3）"拨付上年计提债务利息"项目。反映政府财政本年偿还上年已计提的债务利息。根据会计账簿中"应付利息"科目年初贷方余额填列；市县政府财政根据会计账簿中"应付地方政府债券转贷款"和"应付主权外债转贷款"科目下"应付利息"明细科目年初贷方余额填列。

2."当期确认为预算收入但没有确认为收入"项目

（1）"当期债务收入"项目。反映省级以上（含省级）政府财政本年发行政府债券、借入主权外债的收入。根据会计账簿中"债务预算收入"科目贷方发生额分析填列。

（2）"当期转贷款收入"项目。反映市县政府财政本年收到的地方政府债券、主权外债转贷款收入。根据会计账簿中"债务转贷预算收入"贷方发生额分析填列。

3."当期确认为费用但没有确认为预算支出"项目

主要为"当期计提未拨付债务利息"项目。本项目反映政府财政本年已计提需在下一年度支付的利息。省级以上（含省级）政府财政根据会计账簿中"应付利息"科目年末贷方余额填列；市县政府财政根据会计账簿中"应付地方政府债券转贷款——应付利息"以及"应付主权外债转贷款—应付利息"科目年末贷方余额填列。

（五）其他差异事项。本项目反映政府财政其他活动事项产生的差异。其中，减少预算结余和增加本期盈余事项以正数反映，增加预算结余和减少本期盈余事项以负数反映。中央财政计提其他负债产生的费用也在本项目反映。

（六）当期汇兑损益净额。本项目根据"财务费用——汇兑损益"发生额分析填列，汇兑损失以负数反映，汇兑收益以正数反映。

（七）本期盈余（本年收入与费用的差额）。根据本表"当期预算结余""投资活动产生的差异""日常活动产生的差异""筹资活动产生的差异""其他差异事项""当期汇兑损益净额"金额汇总填列。本项目与"收入费用表"本期盈余合计数一致。

五、会计报表附注

总会计财务会计报表附注应当至少披露下列内容：

（一）遵循《财政总会计制度》的声明；

（二）本级政府财政财务状况的说明；

（三）会计报表中列示的重要项目的进一步说明，包括其主要构成、增减变动情况等；

（四）政府财政承担担保责任负债情况的说明；

（五）有助于理解和分析会计报表的其他需要说明的事项。

第五十一条 预算会计报表包括预算收入支出表、一般公共预算执行情况表、政府性基金预算执行情况表、国有资本经营预算执行情况表、财政专户管理资金收支情况表、专用基金收支情况表等会计报表和附注。

预算收入支出表是反映政府财政在某一会计期间各类财政资金收支余情况的报表。预算收入支出表根据资金性质按照收入、支出、结转结余的构成分类、分项列示。

一般公共预算执行情况表是反映政府财政在某一会计期间一般公共预算收支执行结果的报表，按照《政府收支分类科目》中一般公共预算收支科目列示。

政府性基金预算执行情况表是反映政府财政在某一会计期间政府性基金预算收支执行结果的报表，按照《政府收支分类科目》中政府性基金预算收支科目列示。

国有资本经营预算执行情况表是反映政府财政在某一会计期间国有资本经营预算收支执行结果的报表，按照《政府收支分类科目》中国有资本经营预算收支科目列示。

财政专户管理资金收支情况表是反映政府财政在某一会计期间纳入财政专户管理的资金收支情况的报表，按照相关政府收支分类科目列示。

专用基金收支情况表是反映政府财政在某一会计期间专用基金收支情况的报表，按照专用基金类型分别列示。

附注是指对在会计报表中列示项目的文字描述或明细资料，以及对未能在会计报表中列示项目的说明。

第五十二条 预算会计报表的格式如下：

预算收入支出表

总会预01表

编制单位：　　　　　　　　　　　　　　　　　　年　　月　　　　　　　　　　　　　　　　单位：元

项目	一般公共预算		政府性基金预算		国有资本经营预算		财政专户管理资金		专用基金	
	本月数	本年累计数	本月数	本年累计数	本月数	本年累计数	本月数	本年累计数	本月数	本年累计数
年初结转结余										
收入合计										
本级收入										
其中：来自预算安排的收入	—	—	—	—	—	—				
补助预算收入							—	—	—	—
上解预算收入							—	—	—	—
地区间援助预算收入			—	—	—	—	—	—	—	—
债务预算收入					—	—	—	—	—	—
债务转贷预算收入					—	—	—	—	—	—
动用预算稳定调节基金			—	—	—	—	—	—	—	—
调入预算资金					—	—	—	—	—	—
支出合计										
本级支出										
其中：权责发生制列支										
预算安排专用基金的支出			—	—	—	—	—	—	—	—
补助预算支出							—	—	—	—
上解预算支出							—	—	—	—
地区间援助预算支出			—	—	—	—	—	—	—	—
债务还本预算支出					—	—	—	—	—	—
债务转贷预算支出					—	—	—	—	—	—
安排预算稳定调节基金			—	—	—	—	—	—	—	—
调出预算资金					—	—	—	—	—	—
结余转出										
其中：增设预算周转金			—	—	—	—	—	—	—	—
年末结转结余										

注：表中有"—"的部分不必填列。

一般公共预算执行情况表

总会预 02-1 表

编制单位：　　　　　　　　　　　　　　　年　　月　　日　　　　　　　　　　　单位：元

项目	本月（旬）数	本年（月）累计数
一般公共预算收入		
101 税收收入		
10101 增值税		
1010101 国内增值税		
……		
一般公共预算支出		
201 一般公共服务支出		
20101 人大事务		
2010101 行政运行		
……		

政府性基金预算执行情况表

总会预 02-2 表

编制单位：　　　　　　　　　　　　　　　年　　月　　日　　　　　　　　　　　单位：元

项目	本月（旬）数	本年（月）累计数
政府性基金预算收入		
10301 政府性基金收入		
1030102 农网还贷资金收入		
103010201 中央农网还贷资金收入		
……		
政府性基金预算支出		
206 科学技术支出		
20610 核电站乏燃料处理处置基金支出		
2061001 乏燃料运输		
……		

国有资本经营预算执行情况表

总会预02-3表

编制单位： _____年___月___日　　　　　　　单位：元

项目	本月（旬）数	本年（月）累计数
国有资本经营预算收入		
10306 国有资本经营收入		
1030601 利润收入		
103060103 烟草企业利润收入		
……		
国有资本经营预算支出		
208 社会保障和就业支出		
20804 补充全国社会保障基金		
2080451 国有资本经营预算补充社保基金支出		
……		

财政专户管理资金收支情况表

总会预03表

编制单位： _____年___月___日　　　　　　　单位：元

项目	本月（旬）数	本年（月）累计数
财政专户管理资金收入		
财政专户管理资金支出		

专用基金收支情况表

总会预04表

编制单位： _____年___月___日　　　　　　　单位：元

项目	本月（旬）数	本年（月）累计数
专用基金收入		
粮食风险基金		
……		
专用基金支出		
粮食风险基金		
……		

第五十三条 总会计应当按照下列规定编制预算会计报表：

（一）预算收入支出表应当按月度和年度编制，一般公共预算执行情况表、政府性基金预算执行情况表、国有资本经营预算执行情况表应当按旬、月度和年度编制，财政专户管理资金收支情况表、专用基金收支情况表应当按月度和年度编制。旬报、月报的报送期限及编报内容应当根据上级政府财政具体要求和本行政区域预算管理的需要办理。

（二）总会计应当根据本制度编制并提供真实、完整的会计报表，切实做到账表一致，不得估列代编，弄虚作假。

（三）总会计要严格按照统一规定的种类、格式、内容、计算方法和编制口径填制会计报表，以保证全国统一汇总和分析。汇总报表的单位，要把所属单位的报表汇集齐全，防止漏报。

第五十四条 预算会计报表的编制说明如下：

一、预算收入支出表的编制说明

（一）本表"本月数"栏反映各项目的本月实际发生数。在编制年度预算收入支出表时，应将本栏改为"上年数"栏，反映上年度各项目的实际发生数；如果本年度预算收入支出表规定的各个项目的名称和内容同上年度不一致，应对上年度预算收入支出表各项目的名称和数字按照本年度的规定进行调整，填入本年度预算收入支出表的"上年数"栏。

本表"本年累计数"栏反映各项目自年初起至报告期末止的累计实际发生数。编制年度预算收入支出表时，应当将本栏改为"本年数"。

（二）本表"本月数"栏各项目的内容和填列方法。

1."年初结转结余"项目，反映政府财政本年初各类资金结转结余金额。其中，一般公共预算的"年初结转结余"应当根据"一般公共预算结转结余"科目的年初余额填列；政府性基金预算的"年初结转结余"应当根据"政府性基金预算结转结余"科目的年初余额填列；国有资本经营预算的"年初结转结余"应当根据"国有资本经营预算结转结余"科目的年初余额填列；财政专户管理资金的"年初结转结余"应当根据"财政专户管理资金结余"科目的年初余额填列；专用基金的"年初结转结余"应当根据"专用基金结余"科目的年初余额填列。

2."收入合计"项目，反映政府财政本期取得的各类资金的收入合计金额。其中，一般公共预算的"收入合计"应当根据属于一般公共预算的"本级收入""补助预算收入""上解预算收入""地区间援助预算收入""债务预算收入""债务转贷预算收入""动用预算稳定调节基金"和"调入预算资金"各行项目金额的合计填列；政府性基金预算的"收入合计"应当根据属于政府性基金预算的"本级收入""补助预算收入""上解预算收入""债务预算收入""债务转贷预算收入"和"调入预算资金"各行项目金额的合计填列；国有资本经营预算的"收入合计"应当根据属于国有资本经营预算的"本级收入""补助预算收入""上解预算收入"项目的金额填列；财政专户管理资金的"收入合计"应当根据属于财政专户管理资金的"本级收入"项目的金额填列；专用基金的"收入合计"应当根据属于专用基金的"本级收入"项目的金额填列。

3."本级收入"项目，反映政府财政本期取得的各类资金的本级收入金额。其中，一般公共预算的"本级收入"应当根据"一般公共预算收入"科目的本期发生额填列；政府性基金预算的"本级收入"应当根据"政府性基金预算收入"科目的本期发生额填列；国有资本经营预算的"本级收入"应当根据"国有资本经营预算收入"科目的本期发生额填列；财政专户管理资金的"本级收入"应当根据"财政专户管理资金收入"科目的本期发生额填列；专用基金的"本级收入"应当根据"专用基金收入"科目的本期发生额填列。

4."来自预算安排的收入"项目，反映政府财政本期通过预算安排取得专用基金收入的金额。本项目应当根据"专用基金收入"科目的本期发生额分析填列。

5."补助预算收入"项目，反映政府财政本期取得的各类资金的补助收入金额。其中，一般公共预算的"补助预算收入"应当根据"补助预算收入"科目下的"一般公共预算补助预算收入"明细科目的本期发生额填列；政府性基金预算的"补助预算收入"应当根据"补助预算收入"科目下的"政府性基金预算补助收入"明细科目的本期发生额填列；国有资本经营预算的"补助预算收入"应当根据"补助预算收入"科目下的"国有资本经营预算补助收入"明细科目的本期发生额填列。

6."上解预算收入"项目，反映政府财政本期取得的各类资金的上解预算收入金额。其中，一般公共预算的"上解预算收入"应当根据"上解预算收入"科目下的"一般公共预算上解收入"明细科目的本期发生额填列；政府性基金预算的"上解收入"应当根据"上解收入"科目下的"政府性基金预算上解收入"明细科目的本期发生额填列；国有资本经营预算的"上解收入"应当根据"上解预算收入"科目下的"国有资本经营预算上解收入"明细科目的本期发生额填列。

7."地区间援助预算收入"项目，反映政府财政本期取得的地区间援助预算收入金额。本项目应当根据"地区间援助预算收入"科目的本期发生额填列。

8."债务预算收入"项目，反映政府财政本期取得的债务预算收入金额。其中，一般公共预算的"债务预算收入"应当根据"债务预算收入"科目下除"专项债务收入"以外的其他明细科目的本期发生额填列；政府性基金预算的"债务预算收入"应当根据"债务预算收入"科目下的"专项债务收入"明细科目的本期发生额填列。

9."债务转贷预算收入"项目，反映政府财政本期取得的债务转贷预算收入金额。其中，一般公共预算的"债务转贷预算收入"应当根据"债务转贷预算收入"科目下"一般债务转贷收入"明细科目的本期发生额填列；政府性基金预算的"债务转贷收入"应当根据"债务转贷预算收入"科目下的"专项债务转贷收入"明细科目的本期发生额填列。

10."动用预算稳定调节基金"项目，反映政府财政本期动用的预算稳定调节基金金额。本项目应当根据"动用预算稳定调节基金"科目的本期发生额填列。

11."调入预算资金"项目，反映政府财政本期取得的调入预算资金金额。其中，一般公共预算的"调入预算资金"应当根据"调入预算资金"科目下"一般公共预算调入资金"明细科目的本期发生额填列；政府性基金预算的"调入预算资金"应当根据"调入预算资金"科目下"政府性基金预算调入资金"明细科目的本期发生额填列。

12."支出合计"项目，反映政府财政本期发生的各类资金的支出合计金额。其中，一般公共预算的"支出合计"应当根据属于一般公共预算的"本级支出""补助预算支出""上解预算支出""地区间援助预算支出""债务还本预算支出""债务转贷预算支出""安排预算稳定调节基金"和"调出预算资金"各项项目金额的合计填列；政府性基金预算的"支出合计"应当根据属于政府性基金预算的"本级支出""补助预算支出""上解预算支出""债务还本预算支出""债务转贷预算支出"和"调出预算资金"各行项目金额的合计填列；国有资本经营预算的"支出合计"应当根据属于国有资本经营预算的"本级支出""补助预算支出""上解预算支出"和"调出预算资金"项目金额的合计填列；财政专户管理资金的"支出合计"应当根据属于财政专户管理资金的"本级支出"项目的金额填列；专用基金的"支出合计"应当根据属于专用基金的"本级支出"项目的金额填列。

13."本级支出"项目，反映政府财政本期发生的各类资金的本级支出金额。其中，一般公共预算的"本级支出"应当根据"一般公共预算支出"科目的本期发生额填列；政府性基金预算的"本级支出"应当根据"政府性基金预算支出"科目的本期发生额填列；国有资本经营预算的"本级支出"应当根据"国有资本经营预算支出"科目的本期发生额填列；财政专户管理资金的"本级支出"应当根据"财政专户管理资金支出"科目的本期发生额填列；专用基金的"本级支出"应当根据"专用基金支出"科目的本期发生额填列。

14."权责发生制列支"项目，反映省级以上（含省级）政府财政国库集中支付中，应列为当年费用，但年末尚未支付需结转下一年度支付的款项。其中，一般公共预算的"权责发生制列支项目"应当根据"一般公共预算支出"科目的本期发生额分析填列；政府性基金预算的"权责发生制列支项目"应当根据"政府性基金预算支出"科目的本期发生额分析填列；国有资本经营预算的"权责发生制列支项目"应当根据"国有资本经营预算支出"科目的本期发生额分析填列。

15."预算安排专用基金的支出"项目，反映政府财政本期通过预算安排取得专用基金收入的金额。本项目应当根据"一般公共预算支出"科目的本期发生额分析填列。

16."补助预算支出"项目，反映政府财政本期发生的各类资金的补助预算支出金额。其中，一般公共预算的"补助预算支出"应当根据"补助预算支出"科目下的"一般公共预算补助支出"明细科目的本期发生额填列；政府性基金预算的"补助预算支出"应当根据"补助预算支出"科目下的"政府性基金预算补助支出"明细科目的本期发生额填列；国有资本经营预算的"补助预算支出"应当根据"补助预算支出"科目下的"国有资本经营预算补助支出"明细科目的本期发生额填列。

17."上解预算支出"项目，反映政府财政本期发生的各类资金的上解预算支出金额。其中，一般公共预算的"上解预算支出"应当根据"上解预算支出"科目下的"一般公共预算上解支出"明细科目的本期发生额填列；政府性基金预算的"上解预算支出"应当根据"上解预算支出"科目下的"政府性基金预算上解支出"明细科目的本期发生额填列；国有资本经营预算的"上解预算支出"应当根据"上解预算支出"科目下的"国有资本经营预算上解支出"明细科目的本期发生额填列。

18."地区间援助预算支出"项目，反映政府财政本期发生的地区间援助预算支出金额。本项目应当根据"地区间援助预算支出"科目的本期发生额填列。

19."债务还本预算支出"项目，反映政府财政本期发生的债务还本预算支出金额。其中，一般公共预算的"债务还本预算支出"应当根据"债务还本预算支出"科目下除"专项债务还本支出"以外的其他明细科目的本期发生额填列；政府性基金预算的"债务还本预算支出"应当根据"债务还本预算支出"科目下的"专项债务还本支出"明细科目的本期发生额填列。

20."债务转贷预算支出"项目，反映政府财政本期发生的债务转贷预算支出金额。其中，一般公共预算的"债务转贷预算支出"应当根据"债务转贷预算支出"科目下"一般债务转贷支出"明细科目的本期发生额填列；政府性基金预算的"债务转贷支出"应当根据"债务转贷支出"科目下的"专项债务转贷支出"明细科目的本期发生额填列。

21."安排预算稳定调节基金"项目，反映政府财政本期安排的预算稳定调节基金金额。本项目根据"安排预算稳定调节基金"科目的本期发生额填列。

22."调出预算资金"项目，反映政府财政本期发生的各类资金的调出资金金额。其中，一般公共预算的"调出预算资金"应当根据"调出预算资金"科目下"一般公共预算调出资金"明细科目的本期发生额填列；政府性基金预算的"调出预算资金"应当根据"调出预算资金"科目下"政府性基金预算调出资金"明细科目的本期发生额填列；国有资本经营预算的"调出预算资金"应当根据"调出预算资金"科目下"国有资本经营预算调出资金"明细科目的本期发生额填列。

23."增设预算周转金"项目，反映政府财政本期设置或补充预算周转金的金额。本项目应当根据"预算周转金"科目的本期贷方发生额填列。

24."年末结转结余"项目，反映政府财政本年末的各类资金的结转结余金额。其中，一般公共预算的"年末结转结余"应当根据"一般公共预算结转结余"科目的年末余额填列；政府性基金预算的"年末结转结余"应当根据"政府性基金预算结转结余"科目的年末余额填列；国有资本经营预算的"年末结转结余"应当根据"国有资本经营预算结转结余"科目的年末余额填列；财政专户管理资金的"年末结转结余"应当根据"财政专户管理资金结余"科目的年末余额填列；专用基金的"年末结转结余"应当根据"专用基金结余"科目的年末余额填列。

二、一般公共预算执行情况表的编制说明

（一）"一般公共预算收入"项目及所属各明细项目，应当根据"一般公共预算收入"科目及所属各明细科目的本期发生额填列。

（二）"一般公共预算支出"项目及所属各明细项目，应当根据"一般公共预算支出"科目及所属各明细科目的本期发生额填列。

三、政府性基金预算执行情况表的编制说明

（一）"政府性基金预算收入"项目及所属各明细项目，应当根据"政府性基金预算收入"科目及所属各明细科目的本期发生额填列。

（二）"政府性基金预算支出"项目及所属各明细项目，应当根据"政府性基金预算支出"科目及所属各明细科目的本期发生额填列。

四、国有资本经营预算执行情况表的编制说明

（一）"国有资本经营预算收入"项目及所属各明细项目，应当根据"国有资本经营预算收入"科目及所属各明细科目的本期发生额填列。

（二）"国有资本经营预算支出"项目及所属各明细项目，应当根据"国有资本经营预算支出"科目及所属各明细科目的本期发生额填列。

五、财政专户管理资金收支情况表的编制说明

（一）"财政专户管理资金收入"项目及所属各明细项目，应当根据"财政专户管理资金收入"科目及所属各明细科目的本期发生额填列。

（二）"财政专户管理资金支出"项目及所属各明细项目，应当根据"财政专户管理资金支出"科目及所属各明细科目的本期发生额填列。

六、专用基金收支情况表的编制说明

（一）"专用基金收入"项目及所属各明细项目，应当根据"专用基金收入"科目及所属各明细科目的本期发生额填列。

（二）"专用基金支出"项目及所属各明细项目，应当根据"专用基金支出"科目及所属各明细科目的本期发生额填列。

七、会计报表附注

总会计预算会计报表附注应当至少披露下列内容：

（一）遵循《财政总会计制度》的声明；

（二）本级政府财政预算执行情况的说明；

（三）会计报表中列示的重要项目的进一步说明，包括其主要构成、增减变动情况等；

（四）有助于理解和分析会计报表的其他需要说明的事项。

第六章 信息化管理

第五十五条 各级财政部门应当加强有关业务处理系统及网络的建设和运行维护，确保各级总会计采用的会计信息管理系统必须符合本制度规定的核算方法，系统运行安全稳定、业务办理规范有序、业务信息真实有效。

第五十六条 各级财政部门应不断推进会计信息化应用，加强会计信息管理系统电子化改造，推进与其他有关业务系统的有效衔接，不断提高总会计账务处理及报表生成的自动化程度，并为会计档案电子化管理提供支撑。

第五十七条 各级总会计不得直接在会计信息管理系统中更改登记有误的账簿信息，应当采取冲销法或补充登记法重新填制调账记账凭证，复核无误后登记会计账簿。

第五十八条 信息系统储存的总会计原始数据应当由专人定期备份至专用存储设备。保存电子会计数据的存储介质应当纳入容灾备份体系妥善保管。

第七章 会 计 监 督

第五十九条 各级总会计应加强对各项财政业务的核算管理与会计监督。严格依法办事,对于不合法的会计事项,应及时予以纠正或按程序反映。

第六十条 各级总会计应加强对预算单位财政资金使用情况的管理,及时了解掌握有关单位的用款情况,发现问题及时按程序反映。

第六十一条 各级总会计应自觉接受人民代表大会、审计、监察部门,以及上级政府财政部门的监督,按规定向人民代表大会、审计、监察部门以及上级政府财政部门提供有关资料。

第八章 附 则

第六十二条 本制度所称会计核算、财务会计、预算会计、收付实现制、权责发生制与《政府会计准则——基本准则》一致。

第六十三条 本制度未特殊规定的一般会计处理方法,按照财政部有关规定处理。会计档案的管理,按照财政部、国家档案局《会计档案管理办法》执行。

第六十四条 各级财政部门对不同类型资金活动根据管理需要可单独设账核算。

第六十五条 地方各级财政部门在与本制度不相违背的前提下,负责制定本地区总会计有关具体核算办法。

第六十六条 本制度自2023年1月1日起执行。《财政部关于印发〈财政总预算会计制度〉的通知》(财库〔2015〕192号)、《财政部关于印发〈新旧财政总预算会计制度有关衔接问题的处理规定〉的通知》(财库〔2015〕205号)、《财政部关于收回财政存量资金预算会计处理有关问题的通知》(财预〔2015〕81号)、《财政部关于国债做市支持操作总预算会计账务处理的通知》(财库〔2017〕91号)同时废止。

《财政总会计制度》与《财政总预算会计制度》有关衔接问题的处理规定

《财政总会计制度》印发施行后，目前执行的《财政总预算会计制度》（财库〔2015〕192号，以下简称原制度）不再执行。为了确保新旧制度顺利过渡，现对财政总会计（以下简称总会计）执行新制度的有关衔接问题规定如下：

一、新旧制度衔接总要求

（一）2022年年终结账采用按原制度办理年终转账和结账，按新制度记入新账的办法。自2023年1月1日起，各级总会计应当严格按照新制度的规定进行会计核算、编制财务会计报表和预算会计报表。

（二）各级总会计应当按照本规定做好新旧制度的衔接。相关工作包括以下几个方面：

1.根据原账编制2022年年终结账后的科目余额表。

2.按照新制度设立2023年1月1日的新账。

3.按照本规定要求，登记新账的财务会计科目余额和预算结余科目余额，包括将原账科目余额转入到新账财务会计科目、按照原账科目余额登记新账预算结余科目，将未入账事项登记新账科目，并对相关新账科目余额进行调整。原账科目是指原制度规定的会计科目。

新旧制度转账、登记新账科目对照关系参见本规定附表。

4.根据新账各会计科目期初余额，按照新制度编制2023年1月1日的科目余额表，作为新账各会计科目的期初余额。

5.根据新账各会计科目期初余额，按照新制度编制2023年1月1日资产负债表。

（三）各级总会计应当按照新制度规定，及时与非税收入管理部门、股权管理部门、债务管理部门沟通，获取应收非税收入、应收股利、股权、债权和债务等相关事项核算资料，确保登记新账准确完整。

（四）及时改造会计信息系统。各级总会计应当对原有会计信息系统及时进行升级改造，实现数据正确转换，确保新旧账务有序衔接及新制度有效贯彻落实。

二、财务会计科目的新旧衔接

（一）将2022年12月31日原账会计科目余额转入新账财务会计科目

1.资产类

（1）"国库存款""其他财政存款""有价证券""应收股利""借出款项""与下级往来""预拨经费""在途款""其他应收款"和"应收主权外债转贷款"科目

新制度设置了"国库存款""其他财政存款""有价证券""应收股利""借出款项""与下级往来""预拨经费""在途款""其他应收款"和"应收主权外债转贷款"科目，其核算内容与原账的上述相应科目的核算内容基本相同。转账时，总会计应当将原账的上述相应科目余额直接转入到新账的相应科目。

总会计在转账前应对"应收股利"科目进行确认。财政股权管理部门要对纳入总会计核算的股权投资进行梳理，根据被投资主体2022年度经审计后的决算报表，及时向总会计提供应收股利核算相关信息。总会计应当按照股权管理部门提供的相关资料，在上年度原账中确认"应收股利"科目余额。

（2）"国库现金管理存款"科目

新制度设置了"国库现金管理资产"科目，下设"商业银行定期存款"和"其他国库现金管理资产"一级明细科目。转账时，总会计应当将原账"国库现金管理存款"科目余额转入到新账"国库现金管理资产——商业银行定期存款"科目。

（3）"应收地方政府债券转贷款"科目

新制度设置了"应收地方政府债券转贷款"科目，下设"应收本金""应收利息"一级明细科目。原制度设置了"应收地方政府债券转贷款"科目及

"应收地方政府一般债券转贷款""应收地方政府专项债券转贷款"一级明细科目,在一级明细科目下分别设置"应收本金""应收利息"二级明细科目。

转账时,总会计应当将原账"应收地方政府债券转贷款"各一级明细科目下"应收本金"明细科目余额汇总转入到新账"应收地方政府债券转贷款——应收本金"科目;将原账"应收地方政府债券转贷款"各一级明细科目下"应收利息"明细科目余额汇总转入到新账"应收地方政府债券转贷款——应收利息"科目。

(4)"股权投资"科目

总会计在转账前应对"股权投资"科目进行确认。财政股权管理部门要对纳入总会计核算的股权投资进行梳理,根据被投资主体2022年度经审计后的决算报表,及时向总会计提供股权投资核算相关信息。总会计按照股权管理部门提供的相关资料,在上年度原账中分别确认"股权投资——投资成本/损益调整/其他权益变动"。

新制度设置了"股权投资"科目,下设"国际金融组织股权投资""政府投资基金股权投资""企业股权投资"一级明细科目。与原制度"股权投资"科目及其一级明细科目的核算内容基本相同。

新账采用权益法对"股权投资"进行核算的,新制度要求按照"投资成本""损益调整""其他权益变动"二级明细科目核算。转账时,总会计应当将原账股权投资科目"投资成本""损益调整""其他权益变动"明细科目余额分别转入到新账的相应明细科目中;将原账股权投资科目"收益转增投资"明细科目余额转入到新账"股权投资——投资成本"科目。

新账采用成本法对"股权投资"进行核算的,转账时,总会计应当将原账科目股权投资"投资成本""损益调整""收益转增投资""其他权益变动"明细科目余额全部转入到新账"股权投资——投资成本"科目。

(5)"待发国债"科目

根据新制度,财务会计无需对原制度中"待发国债"科目对应的内容进行核算。转账时,总会计应当将"待发国债"科目借方余额全部转入到新账"累计盈余——预算管理资金累计盈余"科目借方。

2.负债类

(1)"与上级往来""其他应付款""应付代管资金""应付主权外债转贷

款""其他负债"科目

新制度设置了"与上级往来""其他应付款""应付代管资金""应付主权外债转贷款""其他负债"科目,其核算内容与原账的上述相应科目的核算内容基本相同。转账时,总会计应当将原账的上述相应科目余额直接转入到新账的相应科目。

(2)"应付国库集中支付结余"科目

新制度设置了"应付国库集中支付结余"科目,其核算内容与原账的上述相应科目的核算内容基本相同。转账时,总会计应当将原账的上述相应科目余额直接转入到新账的相应科目。

(3)"应付短期政府债券"科目

新制度设置了"应付短期政府债券"科目,下设"应付国债""应付地方政府一般债券""应付地方政府专项债券"一级明细科目,原制度设置了相同的一级明细科目,在一级明细科目下分别设置"应付本金""应付利息"二级明细科目。转账时,总会计应当将原账"应付短期政府债券"各一级明细科目下"应付本金"明细科目余额转入到新账"应付短期政府债券"科目下的相应明细科目。

新制度设置了"应付利息"科目,下设"应付国债利息""应付地方政府债券利息""应付地方政府主权外债利息"一级明细科目。转账时,总会计应当将原账"应付短期政府债券——应付国债"下"应付利息"明细科目余额转入到新账"应付利息——应付国债利息"科目;将原账"应付短期政府债券"下的"应付地方政府一般债券""应付地方政府专项债券"中的"应付利息"明细科目余额汇总转入到新账"应付利息——应付地方政府债券利息"科目;将原账"借入款项——应付利息"明细科目余额转入到新账"应付利息——应付国债利息""应付利息——应付地方政府主权外债利息"科目。

(4)"应付长期政府债券"科目

新制度设置了"应付长期政府债券"科目,下设"应付国债""应付地方政府一般债券""应付地方政府专项债券"一级明细科目,原制度设置了相同的一级明细科目,在一级明细科目下分别设置"应付本金""应付利息"二级明细科目。转账时,总会计应当将原账"应付长期政府债券"各一级明细科目下"应付本金"明细科目余额转入到新账"应付长期政府债券"科目下的相应明细科目。

新制度设置了"应付利息"科目。转账时，总会计应当将原账"应付长期政府债券——应付国债"下"应付利息"明细科目余额转入到新账"应付利息——应付国债利息"科目；将原账"应付长期政府债券"下的"应付地方政府一般债券""应付地方政府专项债券"中的"应付利息"明细科目余额汇总转入到新账"应付利息——应付地方政府债券利息"科目。

（5）"借入款项"科目

新制度设置了"借入款项"科目，原制度设置了"借入款项"科目，下设"应付本金""应付利息"明细科目。转账时，总会计应当将原账"借入款项——应付本金"明细科目余额转入到新账"借入款项"科目。

新制度设置了"应付利息"科目。转账时，总会计应当将原账"借入款项——应付利息"明细科目余额转入到新账"应付利息——应付国债利息""应付利息——应付地方政府主权外债利息"科目。

（6）"应付地方政府债券转贷款"科目

新制度设置了"应付地方政府债券转贷款"科目，下设"应付本金""应付利息"一级明细科目。原制度设置了"应付地方政府债券转贷款"科目，下设"应付地方政府一般债券转贷款""应付地方政府专项债券转贷款"一级明细科目，在一级明细科目下分别设置"应付本金""应付利息"二级明细科目。

转账时，总会计应当将原账"应付地方政府债券转贷款"各一级明细科目下"应付本金"明细科目余额汇总转入到新账"应付地方政府债券转贷款——应付本金"科目；将原账"应付地方政府债券转贷款"各一级明细科目下"应付利息"明细科目余额汇总转入到新账"应付地方政府债券转贷款——应付利息"科目。

3.净资产类

（1）"预算稳定调节基金""预算周转金"科目

新制度设置了"预算稳定调节基金""预算周转金"科目，其核算内容与原账的上述相应科目的核算内容基本相同。转账时，总会计应当将原账的上述相应科目余额直接转入到新账的相应科目。

（2）"一般公共预算结转结余""政府性基金预算结转结余""国有资本

经营预算结转结余""财政专户管理资金结余""专用基金结余"科目。

新制度设置了"累计盈余"科目，下设"预算管理资金累计盈余""财政专户管理资金累计盈余""专用基金累计盈余"一级明细科目。转账时，总会计应当将原账的"一般公共预算结转结余""政府性基金预算结转结余""国有资本经营预算结转结余"余额汇总转入到新账"累计盈余——预算管理资金累计盈余"科目；将原账"财政专户管理资金结余"科目余额转入到新账"累计盈余——财政专户管理资金累计盈余"科目；将原账"专用基金结余"科目余额转入到新账"累计盈余——专用基金累计盈余"科目。

（3）"资产基金""待偿债净资产"科目

根据新制度，总会计无需对原制度中"资产基金""待偿债净资产"科目对应的内容进行核算。转账时，总会计应当根据股权管理部门提供的资料，将原账"资产基金"贷方科目余额中属于"股权投资——其他权益变动"的金额转入到新账"权益法调整"科目，其余科目贷方余额转入到新账"累计盈余——预算管理资金累计盈余"科目贷方；将原账"待偿债净资产"科目借方余额转入到新账"累计盈余——预算管理资金累计盈余"科目借方。

4.收入类、支出类

由于原账中收入类、支出类科目年末无余额，总会计无需进行转账处理。自2023年1月1日起，总会计应当按照新制度设置收入类、费用类科目并进行账务处理。

各级政府财政如存在其他本规定未列举的原账科目余额的，总会计应当按照新制度要求，比照本规定将原账科目余额转入新账的相应科目。新账中科目设有明细科目的，总会计应当对原账中对应科目的余额加以分析，分别转入新账中相应科目的相关明细科目。

总会计在进行新旧衔接的转账时，应当编制转账的工作分录，作为转账的工作底稿，并将转入新账的对应原账户余额及拆分原账户余额的依据作为原始凭证。

（二）将原未入账事项登记新账财务会计科目

1.关于原未入账的应收非税收入

在新旧制度转换时，各级政府财政非税收入管理部门能够提供上年末已开具非税收入缴款票据、尚未缴入本级国库的应收非税收入数据的，总会计应当根据非税收入征收管理部门提供的相关资料，确认记入新账"应收非税收入"科目的期初余额。具体会计处理如下：借记"应收非税收入"科目，贷记"累计盈余——预算管理资金累计盈余"科目。

2.关于原未入账的主权外债事项

在新旧制度转换时，各级政府财政存在未将主权外债纳入总会计核算的，债务管理部门应对政府财政承担直接偿还责任的主权外债本金、利息进行梳理，并将相关资料提供总会计进行账务处理。

（1）属于本级政府承担债务本金部分，借记"累计盈余——预算管理资金累计盈余"科目，贷记"借入款项""应付主权外债转贷款——应付本金"科目。

（2）属于本级政府承担债务利息部分，借记"累计盈余——预算管理资金累计盈余"科目，贷记"应付利息——应付地方政府主权外债利息""应付主权外债转贷款——应付利息"科目。

（3）属于本级政府享有的主权外债债权部分，借记"应收主权外债转贷款——应收本金""应收主权外债转贷款——应收利息"科目，贷记"累计盈余——预算管理资金累计盈余"科目。

三、预算会计科目的新旧衔接

（一）原制度结余科目与新制度预算结余科目对应

新制度设置了"一般公共预算结转结余""政府性基金预算结转结余""国有资本经营预算结转结余""财政专户管理资金结余""专用基金结余"科目，与原制度"一般公共预算结转结余""政府性基金预算结转结余""国有资本经营预算结转结余""财政专户管理资金结余""专用基金结余"科目对应。

转账时，总会计应当将原账的"一般公共预算结转结余""政府性基金预算结转结余""国有资本经营预算结转结余""财政专户管理资金结余""专用基金结余"科目余额直接转入新账的相应科目。

（二）原制度"预算稳定调节基金""预算周转金"科目与新制度预算结余科目对应

新制度设置了"预算稳定调节基金""预算周转金"科目,其核算内容与原账的上述相应科目的核算内容基本相同。转账时,总会计应当将原账的上述相应科目余额直接转入到新账的相应科目。

(三)原制度结转结余科目及相关资产负债科目与新制度"资金结存"科目对应

1.原制度"在途款"科目与新制度"资金结存——在途款资金结存"科目对应。

转账时,总会计应当将原账的"在途款"科目借方余额转入到新账"资金结存——在途款资金结存"科目借方。

2.原制度"应付国库集中支付结余"科目与新制度"资金结存——集中支付结余结存"科目对应。

转账时,总会计应当将原账的"应付国库集中支付结余"科目贷方余额转入到新账"资金结存——集中支付结余结存"科目贷方。

3.原制度"与上级往来""与下级往来"科目金额与新制度"资金结存——上下级调拨结存"科目对应。

转账时,总会计应当将原账的"与下级往来"科目借方余额转入到新账"资金结存——上下级调拨结存"科目借方,"与上级往来"科目贷方余额转入到新账"资金结存——上下级调拨结存"科目贷方。

4.原制度"预拨经费"科目与新制度"资金结存——待处理结存"科目对应。

转账时,总会计应当将原账中"预拨经费"科目借方余额转入新账"资金结存——待处理结存"科目借方。

5.原制度"其他应付款"科目与新制度"资金结存——待处理结存"科目对应。

转账时,总会计应当对"其他应付款"科目余额加以分析,属于收回以前年度结转结余资金的部分转入"资金结存——待处理结存"科目贷方。

6.原制度"待发国债"科目与新制度"资金结存——待发国债结存"科目对应。

转账时,总会计应当将原账"待发国债"科目借方余额转入新账"资金结存——待发国债结存"科目借方。

7.原制度"财政专户管理资金结余""专用基金结余"科目与新制度"资金结存——专户资金结存"科目对应。

转账时,总会计应当将原账"财政专户管理资金结余""专用基金结余"科目贷方余额,分别转入到新账"资金结存——专户资金结存"科目借方。

8.原制度结转结余与新制度"资金结存——库款资金结存"科目对应。

转账时,原账"一般公共预算结转结余""政府性基金预算结转结余""国有资本经营预算结转结余""预算稳定调节基金""预算周转金"科目贷方余额,减去"资金结存——在途款资金结存""资金结存——集中支付结余结存""资金结存——上下级调拨结存""资金结存——待处理结存""资金结存——待发国债结存""资金结存——专户资金结存"科目后的余额转入到新账"资金结存——库款资金结存"科目借方。

以上转账完成后,新账"资金结存"科目借方余额与"一般公共预算结转结余""政府性基金预算结转结余""国有资本经营预算结转结余""财政专户管理资金结余""专用基金结余""预算稳定调节基金""预算周转金"科目贷方余额的合计数相等。

(四)预算收入类、预算支出类会计科目

由于原账中收入类、支出类科目年末无余额,总会计无需进行转账处理。自2023年1月1日起,总会计应当按照新制度设置预算收入类、预算支出类科目并进行账务处理。

四、财务会计报表与预算会计报表的新旧衔接

(一)编制2023年1月1日资产负债表

总会计应当根据2023年1月1日新账的财务会计科目余额,按照新制度编制2023年1月1日资产负债表(仅要求填报各项目"年初余额")。

(二)2023年度财务会计报表和预算会计报表的编制

总会计应当按照新制度规定编制2023年度财务会计报表和预算会计报表。在编制2023年度收入费用表、现金流量表时,不要求填列上年比较数。

五、其他事项

（一）省级以下各级政府财政"应付国库集中支付结余"科目和"资金结存——集中支付结余结存"科目余额要逐渐消化为零。

（二）2023年1月1日后执行新制度的各级政府财政部门，应当按照本规定做好新旧制度衔接工作。

新旧制度转账、登记新账科目对照表

财政总会计制度会计科目			财政总预算会计制度会计科目（2015）	
序号	科目编号	会计科目名称	科目编号	会计科目名称
一、资产类				
1	1001	国库存款	1001	国库存款
2	1002	其他财政存款	1004	其他财政存款
3	1003	国库现金管理资产	1003	国库现金管理存款
			1005	财政零余额账户存款
4	1011	有价证券	1006	有价证券
5	1021	应收非税收入*		
6	1022	应收股利	1022	应收股利
7	1031	借出款项	1021	借出款项
8	1032	与下级往来	1031	与下级往来
9	1033	预拨经费	1011	预拨经费
10	1034	在途款	1007	在途款
11	1035	其他应收款	1036	其他应收款
12	1041	应收地方政府债券转贷款	1041	应收地方政府债券转贷款
13	1042	应收主权外债转贷款	1045	应收主权外债转贷款
14	1061	股权投资	1071	股权投资
			1081	待发国债
二、负债类				
15	2001	应付短期政府债券	2001	应付短期政府债券（应付本金）
16	2011	应付国库集中支付结余	2011	应付国库集中支付结余
17	2012	与上级往来	2012	与上级往来
18	2013	其他应付款	2015	其他应付款
19	2014	应付代管资金	2017	应付代管资金

续表

序号	财政总会计制度会计科目		财政总预算会计制度会计科目（2015）	
	科目编号	会计科目名称	科目编号	会计科目名称
20	2015	应付利息*		应付短期政府债券（应付利息） 应付长期政府债券（应付利息） 借入款项（应付利息）
21	2021	应付长期政府债券	2021	应付长期政府债券（应付本金）
22	2022	借入款项	2022	借入款项（应付本金）
23	2031	应付地方政府债券转贷款	2026	应付地方政府债券转贷款
24	2032	应付主权外债转贷款	2027	应付主权外债转贷款
25	2041	其他负债	2045	其他负债
			2091	已结报支出
三、净资产				
26	3001	累计盈余*		
27			3001	一般公共预算结转结余
28			3002	政府性基金预算结转结余
29	300101	预算管理资金累计盈余*	3003	国有资本经营预算结转结余
			3081	资产基金
			3082	待偿债净资产
30	300102	财政专户管理资金累计盈余*	3005	财政专户管理资金结余
31	300103	专用基金累计盈余*	3007	专用基金结余
32	3011	本期盈余*		
33	301101	预算管理资金本期盈余*		
34	301102	财政专户管理资金本期盈余*		
35	301103	专用基金本期盈余*		
36	3021	预算稳定调节基金	3031	预算稳定调节基金
37	3022	预算周转金	3033	预算周转金
38	3041	权益法调整*		
39	3051	以前年度盈余调整*		
四、预算结余类				
40	8001	一般公共预算结转结余	3001	一般公共预算结转结余
41	8002	政府性基金预算结转结余	3002	政府性基金预算结转结余
42	8003	国有资本经营预算结转结余	3003	国有资本经营预算结转结余
43	8005	财政专户管理资金结余	3005	财政专户管理资金结余
44	8007	专用基金结余	3007	专用基金结余

续表

财政总会计制度会计科目			财政总预算会计制度会计科目（2015）	
序号	科目编号	会计科目名称	科目编号	会计科目名称
45	8031	预算稳定调节基金	3031	预算稳定调节基金
46	8033	预算周转金	3033	预算周转金
47	8041	资金结存（借方）	3001	一般公共预算结转结余
			3002	政府性基金预算结转结余
			3003	国有资本经营预算结转结余
			3005	财政专户管理资金结余
			3007	专用基金结余
			3031	预算稳定调节基金
			3033	预算周转金

注：带＊科目为新增会计科目。

财政总预算会计管理基础工作规定

第一章 总 则

第一条 为适应财政国库管理制度改革需要，进一步加强和规范财政总预算会计基础管理，保障财政资金安全，根据《中华人民共和国会计法》《会计基础工作规范》《财政总预算会计制度》以及财政国库管理制度等有关法律、法规、制度，制定本规定。

第二条 本规定适用于各级财政国库管理和执行机构。

第三条 财政总预算会计管理基础工作包括：

（一）明确岗位职责分工，完善相关管理制度；

（二）规范账户管理；

（三）严格财政资金收付、调度管理，加强会计监督；

（四）及时组织会计核算，全面、准确反映预算执行；

（五）规范印章、票据、会计档案管理；

（六）其他基础性工作。

第四条 各级财政部门应当加强财政总预算会计管理信息化建设，充分运用现代信息技术，建立完善相关业务管理信息系统，保障财政资金安全高效运行，不断提高总预算会计管理水平。

第五条 各级财政部门应当按照本规定组织和开展财政总预算会计管理基础工作。各级财政部门负责人应当对本级财政总预算会计管理基础工作负领导责任。

第二章 岗位和人员管理

第六条 各级财政部门应当根据财政国库管理要求和财政总预算会计业务需要，遵循制衡、高效原则，科学设置财政总预算会计工作岗位，岗位设置不得交叉、重复。

第七条　财政总预算会计管理基础工作岗位包括账户管理岗位、资金调度岗位、审核岗位、支付岗位、会计核算岗位、监督管理岗位等：

（一）账户管理岗位，主要负责对国库单一账户、财政专户、零余额账户和预算单位银行账户等进行管理；

（二）资金调度岗位，主要负责分析财政资金结构和收支变动情况，预测财政资金流量，科学合理调度财政资金；

（三）审核岗位，主要负责依据预算对用款计划、支付申请等进行审核；

（四）支付岗位，主要负责对支付申请及相关单据要素进行复核，并开具支付凭证；

（五）会计核算岗位，主要负责对各类财政资金收支、债权债务、往来款项和上下级财政间结算等事项进行核算，并负责组织日常对账、编报会计报告；

（六）监督管理岗位，主要负责对财政部门内部资金收付管理和预算单位财政资金使用实施会计监督。

第八条　各级财政部门应当建立岗位责任制，按照岗位设置要求和不相容职务相分离原则，足额配备相关人员，明确岗位人员职责分工：

（一）负责开具支付凭证人员不得管理支付业务专用印章，不得兼管会计核算工作；

（二）负责管理支付业务专用印章人员，不得兼管会计核算工作；

（三）负责管理信息系统人员不得兼管财政总预算会计具体业务工作；

（四）其他需要相分离的工作，应当由不同人员负责。

第九条　各级财政部门应当严格设定总预算会计业务管理信息系统使用和管理人员的操作权限，加强密码和密码设备管理，禁止未经授权人员使用业务管理信息系统。

第十条　各级财政部门应当选用具备下列条件的人员从事财政总预算会计工作：

（一）坚持原则、廉洁奉公；

（二）具有良好的品行；

（三）熟悉国家财经法律、法规、规章和方针、政策，熟练掌握财政预算、国库管理等有关知识。

会计核算岗位人员除具备上述条件外，还应当取得会计从业资格证书。财政总预算会计其他管理岗位人员原则上也需要取得会计从业资格证书。

因在财务、会计、审计或者其他经济管理工作中犯有严重错误受到行政处罚、撤职以上处分，自处罚、处分决定之日起不满二年的人员不得从事财政总预算会计工作。

第十一条 各级财政部门应当定期组织财政总预算会计人员参加业务培训，开展会计职业道德教育和廉政风险教育。

第十二条 各级财政部门应当在保持相对稳定的基础上，对财政总预算会计人员进行定期轮岗。

第十三条 财政总预算会计人员因故离岗时不得违规替岗；因工作调动或其他原因离职，须按照《会计基础工作规范》相关规定办理交接手续。

第十四条 各级财政部门任用财政总预算会计人员应当按有关规定实行回避制度。

第三章 账户管理

第十五条 各级财政部门应当按照财政国库管理制度和银行账户管理有关规定，加强对国库单一账户、财政专户、零余额账户和预算单位银行账户等的管理。

第十六条 各级财政部门应当按照国家有关规定在相应的人民银行国库部门开设国库单一账户；未设人民银行机构的地方，应当在商业银行、信用社代理国库开设。

第十七条 各级财政部门应当严格按照国家有关规定设置财政专户，规范财政专户的开立、变更和撤销等工作：

（一）财政部门开立财政专户应当按规定办理审批手续；

（二）选择财政专户开户银行应当遵循公开、公平、公正原则，综合考量银行资质、偿债能力、盈利能力、运营情况、内部控制水平、信息化管理水平及服务水平等因素后确定，严格规范选择开户银行的审批程序，建立领导班子集体决策制度，有条件的应通过招标方式确定；

（三）财政部门应当与财政专户开户银行签订规范的账户管理协议，明确双方权利和义务；

（四）财政专户相关信息发生变更，财政部门应当按规定办理变更手续并进行备案；

（五）财政部门撤销财政专户应当按规定及时办理撤销手续并进行备案。

第十八条 各级财政部门应当按照有关规定规范零余额账户管理。零余额账户的开立、变更与撤销须经同级财政部门批准，并按照财政国库管理制度规定的程序和要求执行。

第十九条 各级财政部门应当建立预算单位银行账户审批、备案、年检等管理制度，按规定加强预算单位银行账户开立、变更、撤销等管理。

第二十条 各级财政部门应当建立账户管理信息系统，对账户开立、变更、撤销等情况实行动态管理，及时更新账户管理信息。

第二十一条 地方各级财政部门应当定期向上级财政部门报告账户管理情况。

第四章　财政资金管理

第二十二条 各级财政部门应当按照国库集中收付制度规定，建立科学规范的财政资金收付管理流程，将所有财政资金收付纳入信息系统管理，实现资金收付各环节之间有效制衡。信息系统应当具备严密的业务流程控制和完整的系统操作日志。

第二十三条 审核人员应当依据预算对用款计划进行审核；依据预算、用款计划、收入缴库进度等对支付申请进行审核。审核无误后在信息系统中进行确认并提交支付人员。

第二十四条 支付人员应当对审核后的支付申请等相关单据要素进行复核。经复核无误后，在信息系统中确认并开具相应的支付凭证，禁止手工填制。

第二十五条 支付凭证经复核无误后，由管理支付印章的人员加盖支付印章。支付印章包括支付业务专用章、法定代表人或经授权的法人代表人名章。

第二十六条 支付印章不得随意更换。因机构调整或单位领导变动等确需更换印章时，应履行必要的审批程序及时更换预留印鉴。新印章一经启用，原印章立即失效。

第二十七条 支付印章应当实行专人负责、分人分印管理，任何人员均不得统管、代管全部支付印章。

第二十八条 各级财政部门应当指定专人负责与银行交接支付凭证等原始单据，传输相关电子数据，确保原始单据及相关电子数据传递安全；与支付相关的银行回单等原始单据应由专人传递给会计核算人员保管。单据传递应当实行交接登记制度。

第二十九条 支付凭证作废时应当加盖"作废"戳记，连同留存联一并交由专人保管，定期销毁。

第三十条 完全采用无纸化支付方式的，应当按照《中华人民共和国电子签名法》有关规定建立完善的系统安全控制机制，有关各方应当预先签订协议，明确电子签名、电子印章、电子凭证的使用确认规范，无纸化支付程序及管理责任，保障财政资金和信息安全。

第三十一条 各级财政部门应当严格管理资金收付相关票据和凭证，重要票据和凭证应当实行专人专柜管理；领用、核销实行登记制度。

第三十二条 各级财政部门应当指定专人负责保管定期存单、有价证券等，配备单独的保险柜等设备存放，并进行定期盘点。

第三十三条 各级财政部门应当加强财政资金调度管理，定期分析资金结构和收支变动情况，预测资金流量，在确保资金安全性、规范性、流动性前提下，提高资金使用效率和效益；严禁违反国家相关规定调度和使用资金。

第三十四条 各级财政部门应当加强财政资金安全管理，建立风险防控管理机制，实现对财政资金的动态防控管理，确保财政资金安全。

第五章 会计核算管理

第三十五条 各级财政部门应当按照现行法律、法规和有关国家统一会计制度规定建立会计账册，进行会计核算，及时提供合法、真实、准确、完整的会计信息。

第三十六条 各级财政部门负责对下列事项进行会计核算：

（一）各类财政资金收支；

（二）财政债权债务的发生和结算；

（三）往来款项的发生和结算；

（四）上下级财政间的结算；

（五）其他需要进行会计核算的事项。

第三十七条 各级财政部门应当采用信息系统进行账务处理。

第三十八条 会计核算人员收到财政资金收付凭证等原始单据（含电子数据）后应当及时审核，相关信息核对无误后，通过信息系统生成记账凭证；记账凭证复核无误后登记相应的会计账簿。

第三十九条 会计核算人员不得直接在信息系统中更改登记有误的账簿信息，应当采取冲销法或补充登记法，重新填制调账记账凭证，复核无误后登记会计账簿。

第四十条 会计核算人员应当按月进行会计结账，具体结账按《财政总预算会计制度》等相关规定办理。

第四十一条 各级财政部门应当建立并严格执行对账制度，采取网上对账、交叉对账、后台对账等方式，确保账证相符、账账相符、账实相符、账表相符。

第四十二条 各级财政部门内部国库机构要与业务管理机构核对资金账等；上下级财政部门要核对资金账；财政部门要与本级各预算单位核对资金账等，与征收机关核对资金账，与同级人民银行国库核对资金账，与财政专户开户银行通过后台对账方式核对专户资金账，有条件的地方要与开户银行的上级单位核对专户余额账。

第四十三条 各级财政部门应当根据登记完整、核对无误的会计账簿记录和其他有关资料，定期编制和汇总会计报告，做到数字真实、计算准确、内容完整、说明清楚。

第四十四条 各级财政部门应当结合实际需要定期打印会计凭证、会计账簿和会计报表，装订成册，并由制单人员、记账人员、复核人员和会计机构负责人或会计主管人员等相关人员签名或盖章。

第四十五条 各级财政部门应当指导本级预算单位做好日常会计管理工作，组织年度财政决算、部门决算的编审和汇总工作。

第四十六条 各级财政部门对总预算会计凭证、会计账簿、会计报表和其他会计资料，应当建立档案由专人妥善保管。总预算会计档案建档要求、保管期限、销毁办法等依据《会计档案管理办法》规定执行。

第四十七条　信息系统存储的总预算会计原始数据应当由专人定期备份至机房专用存储设备。保存电子会计数据的存储介质应当纳入容灾备份体系妥善保管。

第六章　监督检查

第四十八条　各级财政部门应当建立内部监督检查制度，对账户管理、财政资金管理、会计核算等日常工作实施定期检查和不定期抽查。

第四十九条　各级财政部门应当建立预算执行动态监控机制，严格监督专项转移支付资金拨付情况和本级预算单位财政资金使用情况。

第五十条　县级以上财政部门应当加强对下级财政总预算会计管理基础工作的指导，定期检查下级财政部门账户管理、财政资金管理、会计核算等工作开展情况，及时通报检查结果。

第五十一条　财政总预算会计管理基础工作中有违规、违纪行为的，应当根据《财政违法行为处罚处分条例》等有关规定进行处理。

第五十二条　各级财政部门要积极配合审计等部门的检查工作，自觉接受审查和监督。

第七章　附　　则

第五十三条　纳入财政专户管理的其他资金参照本规定执行。

第五十四条　各省、自治区、直辖市、计划单列市财政厅（局）可以根据本规定结合本地区的实际情况，制定实施办法，并报财政部备案。

第五十五条　本规定自2012年3月1日起实施。

预算指标核算管理办法（试行）

第一章 总 则

第一条 为硬化预算约束和规范预算管理行为，根据《中华人民共和国预算法》《中华人民共和国预算法实施条例》等有关法律、行政法规和规章，制定本办法。

第二条 本办法所指的预算指标核算是指政府财政部门采用复式记账法，对预算指标管理业务或事项进行核算，通过对预算指标的批复、分解、下达、生成、调整、调剂、执行和结转结余等全生命周期过程记录，实时反映预算指标的来源、增减及状态，实现预算指标管理全流程"顺向可控，逆向可溯"。

第三条 本办法适用于中央，省、自治区、直辖市、新疆生产建设兵团，设区的市、自治州，县、自治县、不设区的市、市辖区，乡、民族乡、镇等各级政府财政部门。衔接中央、省、市、县、乡镇五级财政预算。

第四条 预算指标核算范围包含一般公共预算资金、政府性基金预算资金、国有资本经营预算资金、财政专户管理资金（教育收费）和单位资金等。核算对象既包括纳入本年度收支预算的资金、也包含上年结转结余的资金。预算指标核算按资金性质分别核算、分别平衡。

社会保险基金预算资金的指标核算不适用本办法，由财政部另行规定。

第五条 政府财政部门是预算指标核算管理的主体。保证预算指标核算管理数据的合法性、完整性和准确性。

第六条 政府财政部门和预算单位通过预算管理和资金支付业务操作自动触发核算体系记账，对数据等有关要素的合法性、完整性、准确性、真实性负责。

第七条 预算指标核算管理通过全国统一的核算科目和管理规则，统一的核算控制要素，统一的核算口径，全面反映预算指标的来源、增减及状态，实现对各级政府财政部门预算管理全过程的记录、控制和反映。

第八条 预算指标核算应当划分核算期间，分期结算，按规定编制报表。

核算期间至少分为月度和年度。核算月度、年度等核算期间的起讫日期采用公历日期。

年度终了后，可根据工作需要设置一定期限的上年核算清理期。

第九条 预算指标核算应当遵循以下基本原则。

（一）加强政府收支预算约束，实施财政收支总额控制。按照"先有预算、再有指标、后有支出"的原则，"支出预算余额控制支出指标、支出指标余额控制资金支付"的控制机制，严禁无预算或超预算支出。预算变动必须按照业务规范进行核算，确保预算的严肃性。

（二）将预算全口径（除社会保险基金预算）纳入核算范围，通过复式记账的规则，实现以可动用的财政资源（财力类科目）控制年度财政总支出规模（指标来源类科目）。

（三）以年度财政总支出规模（指标来源类科目）控制支出指标的生成和使用（支出指标类、支付申请类、支付类以及结转核销类科目）等后续流程。从而实现预算严格控制指标，年度财政总支出规模控制分部门的财政支出预算。

（四）将各级政府预算数据全部纳入核算范围，并通过预算指标核算环环相扣，建立上下级财政间预算管理衔接机制。

第十条 本办法核算科目包括财政资金预算指标核算科目和单位资金预算指标核算科目，其中单位资金预算指标核算科目是财政资金预算指标核算科目的简化。财政资金预算指标核算科目包括指标来源类、提前安排类、结转结余类、财力类、支出指标类、收入类、支付申请类、支付类和结转核销类。单位资金预算指标核算科目包括单位资金支出预算类、提前安排类、结转结余类、单位资金收入预算类、支出指标类、收入类、支付申请类、支付类和结转核销类。核算规则如下。

（一）指标来源类科目用以核算年度总支出预算，并通过本科目控制支出指标生成及后续流程。包括政府支出预算、安排国库集中支付结余。

（二）提前安排类科目用以核算在各级人民代表大会（以下简称人大）批

准预算之前按相关法规可以提前安排的支出指标，并在人大批准预算后予以核销。包括本级财力提前下达指标、本级财力年初控制数和其他预拨指标。

（三）结转结余类科目用以核算确认收入和确认支付相抵后的结转结余。

（四）财力类科目用以核算年度总收入预算。包括政府收入预算和应付国库集中支付结余。

（五）支出指标类科目用以核算在指标来源类科目和提前安排类科目控制下生成的支出指标，并通过本科目控制支付申请类及后续流程。包括待下达指标、可执行指标和可执行指标冻结。

（六）支付申请类科目用以核算财政和单位在支出指标控制下的支付申请，并通过本科目控制确认支付及后续流程。包括支付申请。

（七）支付类科目用以核算在指标来源类、支出指标类和支付申请类科目控制下的确认支付，并通过本科目进行结转结余核算。

（八）收入类科目用以核算财力类科目的确认收入，并通过本科目进行结转结余核算。

（九）结转核销类科目用以核算根据预算指标结转结余规定，指标来源类、支出指标类的指标结转结余。并通过本科目和结转结余类科目进行年终结账。包括指标结转和指标结余。

（十）单位资金预算指标核算科目中单位资金支出预算类参照财政资金预算指标核算科目的指标来源类科目，单位资金收入预算类参照财政资金预算指标核算科目的财力类科目。

第十一条　预算指标核算应当按照以下规定运用核算科目。

（一）各级政府财政部门应当对有关法律、法规允许进行的经济活动，按照本办法的规定设置和使用核算科目，不得以本办法规定的科目及使用说明作为进行有关经济活动的依据。

（二）各级政府财政部门应当执行本办法统一规定的核算科目编号，不得随意打乱重编。以便于监督管理、生成报表和实行信息化管理。

（三）预算指标核算应当设置明细科目进行核算，并使用对应核算控制要素和辅助核算要素。除遵循本办法规定外，还应当满足各级政府预算管理的需要。

（四）政府收支分类科目、支出经济分类科目原则上需到末级科目。支出指标类必须使用末级科目。

（五）各级政府财政部门可在本办法的基础上，在不影响核算处理和编报报表的前提下，根据实际情况在本科目体系下增设下级明细科目和控制规则，不需使用的科目可以不用，但不能减少或改变原有的科目和控制规则，不得违反本办法的规定。

第十二条 各级政府财政部门应当按照下列规定编制报表，财政部根据管理需要适时调整报表样式。

（一）预算指标核算报表包括预算指标核算管理总表、预算收入预算变动及执行情况表和预算支出预算变动及执行情况表。主要反映收支总体情况、收支预算变动及结转结余等事项，按资金性质分别编制，报表由系统自动生成。

（二）预算指标核算报表应当按照月和年度编制，也可以根据管理需要按时点编制。

（三）预算指标核算报表应当根据完整、无误的核算记录自动生成，做到数字真实、计算准确、内容完整、编报及时。

（四）各级政府财政部门可根据实际管理需要，生成符合各自地方特点的报表以及向财政部报送的其他报表。

第十三条 预算指标核算应通过现代信息技术应用与预算制度改革紧密结合，衔接五级财政预算，动态反映预算指标管理业务全貌，建立业务协同、规范管理、统筹协调的指标核算管理运行机制。实现全国预算指标管理系统一体化、标准化、信息化、数字化。

第十四条 本办法未特殊规定的核算事项，按照财政部有关规定处理。

第十五条 省、自治区、直辖市、计划单列市、新疆生产建设兵团的政府财政部门在与本办法不相违背的前提下，负责制定本地区预算指标具体核算管理办法。

第十六条 本办法自2023年1月1日起实施。各级政府财政部门应当提前将本办法有关规则嵌入各地信息化系统，并在2023年预算编制时进行核算。

第二章 预算指标核算科目

一、财政资金预算指标核算科目

借方	贷方
一、指标来源类	二、提前安排类
1001 政府支出预算	2001 本级财力提前下达指标
100101 本级支出预算	2002 本级财力年初控制数
100102 补助支出预算	2003 其他预拨指标
100103 预备费	
100104 上解支出	三、结转结余类
100105 地区间援助支出预算	3001 结转结余
100106 调出资金	
100107 安排预算稳定调节基金	四、财力类
100108 债务还本支出预算	4001 政府收入预算
100109 债务转贷支出预算	400101 本级收入预算
100110 补充预算周转金	400102 补助收入预算
100111 结转下年支出	400103 上解收入
100199 待分预算	400104 地区间援助收入预算
1002 安排国库集中支付结余	400105 调入资金
	400106 动用预算稳定调节基金
五、支出指标类	400107 债务收入预算
5001 待下达指标	400108 债务转贷收入预算
5002 可执行指标	400109 上年结转收入
500201 本级支出指标	400110 上年结余收入
500202 补助支出指标	4002 应付国库集中支付结余
500203 上解支出指标	
500204 地区间援助支出指标	六、收入类
500205 债务还本支出指标	6001 确认收入
500206 债务转贷支出指标	
5003 可执行指标冻结	
七、支付申请类	
7001 支付申请	
八、支付类	
8001 确认支付	
九、结转核销类	
9001 指标结转	
9002 指标结余	

二、单位资金预算指标核算科目

借方	贷方
一、单位资金支出预算类	二、提前安排类
1601 单位资金支出预算	2601 年初控制数
五、支出指标类	三、结转结余类
5601 待下达指标	3601 结转结余
5602 可执行指标	
5603 可执行指标冻结	四、单位资金收入预算类
	4601 单位资金收入预算
七、支付申请类	460101 事业收入预算
7601 支付申请	460102 经营收入预算
	460103 上级补助收入预算
八、支付类	460104 附属单位上缴收入
8601 确认支付	460105 上年结转结余收入
	460106 财政专户管理资金收入（教育收费）
九、结转核销类	460199 其他收入预算
9601 指标结转结余	
	六、收入类
	6601 确认收入

注：1.预算指标核算科目，应根据政府收支分类科目以及项目，通过辅助核算要素进行明细核算。

2.在核销提前安排类科目要素不一致时采用反向冲销法核算；其他反向业务均采用红字冲销法以负数核算。

3.460106 财政专户管理资金收入（教育收费）科目由地方根据各自管理模式决定是否启用。如果财政专户管理资金（教育收费）视同财政资金管理则使用财政资金预算指标核算科目体系，如果视同单位资金管理则使用本科目。

第三章 预算指标核算科目说明

财政资金预算指标核算科目使用说明

一、指标来源类

1001 政府支出预算

一、本科目核算上级财政部门提前下达、人大批准的本级政府支出预算、预算执行中追加追减以及预算调整。本科目一般为借方余额，借方表示政府支出预算增加，借方红字表示政府支出预算减少，贷方表示核销提前安排类指标、预算调剂时预算减少和生成支出指标，贷方红字表示支出指标收回和收回以前年度存量资金。

二、本科目下应当设置"本级支出预算""补助支出预算""预备费""上解支出""地区间援助支出预算""调出资金""安排预算稳定调节基金""债务还本支出预算""债务转贷支出预算""补充预算周转金""结转下年支出""待分预算"明细科目，进行明细核算。其中"待分预算"明细科目核算收到上级转移支付、收回以前年度存量资金、收回以前年度存量转移支付等未细化落实到部门和地区的政府支出预算。

三、政府支出预算的主要核算处理如下：

（一）收到上级财政部门提前下达的资金，借记本科目，贷记"政府收入预算"科目。

（二）人大批准本级政府年初预算后，确认收支预算时，借记本科目，贷记"政府收入预算"科目。

（三）人大批准本级政府年初预算后，核销本级财力提前下达指标时，借记"本级财力提前下达指标"科目，贷记本科目。

（四）人大批准本级政府年初预算后，核销本级财力年初控制数时，借记"本级财力年初控制数"科目，贷记本科目。

（五）生成支出指标时，借记"待下达指标"科目、"可执行指标"科目，贷记本科目。收回支出指标时，采用红字冲销法以负数核算，借记"待下达指标"科目、"可执行指标"科目，贷记本科目。

（六）增加（减少）预算总支出或调减预算安排的重点支出、上级财政部门追加或追减转移支付预算、增加举借债务数额时，借记本科目，贷记"政府收入预算"科目（调减和追减时采用红字冲销法以负数核算，借记本科目，贷记"政府收入预算"科目）。

（七）政府支出预算调剂收回支出指标时，采用红字冲销法以负数核算，借记"待下达指标"科目、"可执行指标"科目，贷记本科目。政府支出预算调剂时，借记本科目对应明细科目，贷记本科目对应明细科目；重新生成支出指标时，借记"待下达指标"科目、"可执行指标"科目，贷记本科目。

（八）收到上级转移支付未细化落实到部门和地区时，借记本科目下"待分预算"科目，贷记"政府收入预算"科目；将未细化资金落实到部门和地区后，借记本科目对应明细科目，贷记本科目下"待分预算"科目。

（九）收回以前年度下级存量转移支付时，采用红字冲销法以负数核算，借记本科目下"补助支出预算"科目，贷记本科目下"待分预算"科目。

（十）确认调出资金时，借记"确认支付"科目，贷记本科目下"调出资金"科目。

（十一）动支预备费时，借记本科目下对应明细科目，贷记本科目下"预备费"科目。

（十二）增支需动用预算稳定调节基金时，借记本科目，贷记"政府收入预算"科目。

（十三）收回以前年度存量资金时，采用红字冲销法以负数核算，借记"确认支付"科目，贷记本科目下"待分预算"科目。

（十四）年初预算结转下年支出年终确认时，借记"指标结转"科目，贷记本科目。

（十五）根据实际执行数据调整新的平衡关系时，调增时借记本科目，贷记"政府收入预算"科目，调减时采用红字冲销法以负数核算，借记本科目，贷记"政府收入预算"科目。

（十六）年终结算，将超收收入转入预算稳定调节基金时，借记本科目，贷记"政府收入预算"科目；将所有需要确认的支出预算确认支付时，借记"确认支付"科目，贷记本科目。

四、年终结转后，本科目期末无余额。

1002 安排国库集中支付结余

一、本科目核算政府财政部门采用权责发生制列支、预算单位尚未使用的国库集中支付结余指标。本科目为借方余额，借方反映财政部门批准的国库集中支付结余增加，借方红字反映财政收回国库集中支付结余，贷方反映生成支出指标和调剂时国库集中支付结余减少，贷方红字反映收回国库集中支付结余支出指标。

二、安排国库集中支付结余的主要核算处理如下：

（一）国库集中支付结余年初转入，借记本科目，贷记"应付国库集中支付结余"科目。

（二）国库集中支付结余生成支出指标时，借记"可执行指标"科目，贷记本科目；收回国库集中支付结余支出指标时，采用红字冲销法以负数核算，借记"可执行指标"科目，贷记本科目。

（三）国库集中支付结余调剂时，借记本科目对应明细，贷记本科目对应明细。再重新生成支出指标时，借记"可执行指标"科目，贷记本科目。

（四）收回国库集中支付结余时，采用红字冲销法以负数核算，借记本科目，贷记"应付国库集中支付结余"科目。

三、年终结转后，本科目期末无余额。

二、提前安排类

2001 本级财力提前下达指标

一、本科目核算在预算草案未经人大审查和批准前，本级政府使用本级财力提前下达下级政府的转移支付预算指标。本科目为贷方余额，贷方反映本级财力提前下达累计数，借方反映本级财力提前下达指标核销。

二、提前下达指标的主要核算处理如下：

（一）通过本科目提前下达支出指标时，借记"可执行指标"科目，贷记本科目。

（二）人大批准本级年初预算后，核销本级财力提前下达指标时，借记本科目，贷记"政府支出预算"科目。

（三）人大批准的本级年初预算同本级财力提前下达指标要素不一致，先对原可执行指标进行支付更正或资金退回，再进行核销时，采用反向冲销法核算，借记本科目，贷记"可执行指标"科目。

三、核销完成后，本科目无余额。

2002 本级财力年初控制数

一、本科目核算在预算草案未经人大审查和批准前，本级政府通过本级财力提前安排的本级支出。本科目为贷方余额，贷方反映本级财力年初控制数下达累计数，贷方红字反映本级财力年初控制数下达指标收回，借方反映本级财力年初控制数下达指标核销。

二、本级财力年初控制数的主要核算处理如下：

（一）人大批准预算草案前，下达可以提前安排的本级财力年初控制数，借记"可执行指标"科目，贷记本科目。

（二）人大批准年初预算后，核销年初控制数时，借记本科目，贷记"政府支出预算"科目。

（三）人大批准的年初预算同本级财力年初控制下达指标要素不一致，先对原可执行指标进行支付更正或资金退回，再进行核销时，采用反向冲销法核算，借记本科目，贷记"可执行指标"科目。

（四）本级财力年初控制数下达的指标调剂收回可执行指标时采用红字冲销法以负数核算，借记"可执行指标"科目，贷记本科目。

三、核销完成后，本科目无余额。

2003 其他预拨指标

一、本科目核算根据特殊的执行需要和相关预算指标批准为依据，先行预拨资金，后期进行调整，在预算调整批准后应予以核销。本科目为贷方余额，贷方反映其他预拨指标下达累计数，贷方红字反映其他预拨指标下达指标收回，借方反映其他预拨指标核销。

二、其他预拨指标的主要核算处理如下：

（一）通过本科目下达支出指标时，借记"可执行指标"科目，贷记本科目。

（二）核销其他预拨指标时，借记本科目，贷记"政府支出预算"科目。

（三）预算调整批复后同其他预拨指标下达要素不一致，先对原可执行指标进行支付更正或资金退回，再进行核销时，采用反向冲销法核算，借记本科目，贷记"可执行指标"科目。

（四）其他预拨指标调剂收回可执行指标时采用红字冲销法以负数核算，借记"可执行指标"科目，贷记本科目。

三、核销完成后，本科目无余额。

三、结转结余类

3001 结转结余

一、本科目核算确认收入与确认支付相抵后的结转结余。本科目一般为贷方余额，贷方余额反映本年结转结余，表示收大于支，借方余额表示收不抵支。

二、结转结余的主要核算处理如下：

（一）年终将确认收入和确认支付转入结转结余时，借记"确认收入"科目，贷记本科目，贷记"确认支付"科目。

（二）年终结账时，借记本科目，贷记"指标结转"科目、"指标结余"科目。

三、年终结账后，本科目无余额。

四、财力类

4001 政府收入预算

一、本科目核算上级财政部门提前下达、人大批准的本级政府收入预算及收入预算调整。本科目一般为贷方余额，贷方反映收入预算增加；贷方红字反映收入预算减少，借方反映收入预算转入确认收入。借方红字反映收入退库及减少上年结转结余。

二、本科目下应当设置"本级收入预算""补助收入预算""上解收入""地区间援助收入预算""调入资金""动用预算稳定调节基金""债务收入预算""债务转贷收入预算""上年结转收入""上年结余收入"明细科目，进行明细核算。

三、政府收入预算的主要核算处理如下：

（一）收到上级财政部门提前下达的资金，借记"政府支出预算"科目，贷记本科目。同时确认收入，借记本科目，贷记"确认收入"科目。

（二）人大批准本级政府年初预算，批复下达时，借记"政府支出预算"科目，贷记本科目。同时将上年结转结余收入部分确认收入时，借记本科目，贷记"确认收入"科目。

（三）增加预算总支出、上级财政部门追加转移支付、增加举借债务数额时，借记"政府支出预算"科目，贷记本科目。同时将上年结转结余收入确认收入时，借记本科目，贷记"确认收入"科目。减少预算总支出、调减预算安排的重点支出以及上级财政部门追减转移支付时，采用红字冲销法以负数核算，借记"政府支出预算"科目，贷记本科目。调减上年结转结余收入时用红字冲销法核算，借记本科目，贷记"确认收入"科目。

（四）本级预算收入、债务发行收入等实现时，借记本科目，贷记"确认收入"科目。退库或退款时，用红字冲销法以负数核算，借记本科目，贷记"确认收入"科目。

（五）调入资金时，调入方借记本科目，贷记"确认收入"科目。

（六）增支需动用预算稳定调节基金时，借记"政府支出预算"科目，贷记本科目；短收需动用预算稳定调节基金时，借记本科目下对应科目，贷记本科目下"动用预算稳定调节基金"科目。

（七）年终结算，超收收入按规定补充预算稳定调节基金时，借记"政府支出预算"科目，贷记本科目；未确认的收入预算需要转确认收入时，借记本科目，贷记"确认收入"科目。

（八）根据实际执行数据调整新的平衡关系调增时，借记"政府支出预算"，贷记本科目，再借记"确认收入"科目，贷记本科目。调减时采用红字冲销法以负数核算，借记"政府支出预算"，贷记本科目，再借记"确认收入"科目，贷记本科目。

四、年终结转后，本科目无余额。

4002 应付国库集中支付结余

一、本科目核算政府财政部门采用权责发生制列支、预算单位尚未使用的国库集中支付结余指标。本科目为贷方余额，贷方反映财政部门批准的国库集中支付结余增加。贷方红字反映财政收回国库集中支付结余，借方反映转入确认收入，借方红字反映收回国库集中支付结余后冲销确认收入。

二、应付国库集中支付结余的主要核算处理如下：

（一）国库集中支付结余年初转入时，借记"安排国库集中支付结余"科目，贷记本科目。

（二）国库集中支付结余确认收入时，借记本科目，贷记"确认收入"科目。

（三）收回国库集中支付结余和国库集中支付指标结余时，采用红字冲销法以负数核算，借记"安排国库集中支付结余"科目，贷记本科目，再借记本科目，贷记"确认收入"科目。

三、年终结转后，本科目无余额。

五、支出指标类

5001 待下达指标

一、本科目核算预算执行时根据管理需要，因工资统发、未满足支付条件和未达到支付时间等情况的支出指标。本科目为借方余额，借方反映待下达的支出指标，借方红字反映收回的待下达指标，贷方反映转入可执行指标，贷方红字反映可执行指标转回待下达指标。

二、待下达指标的主要核算处理如下：

（一）政府支出预算生成待下达指标时，借记本科目，贷记"政府支出预算"科目。调减政府支出预算收回支出指标时，采用红字冲销法以负数核算，借记本科目，贷记"政府支出预算"科目。

（二）预算调剂，部门预算指标及转移支付预算指标在不同单位、科目、项目之间调剂和级次间调剂，收回指标时，采用红字冲销法以负数核算，借记本科目，贷记"政府支出预算"科目。

（三）确认下达为可执行指标时，借记"可执行指标"科目，贷记本科目。可执行指标转回待下达指标时，采用红字冲销法以负数核算，借记"可执行指标"科目，贷记本科目。

（四）待下达指标余额转入指标结转或指标结余时，借记"指标结转"科目或"指标结余"科目，贷记本科目。

三、年终结转后，本科目期末无余额。

5002 可执行指标

一、本科目核算可直接执行的支出指标。本科目为借方余额，借方反映可执行的支出指标，借方红字反映收回的可执行指标，贷方反映转入支付申请和可执行指标冻结，贷方红字反映支付申请退回和可执行指标冻结解冻。

二、本科目下应当设置"本级支出指标""补助支出指标""上解支出指标""地区间援助支出指标""债务还本支出指标""债务转贷支出指标"明细科目，进行明细核算。

三、可执行指标的主要核算处理如下：

（一）收到上级提前下达预算指标，生成支出指标时，借记本科目，贷记"政府支出预算"科目。

（二）人大批准预算草案前，提前下达下级支出指标时，借记本科目，贷记"本级财力提前下达指标"科目。

（三）人大批准预算草案前，财政部门下达可以提前安排的年初控制数时，借记本科目，贷记"本级财力年初控制数"科目。

（四）预算批复前，年初控制数下达的可执行指标调剂时，采用红字冲销法以负数核算，借记本科目，贷记"本级财力年初控制数"科目。重新安排生成可执行指标时，借记本科目，贷记"本级财力年初控制数"科目。

（五）政府支出预算生成可执行指标时，借记本科目，贷记"政府支出预算"科目。调减政府支出预算时，采用红字冲销法以负数核算，借记本科目，贷记"政府支出预算"科目。

（六）预算调剂，部门预算指标及转移支付预算指标在不同单位、科目、项目之间调剂和级次间调剂，收回指标时，采用红字冲销法以负数核算，借记本科目，贷记"政府支出预算"科目。

（七）核销年初控制数下达指标、其他预拨指标要素不一致，通过支付更正或资金退回恢复可执行指标后核销时，采用反向冲销法核算，借记"本级财力年初控制数"科目，借记"其他预拨指标"科目，贷记本科目。

（八）追减转移支付预算，上级财政部门收回下级转移支付时，采用红字冲销法以负数核算，借记本科目，贷记"政府支出预算"科目。

（九）接收上级追减转移支付预算，指标已下达给下级财政部门时，采用红字冲销法以负数核算，借记本科目，贷记"政府支出预算"科目；退回已支付资金时，采用红字冲销法以负数核算，借记"支付申请"科目，贷记本科目。

（十）待下达指标确认下达时，借记本科目，贷记"待下达指标"科目；可执行指标转回待下达指标时，采用红字冲销法以负数核算，借记本科目，贷记"待下达指标"科目。

（十一）可执行指标冻结时，借记"可执行指标冻结"科目，贷记本科目；可执行指标冻结解冻时，采用红字冲销法以负数核算，借记"可执行指标冻结"科目，贷记本科目。

（十二）支付申请时，借记"支付申请"科目，贷记本科目。

（十三）当年预算支出资金退回，采用红字冲销法以负数核算，恢复可执行指标余额时，借记"支付申请"科目，贷记本科目。

（十四）上年预拨资金本年确认支付、上级财政代扣事项以及专户管理的粮食风险基金确认支付时，借记"确认支付"，贷记本科目。

（十五）支付更正恢复可执行指标余额时，采用红字冲销法以负数核算，借记"支付申请"科目，贷记本科目；扣减可执行指标余额时，借记"支付申请"科目，贷记本科目。

（十六）存放在财政专户、贷款方直接支付或委托代理银行、转贷银行支付的外贷资金确认支付时，借记"确认支付"科目，贷记本科目，退回时采用红字冲销法以负数核算，借记"确认支付"科目，贷记本科目。

（十七）可执行指标余额转入指标结转或指标结余时，借记"指标结转"科目或"指标结余"科目，贷记本科目。

（十八）年终结算，未确认的可执行指标需要确认支付时，借记"确认支付"科目，贷记本科目。

（十九）权责发生制事项生成支出指标时，借记本科目，贷记"安排国库集中支付结余"科目。

（二十）收回国库集中支付结余支出指标和国库集中支付结余调剂收回支出指标时，采用红字冲销法以负数核算，借记本科目，贷记"安排国库集中支付结余"科目。

（二十一）国库集中支付权责发生制转列支出时，借记"确认支付"科目，贷记本科目。

四、年终结转后，本科目期末无余额。

5003 可执行指标冻结

一、本科目核算可执行指标的冻结。本科目为借方余额，借方反映被冻结的可执行指标，贷方反映解冻的可执行指标。

二、可执行指标冻结的核算处理如下：

（一）可执行指标冻结时，借记本科目，贷记"可执行指标"科目。

（二）可执行指标解冻时，采用红字冲销法以负数核算，借记本科目，贷记"可执行指标"科目。

三、本科目期末无余额。

六、收入类

6001 确认收入

一、本科目核算政府收入预算确认收入。本科目一般为贷方余额，贷方反映实际确认收入，贷方红字反映收入退库、退款和确认上级转移支付负指标，借方反映转入结转结余。

二、确认收入的主要核算处理如下：

（一）收到上级转移支付预算，将政府收入预算确认收入时，借记"政府收入预算"科目，贷记本科目。确认上级转移支付负指标时采用红字冲销法以负数核算，借记"政府收入预算"科目，贷记本科目。

（二）人大批准本级政府年初预算及预算调整后，上年结转收入确认收入时，借记"政府收入预算"科目，贷记本科目。

（三）本级收入、债务收入、债务转贷收入等收入实现时，借记"政府收入预算"科目，贷记本科目。退库或退款时用红字冲销法以负数核算，借记"政府收入预算"科目，贷记本科目。

（四）调入资金时，调入方借记"政府收入预算"科目，贷记本科目。

（五）确认动用预算稳定调节基金时，借记"政府收入预算"科目，贷记本科目。

（六）权责发生制事项年初转入时，借记"应付国库集中支付结余"科目，贷记本科目。

（七）收回国库集中支付结余时，采用红字冲销法以负数核算，借记"应付国库集中支付结余"科目，贷记本科目。

（八）年终结算，未确认的政府收入预算需要确认收入时，借记"政府收入预算"科目，贷记本科目。

（九）根据实际执行数据调整新的平衡关系调增时，借记"政府收入预算"，贷记本科目。调减时采用红字冲销法以负数核算，借记"政府收入预算"，贷记本科目。

（十）结转结余时，确认收入和确认支付转入结转结余，借记本科目，贷记"结转结余"科目、"确认支付"科目。

三、年终结转后，本科目无余额。

七、支付申请类

7001 支付申请

一、本科目核算财政部门和单位的支付申请。本科目为借方余额，借方反映支付申请的累计数，借方红字反映支付申请退回。贷方反映转入确认支付，贷方红字反映确认支付退回。

二、支付申请的主要核算处理如下：

（一）财政部门和单位在执行系统中录入支付申请并保存发送时，借记本科目，贷记"可执行指标"科目。支付申请退回时，采用红字冲销法以负数核算，借记本科目，贷记"可执行指标"科目。

（二）资金实际支付时，借记"确认支付"科目，贷记本科目。

（三）资金退回和支付更正恢复支付申请余额时，采用红字冲销法以负数核算，借记"确认支付"科目，贷记本科目。恢复可执行指标余额时，采用红字冲销法以负数核算，借记本科目，贷记"可执行指标"科目。

三、本科目期末无余额。

八、支付类

8001 确认支付

一、本科目核算预算执行时的确认支付。本科目一般为借方余额，借方反映确认支付累计数，借方红字反映当年及收回存量资金的确认支付，贷方反映转入结转结余。

二、确认支付的主要核算处理如下：

（一）预算执行确认支付时，借记本科目，贷记"支付申请"科目。

（二）上年预拨资金本年确认支付、上级财政代扣事项以及专户管理的粮食风险基金确认支付时，借记本科目，贷记"可执行指标"科目。

（三）当年资金退回和支付更正时，采用红字冲销法以负数核算，借记本科目,贷记"支付申请"科目。

(四)调出资金时,调出方借记本科目,贷记"财政支出预算"科目。

(五)补充预算周转金时,借记本科目,贷记"政府支出预算"科目。

(六)安排预算稳定调节基金时,借记本科目,贷记"政府支出预算"科目。

(七)收回以前年度存量资金、收回以前年度存量转移支付指标、收回国库集中支付结余时,采用红字冲销法以负数核算,借记本科目,贷记"待分预算"科目。

(八)存放在财政专户、贷款方直接支付或委托代理银行、转贷银行支付的外贷资金确认支付时,借记本科目,贷记"可执行指标"科目。退回时采用红字冲销法以负数核算,借记本科目,贷记"可执行指标"科目。

(九)根据年终结算将补助支出、上解支出、调出资金、安排预算稳定调节基金、补充预算周转金转确认支付时,借记本科目,贷记"政府支出预算"科目、"可执行指标"科目。

(十)国库集中支付结余权责发生制列支时,借记本科目,贷记"可执行指标"科目。

(十一)根据实际执行数据调整新的平衡关系调增时,借记本科目,贷记"政府支出预算",调减时采用红字冲销法以负数核算,借记本科目,贷记"政府支出预算"。

(十二)结转结余时,借记"确认收入"科目,贷记"结转结余"科目,贷记本科目。

三、年终结转后,本科目无余额。

九、结转核销类

9001 指标结转

一、本科目核算根据预算指标结转结余规定,下年可继续安排使用的指标。本科目一般为借方余额,借方反映结转下年继续使用的指标,贷方反映同结转结余冲销。

二、指标结转的主要核算处理如下:

(一)结转核销时,政府支出预算和支出指标余额转入指标结转,借记本科目,贷记"政府支出预算"科目、"待下达指标"科目、"可执行指标"科目。

(二)年初预算结转下年支出确认时,借记本科目,贷记"政府支出预算"科目。

(三)年终结账时,将本科目与结转结余类科目余额清零,借记"结转结余"科目,贷记本科目。

三、年终结账后,本科目无余额。

9002 指标结余

一、本科目核算根据预算指标结转结余规定转入的指标结余事项。本科目一般为借方余额,借方反映结余指标。贷方反映转入预算稳定调节基金和同结转结余冲销,贷方红字反映收回以前年度权责发生制事项支出指标转入指标结余。

二、指标结余的主要核算处理如下:

(一)结转核销时,统筹收回政府支出预算和支出指标余额转入指标结余,借记本科目,贷记"政府支出预算"科目、"待下达指标"科目、"可执行指标"科目。

(二)收回以前年度国库集中支付结余支出指标转入指标结余时,采用红字冲销法以负数核算,借记"确认支付"科目,贷记本科目。

(三)按预算法规定的相关结余转入预算稳定调节基金,借记"政府支出预算"科目,贷记本科目。

(四)年终结账时,将本科目与结转结余类科目归集,余额清零,借记"结转结余"科目,贷记本科目。

三、年终结账后,本科目无余额。

单位资金预算指标核算科目使用说明

一、单位资金支出预算类

1601 单位资金支出预算

一、本科目核算经财政部门批复的单位资金支出预算及变动。本科目一般为借方余额,借方表示单位资金支出预算增加,借方红字表示单位资金支出预算减少，贷方表示冲销提前安排和生成支出指标，贷方红字表示预算调剂时支出指标收回及收回以前年度存量资金。

二、单位资金支出预算的核算处理如下：

（一）单位资金年初预算批复、调增预算收支时，借记本科目，贷记"单位资金收入预算"科目。调减预算收支时，采用红字冲销法以负数核算，借记本科目，贷记"单位资金收入预算"科目。

（二）核销提前安排类年初控制数时，借记"年初控制数"科目，贷记本科目。

（三）单位资金支出预算生成支出指标时，借记"待下达指标"科目、"可执行指标"科目，贷记本科目。

（四）预算调剂收回支出指标时，采用红字冲销法以负数核算，借"待下达指标"科目、"可执行指标"科目，贷记本科目。预算调剂时，借记本科目（明细），贷记本科目（明细）；重新生成支出指标时，借记"待下达指标"科目、"可执行指标"科目，贷记本科目。

（五）收回以前年度存量资金时，采用红字冲销法以负数核算，借记"确认支付"科目，贷记本科目。

（六）年终结账时，单位资金支出预算转入单位资金结转结余时，借记"指标结转结余"科目，贷记本科目。

三、年终结转后，本科目无余额。

二、提前安排类

2601 年初控制数

一、本科目核算本级预算草案在人大批准前，经财政部门审核确认，单位当年可以提前安排的特定支出。本科目为贷方余额，贷方反映年初控制数下达累计数，借方反映年初控制数下达指标核销数。

二、年初控制数的主要核算处理如下：

（一）单位资金年初预算批复前，确认下达可以提前安排的年初控制数时，借记"可执行指标"科目，贷记本科目。

（二）核销年初控制数时，借记本科目，贷记"单位资金支出预算"科目。

（三）核销年初控制数要素不一致，需通过支付更正或资金退回后进行核销时，采用反向冲销法核算，借记本科目，贷记"可执行指标"科目。

（四）年初控制数下达指标调剂收回可执行指标时，采用红字冲销法以负数核算，借记"可执行指标"，贷记本科目。

三、核销后，本科目无余额。

三、结转结余类

3601 结转结余

一、本科目核算单位资金确认收入与确认支付相抵后的结转结余。本科目一般为贷方余额，贷方反映本年结转结余，表示收大于支，借方余额表示收不抵支。

二、结转结余的主要核算处理如下：

（一）年终转账时，借记"确认收入"科目，贷记本科目，贷记"确认支付"科目。

（二）年终结账时，将本科目余额清零，借记本科目，贷记"指标结转结余"科目。

三、年终结账后，本科目无余额。

四、单位资金收入预算类

4601 单位资金收入预算

一、本科目核算经财政部门批复的单位资金收入预算及变动情况。本科目一般为贷方余额，贷方反映收入预算增加，贷方红字反映相应的收入预算减少，借方反映收入预算转入确认收入累计数，借方红字反映收入退付及减少上年结转结余。

二、本科目下应当设置"事业收入预算""经营收入预算""上级补助收入预算""附属单位上缴收入""结转结余收入""财政专户管理资金收入（教育收费）""其他收入预算"明细科目，进行明细核算。

三、单位资金收入预算的核算处理如下：

（一）单位资金年初预算批复、调增预算收支时，借记"单位资金支出预算"科目，贷记本科目。调减预算收支时，采用红字冲销法以负数核算，借记"单位资金支出预算"科目，贷记本科目。

（二）单位资金确认收入时，借记本科目，贷记"确认收入"科目。收入退付及减少上年结转结余时，采用红字冲销法以负数核算，借记本科目，贷记"确认收入"科目。

（三）单位资金收入预算超收转入单位资金结转结余时，借记"指标结转结余"科目，贷记本科目。

四、年终结转后，本科目无余额。

五、支出指标类

5601 待下达指标

一、本科目核算预算执行时根据管理需要，因工资统发、未满足支付条件和未达到支付时间等情况的支出指标。本科目为借方余额，借方反映待下达的支出指标，借方红字反映收回的待下达指标，贷方反映转入可执行指标，贷方红字反映可执行指标转回为待下达指标。

二、待下达指标的主要核算处理如下：

（一）单位资金支出预算生成待下指标时，借记本科目，贷记"单位资金支出预算"科目。调减单位资金支出预算收回支出指标时，采用红字冲销法以负数核算，借记本科目，贷记"单位资金支出预算"科目。

（二）预算调剂，支出指标在不同科目、项目之间调剂，收回支出指标时，采用红字冲销法以负数核算，借记本科目，贷记"单位资金支出预算"科目。

（三）确认下达为可执行指标时，借记"可执行指标"科目，贷记本科目。可执行指标转回为待下达指标时，采用红字冲销法以负数核算，借记"可执行指标"科目，贷记本科目。

（四）指标结转结余，待下达指标余额转入指标结转结余时，借记"指标结转结余"科目，贷记本科目。

三、年终结转后，本科目期末无余额。

5602 可执行指标

一、本科目核算可执行的单位资金支出指标。本科目为借方余额，借方反映可执行的支出指标，借方红字反映收回的可执行指标，贷方反映转入支付申请或可执行指标冻结，贷方红字反映支付申请退回和可执行指标冻结解冻。

二、可执行指标的主要核算处理如下：

（一）单位资金年初预算批复前，确认可以提前安排的年初控制数时，借记本科目，贷记"年初控制数"科目。

（二）预算批复前，年初控制数下达指标调剂收回支出指标时，采用红字冲销法以负数核算，借记本科目，贷记"年初控制数"科目。重新安排生成可执行指标时，借记本科目，贷记"年初控制数"科目。

（三）单位资金支出预算生成可执行指标时，借记本科目，贷记"单位资金支出预算"科目。

（四）预算调剂，支出指标在不同科目、项目之间调剂，收回支出指标时，采用红字冲销法以负数核算，借记本科目，贷记"单位资金支出预算"科目。重新安排生成支出指标时，借记本科目，贷记"单位资金支出预算"科目。

（五）核销年初控制数下达指标要素不一致，通过支付更正或资金退回恢复可执行指标后核销时，采用反向冲销法核算，借记"年初控制数"科目，贷记本科目。

（六）待下达指标确认下达时，借记本科目，贷记"待下达指标"科目；可执行指标转回为待下达指标时，采用红字冲销法以负数核算，借记本科目，贷记"待下达指标"科目。

（七）可执行指标冻结时，借记"可执行指标冻结"科目，贷记本科目，可执行指标冻结解冻时，采用红字冲销法以负数核算，借记"可执行指标冻结"科目。

（八）申请支付时，借记"支付申请"科目，贷记本科目。资金退回时，采用红字冲销法以负数核算，借记"支付申请"科目，贷记本科目。

（九）支付更正，恢复可执行指标余额时，采用红字冲销法以负数核算，借记"支付申请"科目，贷记本科目；扣减可执行指标余额时，借记"支付申请"科目，贷记本科目。

（十）结转核销，将本科目借方余额全数转入指标结转结余科目时，借记

"指标结转结余"科目，贷记本科目，贷记"单位资金收入预算"科目。

三、本科目期末无余额。

5603 可执行指标冻结

一、本科目核算可执行指标的冻结。本科目为借方余额，借方反映被冻结的可执行指标，贷方反映可执行指标冻结解冻。

二、可执行指标冻结的核算处理如下：

（一）可执行指标冻结时，借记本科目，贷记"可执行指标"科目。

（二）可执行指标冻结解冻时，采用红字冲销法以负数核算，借记本科目，贷记"可执行指标"科目。

三、本科目期末无余额。

六、收入类

6601 确认收入

一、本科目核算单位资金收入预算实际确认收入。本科目一般为贷方余额，贷方反映实际确认收入，贷方红字反映收入退付和收回收入预算，借方反映转入结转结余。

二、确认收入的主要核算处理如下：

（一）确认收入时，借记"单位资金收入预算"科目，贷记本科目。收入退付或收回收入预算时用红字冲销法以负数核算，借记"单位资金收入预算"科目，贷记本科目。

（二）年终结账时，确认支付和确认收入转入结转结余，借记本科目，贷记"结转结余"科目，贷记"确认支付"科目。

三、年终结转后，本科目无余额。

七、支付申请类

7601 支付申请

一、本科目核算发生支付业务时，单位资金的支付申请。本科目为借方余额，借方反映支付申请的累计数，借方红字反映支付申请退回，贷方反映转入确认支付，贷方红字反映退回确认支付时冲销支付申请。

二、支付申请的主要核算处理如下：

（一）申请支付保存发送时，借记本科目，贷记"可执行指标"科目。

（二）资金实际支付时，借记"确认支付"科目，贷记本科目。

（三）资金退回、支付更正，恢复支付申请余额时，采用红字冲销法以负数核算，借记"确认支付"科目，贷记本科目。恢复可执行指标余额时，采用红字冲销法以负数核算，借记本科目，贷记"可执行指标"科目。

三、年终结转后，本科目无余额。

八、支付类

8601 确认支付

一、本科目核算单位资金的实际支付数。本科目一般为借方余额，借方反映确认支付累计数，借方红字反映当年及收回以前年度存量资金的确认支付，贷方反映转入结转结余。

二、确认支付的主要核算处理如下：

（一）确认支付时，借记本科目，贷记"支付申请"科目。资金退回和支付更正时，采用红字冲销法以负数核算，借记本科目，贷记"支付申请"科目。

（二）收回以前年度存量资金时采用红字冲销法以负数核算，借记本科目，贷记"单位资金支出预算"科目。

（三）年终转账，单位资金确认支付和确认收入转入单位资金结转结余时，借记"确认收入"科目，贷记"结转结余"科目，贷记本科目。

三、年终结转后，本科目无余额。

九、结转核销类

9601 指标结转结余

一、本科目核算单位资金收入预算、支出预算、支出指标的结转核销。本科目一般为借方余额，借方反映结转下年继续使用的指标，贷方反映同结转结余冲销。

二、指标结转的主要核算处理如下：

（一）结转核销时，借记本科目，贷记"单位资金支出预算"科目、"单位资金收入预算"科目、"待下达指标"科目、"可执行指标"科目。

（二）年终结账时，将本科目余额清零，借记"结转结余"科目，贷记本科目。

三、年终结账后，本科目无余额。

第四章 预算指标核算要素

序号	要素名称	备注
1	预算年度	
2	财政区划	
3	本级指标文号	
4	预算项目代码	
5	预算单位	
6	资金性质	
7	业务主管处室	
8	指标管理处室	
9	收入分类科目	
10	转移支付支出功能分类科目	
11	支出功能分类科目	
12	政府支出经济分类	
13	部门支出经济分类	
14	指标类型	
15	预算来源	注2
16	是否提前安排	注2
17	接收方财政区划	
18	预算级次	
19	上级指标文号	
20	是否政府采购	
21	支付方式	
22	是否工资统发	
23	直达资金标识	

续表

序号	要素名称	备注
24	是否科研	
25	是否债务	
26	是否基建	

注：1.预算指标核算要素和预算管理一体化要素保持一致。

2."预算来源"和"是否提前安排"为本次新增要素。代码及明细选项暂定如下，待预算管理一体化要素更新后保持一致：

预算来源：

1　年初预算

2　预算调整

3　预算调剂

是否提前安排：

1　是

2　否

第五章　预算指标核算管理业务场景梳理

预算指标核算管理业务场景仅供各级政府财政部门在预算指标核算管理时参考，不得以此作为进行有关经济活动的依据。本章节中的"上级"是指有对下转移支付的中央、省、市、县级政府财政部门，本章节中的"下级"是指接收上级转移支付的省、市、县、乡镇级政府财政部门；本章节中的"金额流向一致"指的是资金支付的收款方和金额同预算指标一致。

一、财政资金

1.1　提前安排支出

1.1.1　提前下达

1.收到上级提前下达转移支付指标。各级人大审查和批准预算草案前，本级政府财政部门将上级提前下达的转移支付数编入本级预算。

（1）触发记账条件

本级政府财政部门审核确认。

（2）记账规则

①登记上级补助收入。已细化落实到部门和地区的，借记"本级支出预算"科目或"补助支出预算"科目；未细化落实到部门和地区的，借记"待

分预算"科目。同时由于本分录已对提前下达登记了收支预算,预算批准后将不再重复登记(包括部门预算中来源为上级补助的部分)。

借:政府支出预算——本级支出预算

　　政府支出预算——补助支出预算

　　政府支出预算——待分预算

贷:政府收入预算——补助收入预算

②确认收入。收到上级提前下达转移支付指标完成收支预算登记后,视为政府收入预算已实现。

借:政府收入预算——补助收入预算

贷:确认收入

(3)控制规则

记账金额须等于接收的提前下达的指标金额,且所有要素保持一致。

2.预算批复前未细化落实到部门和地区的部分,细化后向本级预算单位和下级财政分配,乡财县管县级代编预算的,无向下级分配业务,不做相关核算。

(1)触发记账条件

本级政府财政部门审核确认。

(2)记账规则

借:政府支出预算——本级支出预算

　　政府支出预算——补助支出预算

贷:政府支出预算——待分预算

(3)控制规则

分配金额不得大于登记到"待分预算"科目的金额。

3.完成分配资金的内部审核流程后,登记支出指标。

(1)触发记账条件

本级政府财政部门审核确认。

(2)记账规则

借:可执行指标——本级支出指标

　　可执行指标——补助支出指标

贷:政府支出预算——本级支出预算

　　政府支出预算——补助支出预算

（3）控制规则

"政府支出预算"科目不得出现贷方余额，所有核算要素需保持一致。

4.本级财力提前下达。

各级人大审查和批准预算草案前，本级政府财政部门根据预算法有关规定提前下达下级转移支付指标。"本级财力提前下达指标"科目核算的资金指本级财力提前安排下级使用的部分。

（1）触发记账条件

本级政府财政部门确认下达。

（2）记账规则

借：可执行指标——补助支出指标

　　贷：本级财力提前下达指标

（3）控制规则

①记账金额及所有要素保持一致。

②提前下达的转移支付应区分年度登记。

1.1.2　本级财力年初控制数

预算草案未经各级人大审查和批准前，本级政府财政部门根据预算法有关规定提前安排的本级支出。"本级财力年初控制数"科目核算的资金指本级财力提前安排本级部门使用的部分。

1.触发记账条件。

本级政府财政部门确认下达。

2.记账规则。

（1）本级财力年初控制数下达指标。

借：可执行指标——本级支出指标

　　可执行指标——债务还本支出指标

　　贷：本级财力年初控制数

（2）预算批复前，本级财力年初控制数下达的指标调剂时，先收回指标A，再重新安排指标B。收回时采用红字冲销法以负数核算。

借：可执行指标——本级支出指标A　　　　　　红字

　　贷：本级财力年初控制数A　　　　　　　　红字

借：可执行指标——本级支出指标B

　　贷：本级财力年初控制数B

3.控制规则。

（1）"本级财力年初控制数"科目不得出现借方余额。

（2）"可执行指标"科目不得出现贷方余额。

1.2 预算批复

1.2.1 年初预算批复

人大批准年初预算后，应先扣除收到上级提前下达转移支付，然后将剩余部分确认政府收支年初预算。

1.触发记账条件。

本级政府财政部门依据人大批准的政府预算批复下达。

2.记账规则。

借：政府支出预算——本级支出预算

政府支出预算——补助支出预算

政府支出预算——预备费

政府支出预算——上解支出

政府支出预算——地区间援助支出预算

政府支出预算——调出资金

政府支出预算——债务还本支出预算

政府支出预算——债务转贷支出预算

政府支出预算——补充预算周转金

政府支出预算——结转下年支出

贷：政府收入预算——本级收入预算

政府收入预算——补助收入预算

政府收入预算——上解收入

政府收入预算——地区间援助收入预算

政府收入预算——调入资金

政府收入预算——动用预算稳定调节基金

政府收入预算——债务收入预算

政府收入预算——债务转贷收入预算

政府收入预算——上年结转收入

政府收入预算——上年结余收入

同时确认上年结转结余收入。

借：政府收入预算——上年结转收入

　　　政府收入预算——上年结余收入

　　贷：确认收入

3.控制规则。

（1）记账金额须等于人大批准的预算数扣除收到上级提前下达转移支付后的剩余部分。

（2）"动用预算稳定调节基金"科目、"上年结转收入"科目及"上年结余收入"科目记账金额应同总预算会计衔接。

1.2.2　核销本级财力提前下达指标

人大批准年初预算后，核销要素金额一致时，通过"补助支出预算"核销"本级财力提前下达指标"。核销要素金额不一致时，通过"补助支出指标"核销"本级财力提前下达指标"。

1.触发记账条件。

本级政府财政部门确认核销。

2.记账规则。

（1）要素金额一致时，通过"补助支出预算"核销。

借：本级财力提前下达指标

　　贷：政府支出预算——补助支出预算

（2）要素金额不一致时，通过"补助支出指标"核销。

借：本级财力提前下达指标

　　贷：可执行指标——补助支出指标

3.控制规则。

"本级财力提前下达指标"科目核销完成后科目余额应为零。

1.2.3　核销本级财力年初控制数

人大批准年初预算后，核销要素金额一致时，通过"本级支出预算"核销"本级财力年初控制数"。核销要素金额不一致时，通过"本级支出指标"核销"本级财力年初控制数"。

1.触发记账条件。

本级政府财政部门确认核销。

2.记账规则。

（1）核销要素金额一致时，通过"本级支出预算"核销。

借：本级财力年初控制数
　　贷：政府支出预算——本级支出预算

（2）如核销要素不一致但金额流向一致时，则需要通过支付更正（见业务场景1.4.6）再用"可执行指标"进行核销；如核销金额小于原可执行指标或金额流向不一致时，如已支付，需要资金退回（见业务场景1.4.7），恢复"可执行指标"再进行核销，如未发生支付，则用"可执行指标"直接进行核销。

借：本级财力年初控制数
　　贷：可执行指标——本级支出指标

3.控制规则。

（1）用于核销"本级财力年初控制数"科目的"政府支出预算"科目不得出现贷方余额。

（2）"本级财力年初控制数"科目核销完成后科目余额应为零。

1.2.4 生成支出指标

人大批准年初预算并扣减提前下达转移支付，核销完提前安排指标后，生成支出指标。

1.触发记账条件。

本级政府财政部门依据人大批准的年初预算下达指标。

2.记账规则。

借：待下达指标
　　可执行指标——本级支出指标
　　可执行指标——补助支出指标
　　可执行指标——上解支出指标
　　可执行指标——地区间援助支出指标
　　可执行指标——债务还本支出指标
　　可执行指标——债务转贷支出指标
　　贷：政府支出预算——本级支出预算
　　　　政府支出预算——补助支出预算
　　　　政府支出预算——上解支出预算
　　　　政府支出预算——地区间援助支出预算
　　　　政府支出预算——债务还本支出预算
　　　　政府支出预算——债务转贷支出预算

3.控制规则。

（1）"政府支出预算"科目不得为贷方余额。

（2）"可执行指标"科目核算控制要素应到最底级。

1.3 预算调整调剂

项目作为部门和单位预算管理的基本单元，预算支出全部以项目形式纳入预算项目库，实施项目全生命周期管理，未纳入预算项目库的项目一律不得安排预算。预算调整调剂需在项目库的支撑下进行。

1.3.1 预算调整

经人大批准，年度执行中预算调整。

1.3.1.1 增加或减少预算总支出

1.触发记账条件。

本级政府财政部门终审下达。

2.记账规则。

增加预算总支出时核算如下（减少预算总支出时采用红字冲销法以负数核算）。

（1）增加预算总支出。

借：政府支出预算——本级支出预算

　　政府支出预算——补助支出预算

　　政府支出预算——预备费

　　政府支出预算——上解支出

　　政府支出预算——地区间援助支出预算

　　政府支出预算——调出资金

　　政府支出预算——债务转贷支出预算

　　政府支出预算——债务还本支出预算

　　政府支出预算——补充预算周转金

　　政府支出预算——结转下年支出

　　政府支出预算——待分预算

　贷：政府收入预算——本级收入预算

　　　政府收入预算——补助收入预算

　　　政府收入预算——上解收入

政府收入预算——地区间援助收入预算

政府收入预算——调入资金

政府收入预算——动用预算稳定调节基金

政府收入预算——债务收入预算

政府收入预算——债务转贷收入预算

政府收入预算——上年结转收入

政府收入预算——上年结余收入

（2）减少预算总支出。

借：政府支出预算——本级支出预算	红字
政府支出预算——补助支出预算	红字
政府支出预算——预备费	红字
政府支出预算——上解支出	红字
政府支出预算——地区间援助支出预算	红字
政府支出预算——调出资金	红字
政府支出预算——债务转贷支出预算	红字
政府支出预算——债务还本支出预算	红字
政府支出预算——补充预算周转金	红字
政府支出预算——结转下年支出	红字
政府支出预算——待分预算	红字
贷：政府收入预算——本级收入预算	红字
政府收入预算——补助收入预算	红字
政府收入预算——上解收入	红字
政府收入预算——地区间援助收入预算	红字
政府收入预算——调入资金	红字
政府收入预算——动用预算稳定调节基金	红字
政府收入预算——债务收入预算	红字
政府收入预算——债务转贷收入预算	红字
政府收入预算——上年结转收入	红字
政府收入预算——上年结余收入	红字

（3）如果上年结转结余同年初预算产生差异，同时确认收入（减少上年结

转结余时采用红字冲销法以负数核算）。

①增加时

借：政府收入预算——上年结转收入
　　政府收入预算——上年结余收入
　贷：确认收入

②减少时

借：政府收入预算——上年结转收入　　　　　　　　红字
　　政府收入预算——上年结余收入　　　　　　　　红字
　贷：确认收入　　　　　　　　　　　　　　　　　红字

（4）下级财政部门因上级追减转移支付预算调减总支出时，同时以红字冲销法以负数核算冲销确认收入。

借：政府收入预算——补助收入预算　　　　　　　　红字
　贷：确认收入　　　　　　　　　　　　　　　　　红字

3.控制规则。

减少预算总支出应判断相关支出预算余额是否充足，如果余额不足则不能保存，应先通过预算调剂（见业务场景1.3.2）、资金退回（见业务场景1.4.7）等流程进行要素修正后减少或调减。

1.3.1.2　需要动用预算稳定调节基金

预算执行中，因短收、增支导致收支缺口，需通过动用预算稳定调节金实现收支平衡。

1.触发记账条件。

本级政府财政部门确认动用预算稳定调节基金。

2.记账规则。

①短收时

借：政府收入预算——本级收入预算
　　政府收入预算——补助收入预算
　　政府收入预算——上解收入
　　政府收入预算——地区间援助收入预算
　贷：政府收入预算——动用预算稳定调节基金

②增支时

借：政府支出预算——本级支出预算

　　　政府支出预算——补助支出预算

　　　政府支出预算——上解支出

　　　政府支出预算——地区间援助支出预算

　　　政府支出预算——调出资金

　　　政府支出预算——债务还本支出预算

　　　政府支出预算——债务转贷支出预算

　　　政府支出预算——结转下年支出

　　贷：政府收入预算——动用预算稳定调节基金

3. 控制规则。

动用金额不得大于动用前总预算会计中"预算稳定调节基金"科目余额。

1.3.1.3　调减预算安排的重点支出

1. 因短收原因调减。

预算安排的重点支出因当年短收且无法弥补时调减，采用红字冲销法以负数核算。

（1）触发记账条件

本级财政预算管理机构审核确认。

（2）记账规则

借：政府支出预算——本级支出预算　　　　　　红字

　　　政府支出预算——补助支出预算　　　　　　红字

　　贷：政府收入预算——本级收入预算　　　　　　红字

　　　　政府收入预算——补助收入预算　　　　　　红字

（3）控制规则

调减预算安排的重点支出应判断相关支出预算余额是否充足，如果余额不足则不能保存，应先通过预算调剂（见业务场景1.3.2）、资金退回（见业务场景1.4.7）等流程进行要素修正后调减。

2. 因其他原因调减。

预算安排的重点支出因其他原因调减。

（1）触发记账条件

本级政府财政部门审核确认。

（2）记账规则

借：政府支出预算——本级支出预算　　　　　　　　红字

　　政府支出预算——补助支出预算　　　　　　　　红字

　　贷：政府支出预算——待分预算　　　　　　　　　红字

（3）控制规则

调减预算安排的重点支出应判断相关支出预算余额是否充足，如果余额不足则不能保存，应先通过预算调剂（见业务场景1.3.2）、资金退回（见业务场景1.4.7.1）等流程进行要素修正后调减。

1.3.1.4　增加举借债务数额

当年新增加地方政府债务按照预算调整的程序报人大审批后。

1.触发记账条件。

本级政府财政部门完成终审。

2.记账规则。

（1）省级财政部门

借：政府支出预算——本级支出预算

　　政府支出预算——债务还本支出预算

　　政府支出预算——债务转贷支出预算

　　贷：政府收入预算——债务收入预算

（2）市级财政部门

借：政府支出预算——本级支出预算

　　政府支出预算——债务还本支出预算

　　政府支出预算——债务转贷支出预算

　　贷：政府收入预算——债务转贷收入预算

（3）县级财政部门

借：政府支出预算——本级支出预算

　　政府支出预算——债务还本支出预算

　　贷：政府收入预算——债务转贷收入预算

3.控制规则。

省级财政部门的债务收入不得大于经同级人大批准的预算调整数额。下级的债务转贷收入应与上级的债务转贷支出相衔接。

1.3.1.5 生成支出指标

预算调整完成后,生成支出指标。

1.触发记账条件。

本级政府财政部门依据人大批准的预算调整方案确认下达。

2.记账规则。

借:待下达指标

　　可执行指标——本级支出指标

　　可执行指标——补助支出指标

　　可执行指标——上解支出指标

　　可执行指标——地区间援助支出指标

　　可执行指标——债务还本支出指标

　　可执行指标——债务转贷支出指标

贷:政府支出预算——本级支出预算

　　政府支出预算——补助支出预算

　　政府支出预算——上解支出

　　政府支出预算——地区间援助支出预算

　　政府支出预算——债务还本支出预算

　　政府支出预算——债务转贷支出预算

3.控制规则。

生成支出指标时,判断"政府支出预算"科目借方余额是否充足,如余额不足则不能生成。

1.3.2 预算调剂

1.3.2.1 政府、部门预算调剂

预算调剂是在预算执行中预算总支出不变的情况下,有关支出在预算科目、预算级次或者项目之间变动。一般不得对已确认支付的指标进行调剂,如确需对已确认支付的指标进行调剂,则先进行资金退回,恢复为政府支出预算再进行调剂。

1.政府、部门预算间调剂。

原来未细化落实到部门和地区的政府支出预算,细化后应在项目库的支撑下调剂到具体的政府支出预算,由政府支出预算生成支出指标。原未生成

支出指标的政府支出预算直接调剂。

（1）触发记账条件

本级政府财政部门终审下达。

（2）记账规则

借：政府支出预算——本级支出预算B

　　贷：政府支出预算——待分预算

　　　　政府支出预算——本级支出预算A

（3）控制规则

"待分预算"科目及"本级支出预算A"科目不得出现贷方余额。其他政府支出预算间调剂参照核算。

2.收回政府、部门预算支出指标。

收回时采用红字冲销法以负数核算，恢复政府支出预算余额。

（1）触发记账条件

本级政府财政部门终审确认收回支出指标。

（2）记账规则

借：待下达指标　　　　　　　　　　　　　红字

　　可执行指标——本级支出指标　　　　　红字

　　贷：政府支出预算——本级支出预算　　　　红字

（3）控制规则

"待下达指标""可执行指标"科目不得出现贷方余额。调剂之前应校验"待下达指标""可执行指标"科目余额，余额不足时则不能保存，应先通过资金退回（见业务场景1.4.7）等方式进行处理。收回其他支出指标参照核算。

3.政府、部门预算在不同单位、科目、项目等之间调剂。

需要对已生成支出指标的政府支出预算调剂时，应由财政部门先收回支出指标。未生成支出指标的政府支出预算直接调剂。

（1）触发记账条件

本级政府财政部门审核确认预算调剂。

（2）记账规则

借：政府支出预算——本级支出预算B

　　贷：政府支出预算——本级支出预算A

（3）控制规则

调剂之前应校验"政府支出预算"科目余额，余额不足时则不能保存，应先通过资金退回（见业务场景1.4.7.1）等方式进行处理。调剂后，"政府支出预算"科目的借方余额不得小于零。其他政府支出预算调剂参照核算。

4.政府、部门预算在级次间调剂。

级次间调剂已生成支出指标应由财政部门先收回再安排。未生成支出指标直接调剂。

（1）触发记账条件

本级政府财政部门审核确认。

（2）记账规则

借：政府支出预算——补助支出预算
　　贷：政府支出预算——本级支出预算
　　　　政府支出预算——债务转贷支出预算

（3）控制规则

"本级支出预算""债务转贷支出预算"科目不得出现贷方余额。

5.生成支出指标。

预算调剂完成后，生成支出指标。

（1）触发记账条件

本级政府财政部门确认下达。

（2）记账规则

借：待下达指标
　　可执行指标——本级支出指标
　　可执行指标——补助支出指标
　　可执行指标——债务转贷支出指标
　　贷：政府支出预算——本级支出预算
　　　　政府支出预算——补助支出预算
　　　　政府支出预算——债务转贷支出预算

（3）控制规则

生成支出指标时，判断"政府支出预算"科目借方余额是否充足，如余额不足则不能保存。

1.3.2.2 转移支付预算调剂

转移支付预算调剂是按预算法规定，当年转移支付预算分别在预算科目、预算级次或者项目之间调剂。

1.转移支付待分预算调剂。

（1）触发记账条件

本级政府财政部门终审下达。

（2）记账规则

上级部门原来未细化落实到部门和地区的预算，细化后应在项目库的支撑下调剂到具体的补助支出预算。

借：政府支出预算——补助支出预算
  贷：政府支出预算——待分预算

（3）控制规则

"待分预算"科目不得出现贷方余额。

2.追加转移支付预算。

预算执行中，地方各级政府因上级政府增加不需要本级政府提供配套资金的专项转移支付而引起的预算支出变化，报告本级人大后，细化落实到部门和地区的借记相关支出预算科目，未细化落实到部门和地区的，借记"待分预算"科目。

（1）触发记账条件

本级政府财政部门审核确认。

（2）记账规则

①接收上级追加转移支付预算。

借：政府支出预算——待分预算
  政府支出预算——本级支出预算
  政府支出预算——补助支出预算
  贷：政府收入预算——补助收入预算

②同时确认补助收入。

借：政府收入预算——补助收入预算
  贷：确认收入

③细化落实到部门和地区后，在项目库的支撑下调剂到具体的政府支出预算，由政府支出预算生成可执行指标。

借：政府支出预算——本级支出预算
　　　政府支出预算——补助支出预算
　　贷：政府支出预算——待分预算

（3）控制规则

记账金额等于上级追加转移支付金额。

3.追减转移支付预算。

（1）触发记账条件

本级政府财政部门审核确认。

（2）记账规则

①收回当年下级转移支付，采用红字冲销法以负数核算，恢复"补助支出预算"科目余额。

借：待下达指标　　　　　　　　　　　　　　　红字
　　可执行指标——补助支出指标　　　　　　　红字
　　贷：政府支出预算——补助支出预算　　　　红字

②收回以前年度下级存量转移支付，采用红字冲销法以负数核算，恢复"待分预算"科目余额。收回资金的项目需要继续实施的，应作为新的预算项目，按照预算管理程序重新申请和安排。

借：政府支出预算——补助支出预算　　　　　　红字
　　贷：政府支出预算——待分预算　　　　　　红字

（3）控制规则

①调剂后，"可执行指标"科目不得出现贷方余额。

②接收追减转移支付预算时"待分预算"科目可以为负数。

4.转移支付预算指标在不同地区、科目、项目等之间调剂。

（1）触发记账条件

本级政府财政部门完成终审确认调剂。

（2）记账规则

借：政府支出预算——补助支出预算 B
　　贷：政府支出预算——补助支出预算 A

（3）控制规则

"政府支出预算"科目余额不足时则不能保存。如已生成支出指标，应由财政部门先收回支出指标（见业务场景1.3.2.2-3），再进行调剂。

5.转移支付预算级次间调剂。

（1）触发记账条件

本级财政预算管理机构审核确认。

（2）记账规则

借：政府支出预算——本级支出预算

政府支出预算——债务还本支出预算

贷：政府支出预算——补助支出预算

（3）控制规则

"本级支出预算""债务还本支出预算"科目应小于等于对应的"补助支出预算"科目。级次间调剂如已生成支出指标的，应由财政部门先收回"补助支出指标"（见业务场景1.3.2.2-3）再调剂。

6.生成支出指标。

预算调剂完成后，生成支出指标。

（1）触发记账条件

本级政府财政部门确认下达。

（2）记账规则

借：待下达指标

可执行指标——本级支出指标

可执行指标——补助支出指标

可执行指标——债务还本支出指标

贷：政府支出预算——本级支出预算

政府支出预算——补助支出预算

政府支出预算——债务还本支出预算

（3）控制规则

生成指标时，判断"政府支出预算"科目借方余额是否充足，如余额不足则不能保存。

1.3.2.3 动支预备费

经本级政府批准动支预备费。

（1）触发条件

本级政府财政部门报经本级政府同意确认动支预备费。

（2）记账规则

①动支预备费

借：政府支出预算——本级支出预算

　　政府支出预算——补助支出预算

　　政府支出预算——地区间援助支出预算

　　贷：政府支出预算——预备费

②生成支出指标

借：可执行指标——本级支出指标

　　可执行指标——补助支出指标

　　可执行指标——地区间援助支出指标

　　贷：政府支出预算——本级支出预算

　　　　政府支出预算——补助支出预算

　　　　政府支出预算——地区间援助支出预算

（3）控制规则

"预备费"科目不得出现贷方余额。

1.3.3　其他预拨指标

1.其他预拨指标下达。

其他预拨指标核算根据特殊的执行需要和相关预算指标批准为依据，先行预拨资金，通过预算调整调剂予以核销。

（1）触发记账条件

本级政府财政部门审核确认下达。

（2）记账规则

①其他预拨指标下达。

借：可执行指标——本级支出指标

　　可执行指标——补助支出指标

　　可执行指标——债务还本支出指标

　　可执行指标——地区间援助支出指标

　　贷：其他预拨指标

②调整预算未批准前，需要对其他预拨指标进行调剂的，先通过红字冲销法以负数核算收回指标A，再重新安排指标B。

借：可执行指标——本级支出指标 A　　　　　　　　红字

　　可执行指标——补助支出指标 A　　　　　　　　红字

　　可执行指标——债务还本支出指标 A　　　　　　红字

　　可执行指标——地区间援助支出指标 A　　　　　红字

　　贷：其他预拨指标 A　　　　　　　　　　　　　红字

借：可执行指标——本级支出指标 B

　　可执行指标——补助支出指标 B

　　可执行指标——债务还本支出指标 B

　　可执行指标——地区间援助支出指标 B

　　贷：其他预拨指标 B

（3）控制规则

①"其他预拨指标"科目不得出现借方余额。

②"可执行指标B"应小于等于"可执行指标A"。

2.核销其他预拨指标。

（1）触发记账条件。

本级政府财政部门终审确认其他预拨指标核销。

（2）记账规则。

①要素金额一致时用"政府支出预算"直接核销。

借：其他预拨指标

　　贷：政府支出预算——本级支出预算

　　　　政府支出预算——补助支出预算

②超出批复金额或要素不一致时应先进行资金退回恢复"可执行指标"（见业务场景1.4.7）后进行核销。

借：其他预拨指标

　　贷：可执行指标——本级支出指标

　　　　可执行指标——补助支出指标

3.控制规则。

用于核销其他预拨指标的预算指标明细金额须保持一致，核销完"其他预拨指标"科目余额为零。

1.4 预算执行

1.4.1 待下达指标确认下达

预算执行时根据管理需要，对工资统发需要、未满足支付条件和未达到支付时间等情况的"待下达指标"确认下达。"可执行指标"转回"待下达指标"时采用红字冲销法以负数核算。

1.触发记账条件。

本级政府财政部门确认。

2.记账规则。

（1）确认下达时

借：可执行指标——本级支出指标

　　可执行指标——补助支出指标

　　可执行指标——上解支出指标

　　可执行指标——地区间援助支出指标

　　可执行指标——债务还本支出指标

　　可执行指标——债务转贷支出指标

　　贷：待下达指标

（2）可执行指标转回待下达指标时

借：可执行指标——本级支出指标　　　　　　　　红字

　　可执行指标——补助支出指标　　　　　　　　红字

　　可执行指标——上解支出指标　　　　　　　　红字

　　可执行指标——地区间援助支出指标　　　　　红字

　　可执行指标——债务还本支出指标　　　　　　红字

　　可执行指标——债务转贷支出指标　　　　　　红字

　　贷：待下达指标　　　　　　　　　　　　　　红字

3.控制规则。

（1）"可执行指标"科目应与对应的"待下达指标"科目保持一样的要素，"待下达指标"科目不得出现贷方余额。

（2）"可执行指标"科目转回"待下达指标"科目时，"可执行指标"科目不得出现贷方余额。

1.4.2 可执行指标冻结

本级政府财政部门根据管理需要对"可执行指标"进行冻结。冻结指标恢复为"可执行指标"时,采用红字冲销法以负数核算。

1.触发记账条件。

本级政府财政部门确认可执行指标冻结。

2.记账规则。

(1)可执行指标冻结时。

借:可执行指标冻结

　　贷:可执行指标

(2)冻结指标恢复为可执行指标时。

借:可执行指标冻结　　　　　　　　　　　　　　　红字

　　贷:可执行指标　　　　　　　　　　　　　　　红字

3.控制规则。

(1)"可执行指标冻结"科目应与对应的"可执行指标"科目保持一样的要素,"可执行指标"科目不得出现贷方余额。

(2)冻结指标恢复"可执行指标"科目时,"可执行指标冻结"科目不得出现贷方余额。

1.4.3 财政部门、单位支付申请

1.触发记账条件。

各级政府财政部门、单位发起支付申请并保存发送。

2.记账规则。

借:支付申请

　　贷:可执行指标——本级支出指标

　　　　可执行指标——补助支出指标

　　　　可执行指标——上解支出指标

　　　　可执行指标——地区间援助支出指标

　　　　可执行指标——债务还本支出指标

　　　　可执行指标——债务转贷支出指标

3.控制规则。

"可执行指标"科目不得出现贷方余额。

1.4.4 财政部门、单位支付申请退回

支付申请退回时采用红字冲销法以负数核算。

1.触发记账条件。

支付申请信息不满足支付条件银行退回支付凭证。

2.记账规则。

借：支付申请	红字
贷：可执行指标——本级支出指标	红字
可执行指标——补助支出指标	红字
可执行指标——上解支出指标	红字
可执行指标——地区间援助支出指标	红字
可执行指标——债务还本支出指标	红字
可执行指标——债务转贷支出指标	红字

3.控制规则。

"支付申请"科目不得出现贷方余额。

1.4.5 确认支付

1.触发记账条件。

同总预算会计记账条件保持一致。

2.记账规则。

（1）支付申请确认支付

借：确认支付
　　贷：支付申请

（2）上年预拨本年资金、上级财政代扣事项以及专户管理的粮食风险基金等确认支付

借：确认支付
　　贷：可执行指标——本级支出指标

3.控制规则。

（1）"支付申请"科目不得出现贷方余额。

（2）上年预拨本年资金、上级财政代扣事项以及专户管理的粮食风险基金等确认支付，应同总预算会计账衔接。

1.4.6 支付更正

当金额流向一致，指标要素不正确时，通过支付更正业务用正确的可执行指标进行更正。

1. 触发记账条件。

单位发起支付更正申请，本级政府财政部门审核确认。

2. 记账规则。

（1）恢复可执行指标A余额，采用红字冲销法以负数核算。

借：确认支付A　　　　　　　　　　　　　红字
　　贷：支付申请A　　　　　　　　　　　　红字

借：支付申请A　　　　　　　　　　　　　红字
　　贷：可执行指标A　　　　　　　　　　　红字

（2）扣减可执行指标B余额。

借：支付申请B
　　贷：可执行指标B

借：确认支付B
　　贷：支付申请B

3. 控制规则。

（1）支付更正前，必须有正确的"可执行指标B"。

（2）通过"确认支付"科目和"支付申请"科目控制可以申请更正的最大金额，更正后扣减新的"可执行指标"，恢复原"可执行指标"。更正后，"可执行指标"科目不得出现贷方余额。

（3）资金流向和支付金额不变。

1.4.7 资金退回

1.4.7.1 当年资金退回

1. 触发记账条件。

依据集中支付代理银行凭证回单登记或人民银行凭证回单登记。

2. 记账规则。

（1）当年预算支出资金退回时，采用红字冲销法以负数核算，恢复支付申请余额。

借：确认支付　　　　　　　　　　　　　　红字
　　贷：支付申请　　　　　　　　　　　　　红字

（2）恢复可执行指标余额，采用红字冲销法以负数核算。

借：支付申请　　　　　　　　　　　　　　　　红字
　　贷：可执行指标——本级支出指标　　　　　　红字
　　　　可执行指标——补助支出指标　　　　　　红字
　　　　可执行指标——上解支出指标　　　　　　红字
　　　　可执行指标——地区间援助支出指标　　　红字
　　　　可执行指标——债务还本支出指标　　　　红字
　　　　可执行指标——债务转贷支出指标　　　　红字

3.控制规则。

应同总预算会计账衔接。

1.4.7.2　收回以前年度存量资金

收回以前年度存量资金如采用冲减当年支出的核算方式时，通过红字冲销法以负数核算，恢复待分预算余额。收回资金的项目需要继续实施的，应作为新的预算项目，按照预算管理程序重新申请和安排。

1.触发记账条件。

同总预算会计入账条件保持一致。

2.记账规则。

借：确认支付　　　　　　　　　　　　　　　　红字
　　贷：政府支出预算——待分预算　　　　　　　红字

3.控制规则。

收回以前年度存量资金时，应同总预算会计账衔接。如当年预算支出不够冲销，则冲销完后"确认支付"科目可出现贷方余额。

1.4.8　确认收入

1.4.8.1　本级税收、非税等收入入（退）库

退库采用红字冲销法以负数核算。

1.触发记账条件。

金库入账、总预算会计确认入账。

2.记账规则。

（1）入库时

借：政府收入预算——本级收入预算
　　贷：确认收入

（2）退库时

借：政府收入预算——本级收入预算　　　　　　　　红字
　　贷：确认收入　　　　　　　　　　　　　　　　　红字

3.控制规则。

要素、金额应同总预算会计账衔接。

1.4.8.2　债务发行收入入库（仅限中央和省本级）

1.触发记账条件。

金库入账、总预算会计确认入账。

2.记账规则。

借：政府收入预算——债务收入预算
　　贷：确认收入

3.控制规则。

要素、金额应同总预算会计账衔接。

1.4.8.3　确认债务转贷收入

1.触发记账条件。

总预算会计确认入账。

2.记账规则。

借：政府收入预算——债务转贷收入
　　贷：确认收入

3.控制规则。

要素、金额应同总预算会计账衔接。

1.4.8.4　确认动用预算稳定调节基金

1.触发记账条件。

总预算会计确认入账。

2.记账规则。

借：政府收入预算——动用预算稳定调节基金
　　贷：确认收入

3.控制规则。

要素、金额应同总预算会计账衔接。

1.4.8.5 上解收入、地区间援助收入确认收入

1.触发记账条件。

总预算会计确认入账。

2.记账规则。

借：政府收入预算——上解收入

　　政府收入预算——地区间援助收入预算

　　　贷：确认收入

3.控制规则。

应同总预算会计账衔接。

1.4.9 调出调入资金

1.触发记账条件。

本级政府财政部门确认调入资金（含其他调入）。

2.记账规则。

（1）调出方

借：确认支付

　　　贷：政府支出预算——调出资金

（2）调入方

借：政府收入预算——调入资金

　　　贷：确认收入

3.控制规则。

（1）调入方记账金额需大于等于调出方调出金额。如三本预算间资金调入调出，调入方记账金额需与调出方记账金额保持一致。

（2）记账金额同总预算会计账衔接。

1.5 年终事项

1.5.1 指标结转

根据预算安排将下年需按原用途继续使用的"政府支出预算"和"支出指标"进行结转，结转到"指标结转"科目。

1.触发记账条件。

本级政府财政部门确认指标结转。

2.记账规则。

借：指标结转

  贷：政府支出预算——本级支出预算

    政府支出预算——补助支出预算

    政府支出预算——债务转贷支出预算

    政府支出预算——待分预算

    待下达指标

    可执行指标——本级支出指标

    可执行指标——补助支出指标

    可执行指标——债务转贷支出指标

3.控制规则。

结转后,"支出指标"科目和"政府支出预算"科目不能为贷方余额。

1.5.2　指标结余

统筹收回"政府支出预算"科目余额和"支出指标"科目余额转入"指标结余"科目,按照相关法律法规规定年终将"指标结余"科目余额转入预算稳定调节基金。

1.触发记账条件。

本级政府财政部门确认指标结余。

2.记账规则。

借：指标结余

  贷：政府支出预算——本级支出预算

    政府支出预算——补助支出预算

    政府支出预算——上解支出

    政府支出预算——待分预算

    待下达指标

    可执行指标——本级支出指标

    可执行指标——补助支出指标

    可执行指标——上解支出指标

3.控制规则。

(1)指标结转结余后,"支出指标"科目和"待分预算"科目余额为零。

(2)一般公共预算指标结余转入预算稳定调节基金后,科目余额为零。

（3）政府性基金预算和国有资本经营预算指标结余按相关规定处理。

1.5.3 确认补充预算周转金

1.触发记账条件。

本级政府财政部门确认补充预算周转金。

2.记账规则。

借：确认支付

  贷：政府支出预算——补充预算周转金

3.控制规则。

预算周转金按预算法实施条例规定不得超过本级一般公共预算支出总额的1%。

1.5.4 确认结转下年支出

1.触发记账条件。

年终本级政府财政部门对年初预算"结转下年支出"确认指标结转。

2.记账规则。

借：指标结转

  贷：政府支出预算——结转下年支出（年初预算）

3.控制规则。

同总预算会计账保持一致。

1.5.5 年终结算

1.触发记账条件。

预算年度终了，本级政府财政部门对上下级财政办理年终结算事项。

2.记账规则。

（1）按预算法规定的相关结余转入安排预算稳定调节基金。

借：政府支出预算——安排预算稳定调节基金

  贷：指标结余

（2）未使用完毕的预备费安排预算稳定调节基金。

借：政府支出预算——安排预算稳定调节基金

  贷：政府支出预算——预备费

（3）年终结算根据预算法规定将对应的超收收入弥补赤字后转入预算稳定调节基金。

借：政府支出预算——安排预算稳定调节基金

　　贷：政府收入预算——本级收入预算

（4）根据年终结算将未确认的补助支出、上解支出和调出资金、安排预算稳定调节基金转确认支付。

借：确认支付

　　贷：政府支出预算——补助支出预算

　　　　政府支出预算——上解支出

　　　　政府支出预算——调出资金

　　　　政府支出预算——安排预算稳定调节基金

　　　　可执行指标——补助支出指标

　　　　可执行指标——上解支出指标

（5）根据年终结算将未确认的补助收入、上解收入和调入资金转确认收入。

借：政府收入预算——补助收入预算

　　政府收入预算——上解收入

　　政府收入预算——调入资金

　　贷：确认收入

3.控制规则。

（1）与年终结算平衡表保持一致，并同总预算会计账衔接。

（2）"政府支出预算"科目、"可执行指标"科目不得出现贷方余额。

1.5.6　根据实际执行数据调整新的平衡关系

1.触发记账条件。

本级政府财政部门根据实际执行数调整预算平衡。

2.记账规则。

（1）增加收支预算

借：政府支出预算——本级支出预算

　　政府支出预算——补助支出预算

　　政府支出预算——预备费

　　政府支出预算——上解支出

　　政府支出预算——地区间援助支出预算

　　政府支出预算——调出资金

政府支出预算——安排预算稳定调节基金
　　政府支出预算——债务还本支出预算
　　政府支出预算——债务转贷支出预算
　　政府支出预算——补充预算周转金
　　政府支出预算——结转下年支出
　贷：政府收入预算——补助收入预算
　　　政府收入预算——上解收入
　　　政府收入预算——地区间援助收入预算
　　　政府收入预算——调入资金
　　　政府收入预算——动用预算稳定调节基金
　　　政府收入预算——上年结转收入
　　　政府收入预算——上年结余收入

（2）减少收支预算采用红字冲销法以负数核算

借：政府支出预算——本级支出预算　　　　　　红字
　　政府支出预算——补助支出预算　　　　　　红字
　　政府支出预算——预备费　　　　　　　　　红字
　　政府支出预算——上解支出　　　　　　　　红字
　　政府支出预算——地区间援助支出预算　　　红字
　　政府支出预算——调出资金　　　　　　　　红字
　　政府支出预算——安排预算稳定调节基金　　红字
　　政府支出预算——债务还本支出预算　　　　红字
　　政府支出预算——债务转贷支出预算　　　　红字
　　政府支出预算——补充预算周转金　　　　　红字
　　政府支出预算——结转下年支出　　　　　　红字
　贷：政府收入预算——补助收入预算　　　　　红字
　　　政府收入预算——上解收入　　　　　　　红字
　　　政府收入预算——地区间援助收入预算　　红字
　　　政府收入预算——调入资金　　　　　　　红字
　　　政府收入预算——动用预算稳定调节基金　红字
　　　政府收入预算——上年结转收入　　　　　红字
　　　政府收入预算——上年结余收入　　　　　红字

（3）确认支付

借：确认支付

　　贷：政府支出预算——本级支出预算

　　　　政府支出预算——补助支出预算

　　　　政府支出预算——预备费

　　　　政府支出预算——上解支出

　　　　政府支出预算——地区间援助支出预算

　　　　政府支出预算——调出资金

　　　　政府支出预算——安排预算稳定调节基金

　　　　政府支出预算——债务还本支出预算

　　　　政府支出预算——债务转贷支出预算

　　　　政府支出预算——补充预算周转金

（4）将结转下年支出转入指标结转

借：指标结转

　　贷：政府支出预算——结转下年支出

（5）确认收入

借：政府收入预算——本级收入预算

　　政府收入预算——补助收入预算

　　政府收入预算——上解收入

　　政府收入预算——地区间援助收入预算

　　政府收入预算——调入资金

　　政府收入预算——动用预算稳定调节基金

　　政府收入预算——上年结转收入

　　政府收入预算——上年结余收入

　　贷：确认收入

3. 控制规则。

（1）根据年末实际执行情况，对预算数据进行调整，达到新的平衡关系，数据应同总预算会计衔接。

（2）减少预算总支出应判断相关支出预算余额是否充足，如果余额不足则不能保存，应先通过预算调剂（见业务场景1.3.2）、资金退回（见业务场景

1.4.7.1) 等流程进行要素修正后减少或调减。

1.5.7 结转结余

1.触发记账条件。

年终结算完成后系统自动处理。

2.记账规则。

收入结转后,将"确认收入"的贷方余额转入"结转结余"科目。支出结转后,将"确认支付"的借方余额转入"结转结余"科目。如果"确认收入"大于"确认支付",则"结转结余"科目有贷方余额,表示收大于支;如果"确认收入"小于"确认支付",则"结转结余"科目有借方余额,表示收不抵支。

  借:确认收入

    贷:结转结余

      确认支付

3.控制规则。

结转完毕后,"确认收入""确认支付"科目余额为零。

1.5.8 年终结账

年终结账,将本年度结转结余类和结转核销类清零,"结转结余"科目的贷方余额表示收大于支的盈余部分。"指标结转"科目和"指标结余"科目的借方余额表示本年未支出需结转至下年支出部分。本分录将两者冲平。

将"指标结转"科目明细转入下年度"上年结转收入"科目,指标结转应等于当年需结转下年的预算加当年需结转下年的指标(不含已经权责发生制列支部分)。

将"指标结余"科目明细转入下年度"上年结余收入"科目。指标结余应等于当年预算结余加当年指标结余(不含转入安排预算稳定调节基金部分)。

1.触发记账条件。

系统自动处理。

2.记账规则。

  借:结转结余

    贷:指标结转

      指标结余

3.控制规则。

年终结账后，所有科目余额为零。

二、单位资金

2.1 年初控制数提前安排支出

部门预算草案未经财政部门审查和批复前，单位可以提前安排的支出。

1.触发记账条件。

本级政府财政部门终审确认下达。

2.记账规则。

（1）单位登记可以提前安排的年初控制数和支出指标。

借：可执行指标

  贷：年初控制数

（2）预算批复前，年初控制数下达的指标调剂时，先收回指标A，再重新安排指标B。收回时采用红字冲销法以负数核算。

借：可执行指标A   红字

  贷：年初控制数A   红字

借：可执行指标B

  贷：年初控制数B

3.控制规则。

（1）必须是"年初控制数"安排的资金。

（2）记账金额须等于指标金额，且所有要素保持一致。

（3）"可执行指标B"需小于等于"可执行指标A"。

2.2 预算批复

2.2.1 年初预算批复

1.触发记账条件。

本级政府财政部门依据批准的部门预算生成单位资金预算。

2.记账规则。

借：单位资金支出预算

  贷：单位资金收入预算

3.控制规则。

记账金额等于批准金额。

2.2.2 核销年初控制数

1.触发记账条件。

本级政府财政部门审核确认核销。

2.记账规则。

（1）核销要素一致，用"单位资金支出预算"直接核销。

借：年初控制数

　　贷：单位资金支出预算

（2）如核销要素不一致但金额流向一致时，则需要通过支付更正（见业务场景2.4.9）再用"可执行指标"进行核销；如核销金额小于原"可执行指标"或金额流向不一致时，如已支付，需要资金退回（见业务场景2.4.7），恢复"可执行指标"再进行核销，如未发生支付，则用"可执行指标"直接进行核销。

借：年初控制数

　　贷：可执行指标

3.控制规则。

年初控制数不得出现借方余额。

2.2.3 生成支出指标

1.触发记账条件。

本级政府财政部门确认下达。

2.记账规则。

借：待下达指标

　　可执行指标

　　贷：单位资金支出预算

3.控制规则。

"单位资金支出预算"科目不得出现贷方余额。

2.3 预算调整调剂

2.3.1 增加或减少预算收支

1.触发记账条件。

本级政府财政部门审核确认。

2.记账规则。

预算批复后，按照有关规定在年度执行中，增加或减少预算收支。（减少预算收支时采用红字冲销法以负数核算）

（1）增加时

借：单位资金支出预算

　　贷：单位资金收入预算

（2）减少时

借：单位资金支出预算　　　　　　　　　　　　　红字

　　贷：单位资金收入预算　　　　　　　　　　　红字

3.控制规则。

减少预算支出应判断相关支出预算余额是否充足，如果余额不足则不能保存，应先通过预算调剂（见业务场景2.3.3）、资金退回（见业务场景2.4.7）等流程进行要素修正后减少或调减。

2.3.2　收回单位资金可执行指标

收回时采用红字冲销法以负数核算，恢复单位资金支出预算余额

1.触发记账条件。

本级政府财政部门审核确认收回指标。

2.记账规则。

借：待下达指标　　　　　　　　　　　　　　　　红字

　　可执行指标　　　　　　　　　　　　　　　　红字

　　贷：单位资金支出预算　　　　　　　　　　　红字

3.控制规则。

"可执行指标"不得出现贷方余额。

2.3.3　单位资金预算在项目、科目间调剂

如已生成"支出指标"，则需要先收回"支出指标"（见业务场景2.3.2），再进行调剂。

1.触发记账条件。

本级政府财政部门审核确认项目、科目间调剂。

2.记账规则。

借：单位资金支出预算B

　　贷：单位资金支出预算A

3.控制规则。

"单位资金支出预算A"不得出现贷方余额。

2.3.4 生成支出指标

1.触发记账条件。

本级政府财政部门审核确认生成指标。

2.记账规则。

借：待下达指标

　　可执行指标

　　贷：单位资金支出预算

3.控制规则。

"单位资金支出预算"科目不能出现贷方余额。

2.4 预算执行

2.4.1 待下达指标确认下达

1.触发记账条件。

本级政府财政部门根据管理需要确认下达，"可执行指标"转回为"待下达指标"时采用红字冲销法以负数核算。

2.记账规则。

（1）确认下达时

借：可执行指标

　　贷：待下达指标

（2）可执行指标转回为待下达指标时

借：可执行指标　　　　　　　　　　　　　　红字

　　贷：待下达指标　　　　　　　　　　　　红字

3.控制规则。

（1）"可执行指标"应与对应的"待下达指标"保持一样的要素，"待下达指标"科目不得出现贷方余额。

（2）"可执行指标"转回"待下达指标"时，"可执行指标"科目不得出现贷方余额。

2.4.2 可执行指标冻结

1.触发记账条件。

本级财政部门根据管理需要对可执行指标进行冻结。

2.记账规则。

(1)可执行指标冻结时。

借：可执行指标冻结

    贷：可执行指标

(2)冻结指标恢复为可执行指标时，采用红字冲销法以负数核算。

借：可执行指标冻结   红字

    贷：可执行指标   红字

3.控制规则。

(1)"可执行指标冻结"应与对应的"可执行指标"保持一样的要素，"可执行指标"科目不得出现贷方余额。

(2)"可执行指标冻结"恢复"可执行指标"时"可执行指标冻结"科目不得出现贷方余额。

2.4.3 单位资金支付申请

1.触发记账条件。

单位发起支付申请并保存发送。

2.记账规则。

借：支付申请

    贷：可执行指标

3.控制规则。

(1)"可执行指标"不得出现贷方余额。

(2)能否发起支付申请应校验单位自有资金账户余额。

2.4.4 单位资金支付申请退回

1.触发记账条件。

支付申请信息不满足支付条件银行退回支付凭证。

2.记账规则。

退回时采用红字冲销法以负数核算。

借：可执行指标   红字

    贷：支付申请   红字

3.控制规则。

"支付申请"科目不得出现贷方余额。

2.4.5 单位资金确认支付

1.触发记账条件。

同单位会计核算的入账条件保持一致。

2.记账规则。

借：确认支付

　　贷：支付申请

3.控制规则。

"支付申请"科目不得出现贷方余额。

2.4.6 单位资金确认收入

1.触发记账条件。

与单位会计核算条件保持一致。

2.记账规则。

（1）确认收入

借：单位资金收入预算

　　贷：确认收入

（2）收入退回时采用红字冲销法以负数核算

借：单位资金收入预算　　　　　　　　　　　　红字

　　贷：确认收入　　　　　　　　　　　　　　红字

3.控制规则。

记账金额与实际发生金额一致。

2.4.7 当年资金退回

1.触发记账条件。

账户收到资金退回。

2.记账规则。

采用红字冲销法以负数核算，恢复"可执行指标"余额。

借：确认支付　　　　　　　　　　　　　　　　红字

　　贷：支付申请　　　　　　　　　　　　　　红字

借：支付申请　　　　　　　　　　　　　　　　红字

　　贷：可执行指标　　　　　　　　　　　　　红字

3.控制规则。

同单位会计核算保持一致。

2.4.8 收回以前年度存量资金

1.触发记账条件。

账户收到资金退回。

2.记账规则。

采用红字冲销法以负数核算，恢复"单位资金支出预算"余额。

借：确认支付　　　　　　　　　　　　　　红字
　　贷：单位资金支出预算　　　　　　　　红字

3.控制规则。

同单位会计核算保持一致。

2.4.9 支付更正

1.触发记账条件。

单位发起支付更正申请，本级政府财政部门审核确认。

2.记账规则。

（1）恢复可执行指标A余额，采用红字冲销法以负数核算。

借：确认支付A　　　　　　　　　　　　　红字
　　贷：支付申请A　　　　　　　　　　　红字
借：支付申请A　　　　　　　　　　　　　红字
　　贷：可执行指标A　　　　　　　　　　红字

（2）扣减可执行指标B余额。

借：支付申请B
　　贷：可执行指标B
借：确认支付B
　　贷：支付申请B

3.控制规则。

（1）通过"确认支付"科目和"支付申请"科目控制可以申请更正的最大金额，更正后扣减新的"可执行指标"，恢复原"可执行指标"。更正后，"可执行指标"科目不得出现贷方余额。

（2）资金流向和支付金额不变。

2.5 年终事项
2.5.1 结转核销
单位资金支出预算、支出指标和收入预算超收转入单位资金结转结余。如单位资金收入短收，先通过预算调整实现收支平衡。

1.触发记账条件。

单位发起年终决算。

2.记账规则。

借：指标结转结余

　　贷：单位资金收入预算

　　　　单位资金支出预算

　　　　待下达指标

　　　　可执行指标

3.控制规则。

"单位资金收入预算"科目、"单位资金支出预算"科目和"支出指标"科目余额应为零。

2.5.2 结转结余
单位资金"确认支付"和"确认收入"转入单位资金"结转结余"。

1.触发记账条件。

年终决算完成。

2.记账规则。

借：确认收入

　　贷：结转结余

　　　　确认支付

3.控制规则。

同单位会计核算保持一致。

2.5.3 年终结账
年终结账，将本年度结转结余类和结转核销类清零，有关数据转入下年度"上年结转结余收入"。

指标结转结余等于需结转下年的单位资金支出预算、单位资金收入预算超收部分和需结转下年的支出指标之和。

1.触发记账条件。

系统自动处理。

2.记账规则。

借：结转结余

　　贷：指标结转结余

3.控制规则。

年终结账后，所有科目余额为零。

三、特殊场景

3.1 债券资金管理业务场景

1.接收上级政府下达的债务限额。

按照预算法规定，各省、自治区、直辖市的政府债务余额不得突破国务院批准的限额。省、自治区、直辖市政府财政部门依照国务院下达的本地区地方政府债务限额，提出本级和转贷给下级政府的债务限额安排方案，报本级政府批准后，将增加举借的债务列入本级预算调整方案，报本级人大批准。因此，接收上级政府下达的债务限额时，不记账。只有当预算调整方案报本级人大批准后方记账。

2.人大年初审查批准预算草案。

借：政府支出预算——本级支出预算

　　政府支出预算——补助支出预算

　　政府支出预算——债务还本支出预算

　　政府支出预算——债务转贷支出预算

　　贷：政府收入预算——债务收入预算

　　　　政府收入预算——债务转贷收入预算

3.人大常委会批准预算调整方案。

借：政府支出预算——本级支出预算

　　政府支出预算——补助支出预算

　　政府支出预算——债务还本支出预算

　　政府支出预算——债务转贷支出预算

　　贷：政府收入预算——债务收入预算

　　　　政府收入预算——债务转贷收入预算

4.登记、下达还本指标。

借：可执行指标——债务还本支出指标

　　贷：政府支出预算——债务还本支出预算

5.登记、下达转贷指标。

债务发行入库后，按照内部审批程序，并下达转贷支出指标。

借：可执行指标——债务转贷支出指标

　　贷：政府支出预算——债务转贷支出预算

6.调拨转贷资金。

依据转贷指标调拨资金，由债务管理部门发起支付申请，送国库部门审核。同时，触发预算指标核算记账。

借：支付申请

　　贷：可执行指标——债务转贷支出指标

借：确认支付

　　贷：支付申请

7.确认债务收入。

通过总预算会计记账触发，记账日期须保持一致。

借：政府收入预算——债务收入预算

　　　政府收入预算——债务转贷收入预算

　　贷：确认收入

8.归还本金、利息、费用。

州市、县区向上级财政还本付息付费时，依据指标办理付款，省本级统一还本付息付费时，州市承担还款责任的部分采取代收代付方式，不进行指标核算。

借：支付申请

　　贷：可执行指标——本级支出指标（利息、费用）

　　　　可执行指标——债务还本支出指标

借：确认支付

　　贷：支付申请

3.2 地方政府主权外贷特殊业务场景

1.确认收入。

（1）纳入国库集中支付管理的外贷资金在收到外贷收入或转贷收入时记

账。(2)存放在财政专户的政府外贷资金在专户收到外贷或转贷收入,同时总会计收到文件并入账时记账。(3)贷款方直接支付或委托代理银行、转贷银行支付的外贷资金,在总会计收到文件并入账时记账。

借:政府收入预算——债务收入预算(主权外贷)

政府收入预算——债务转贷收入预算(主权外贷)

贷:确认收入

2.预算执行。

(1)生成可执行指标。

借:可执行指标——本级支出指标

可执行指标——补助支出指标

可执行指标——债务转贷支出指标(主权外贷)

贷:政府支出预算——本级支出预算

政府支出预算——补助支出预算

政府支出预算——债务转贷支出预算(主权外贷)

(2)纳入国库集中支付管理的外贷转贷资金支付核算。

①申请支付

借:支付申请

贷:可执行指标——本级支出指标

可执行指标——补助支出指标

可执行指标——债务转贷支出指标(主权外贷)

②确认支付

借:确认支付

贷:支付申请

(3)存放在财政专户、贷款方直接支付或委托代理银行、转贷银行支付的外贷资金,在总会计收到文件并入账后记账。

借:确认支付

贷:可执行指标——本级支出指标

可执行指标——补助支出指标

可执行指标——债务转贷支出指标(主权外贷)

3.汇兑损益。

政府债务外贷财政专户外币余额按期末中国人民银行公布的汇率中间价折算后确认,汇兑损益根据总会计入账确认支付。

借:确认支付
　　贷:可执行指标——本级支出指标

4.资金退回。

(1)已提款未使用的资金退回

1)当年已提款未使用的资金退回

项目结束后,已提款但未使用的政府债务外贷资金退回贷款方,属于当年度退回的,冲减债务收入,采用红字冲销法以负数核算。

借:政府收入预算——债务收入预算(主权外贷)　　红字
　　政府收入预算——债务转贷收入预算(主权外贷)　　红字
　　贷:确认收入　　红字

2)已提款但未使用的政府债务外贷资金跨年退回

①属于跨年度退回的,应通过还本支出办理,相应调减债务余额。

a.收回可执行指标,恢复政府支出预算,用红字冲销法以负数核算。

借:可执行指标——本级支出指标　　红字
　　可执行指标——补助支出指标　　红字
　　可执行指标——债务转贷支出指标(主权外贷)　　红字
　　贷:政府支出预算——本级支出预算　　红字
　　　　政府支出预算——补助支出预算　　红字
　　　　政府支出预算——债务转贷支出预算　　红字

b.将政府支出预算调剂到债务还本支出预算。

借:政府支出预算——债务还本支出预算
　　贷:政府支出预算——本级支出预算
　　　　政府支出预算——补助支出预算
　　　　政府支出预算——债务转贷支出预算

c.生成债务还本支出指标。

借:可执行指标——债务还本支出指标
　　贷:政府支出预算——债务还本支出预算

②纳入国库集中支付的资金退回业务。

借：支付申请

　　贷：可执行指标——债务还本支出指标

借：确认支付

　　贷：支付申请

③存放在财政专户、贷款方直接支付或委托代理银行资金退回的，总会计收到文件并入账。

借：确认支付

　　贷：可执行指标——债务还本支出指标

（2）已拨付资金未通过贷款方审核需要退款的

已拨付资金未通过贷款方审核需要退回的，应冲减支出后按当年已提款未使用的资金退回场景核算。因汇率影响，由一般公共预算通过预算调整调剂（见业务场景1.3.1和1.3.2）补足。

①纳入国库集中支付管理的先资金退回（见业务场景1.4.7）。

②存放在财政专户、贷款方直接支付或委托代理银行、转贷银行支付的冲减当年支出，以红字冲销法以负数核算。

借：确认支付　　　　　　　　　　　　　　　红字

　　贷：可执行指标——本级支出指标　　　　红字

　　　　可执行指标——补助支出指标　　　　红字

③退回支出预算后冲减债务收入。

借：可执行指标——本级支出指标　　　　　　红字

　　　可执行指标——补助支出指标　　　　　　红字

　　贷：政府支出预算——本级支出预算　　　红字

　　　　政府支出预算——补助支出预算　　　红字

借：政府收入预算——债务收入预算（主权外贷）　红字

　　　政府收入预算——债务转贷收入预算（主权外贷）　红字

　　贷：确认收入　　　　　　　　　　　　　红字

5.额度内当年未提款业务。

额度内当年未提款业务政府主权外贷额度不再结转外贷使用，报经省级人民政府批准并报财政部备案后调剂用于当年或以后年度发行新增地方政府一般债券，按调整调剂程序办理。

年末未提款的剩余预算额度用红字冲销法以负数核算，如已生成可执行指标的需先收回可执行指标（参考业务场景1.3.2.1-2）。

借：政府支出预算——本级支出预算　　　　　　　　红字
　　政府支出预算——补助下级预算　　　　　　　　红字
　　政府支出预算——债务转贷支出预算　　　　　　红字
　贷：政府收入预算——债务收入预算（主权外贷）　　红字
　　　政府收入预算——债务转贷收入预算（主权外贷）红字

3.3 国库集中支付结余

1.国库集中支付结余年初转入。

（1）触发记账条件

新的年度开始，本级政府财政部门审核确认，且要素、金额应同上年度衔接。

（2）记账规则

①年初转入

列支权责发生制事项批复后转入。

借：安排国库集中支付结余
　贷：应付国库集中支付结余

②生成支出指标

权责发生制事项转支出指标。

借：可执行指标（应付国库集中支付结余）
　贷：安排国库集中支付结余

③权责发生制事项确认收入

借：应付国库集中支付结余
　贷：确认收入（应付国库集中支付结余）

指标核算确认收入，总会计账不记收入。

（3）控制规则

记账金额与上年度权责发生制列支金额保持一致。

2.国库集中支付结余调剂。

（1）收回国库集中支付结余

①触发记账条件

本级政府财政部门审核确认，且科目、要素、金额应与总预算会计账衔接。

②记账规则

采用红字冲销法以负数核算。

借：可执行指标（应付国库集中支付结余）　　　　　红字
　　贷：安排国库集中支付结余　　　　　　　　　　红字
借：安排国库集中支付结余　　　　　　　　　　　　红字
　　贷：应付国库集中支付结余　　　　　　　　　　红字
借：应付国库集中支付结余　　　　　　　　　　　　红字
　　贷：确认收入（应付国库集中支付结余）　　　　红字

同时增加分录，减列当年确认支付，增列当年待分预算，采用红字冲销法以负数核算，收回资金的项目需要继续实施的，应作为新的预算项目，按照预算管理程序重新申请和安排。核算如下：

借：确认支付（当年预算）　　　　　　　　　　　　红字
　　贷：政府支出预算——待分预算　　　　　　　　红字

③控制规则

根据"可执行指标"科目余额控制可收回的最大金额。如当年预算支出不够冲销，则冲销完后"确认支付"科目可出现贷方余额。

（2）国库集中支付结余调剂

①触发记账条件

本级政府财政部门审核确认。

②记账规则

借：可执行指标A（应付国库集中支付结余）　　　　红字
　　贷：安排国库集中支付结余A（应付国库集中支付结余）　红字
借：安排国库集中支付结余B（应付国库集中支付结余）
　　贷：安排国库集中支付结余A（应付国库集中支付结余）
借：可执行指标B（应付国库集中支付结余）
　　贷：安排国库集中支付结余B（应付国库集中支付结余）

③控制规则

通过"可执行指标"科目余额控制可以调剂的最大金额。

3.国库集中支付结余执行。

(1)单位支付申请

①触发记账条件

单位录入支付申请并保存发送。

②记账规则

借:支付申请(应付国库集中支付结余)
  贷:可执行指标(应付国库集中支付结余)

③控制规则

"可执行指标"科目不能出现贷方余额。

(2)单位支付申请退回

①触发记账条件

支付申请信息不满足支付条件银行退回支付凭证。

②记账规则

借:支付申请(应付国库集中支付结余)   红字
  贷:可执行指标(应付国库集中支付结余)   红字

③控制规则

"支付申请"科目不得出现贷方余额。

(3)确认支付

①触发记账条件

同总预算会计记账条件保持一致。

②记账规则

借:确认支付(应付国库集中支付结余)
  贷:支付申请(应付国库集中支付结余)

③控制规则

通过"支付申请"科目控制可生成"确认支付"科目的最大金额。此处国库集中支付结余指标确认支付在财政总预算会计中不记预算支出。

(4)资金退回

①触发记账条件

同总预算会计入账条件保持一致。

②记账规则

资金退回时,采用红字冲销法以负数核算,恢复"支付申请"科目余额。

借：确认支付（应付国库集中支付结余）　　　　　　红字
　　　贷：支付申请（应付国库集中支付结余）　　　　　红字
恢复"可执行指标"科目余额，采用红字冲销法以负数核算。
借：支付申请（应付国库集中支付结余）　　　　　　红字
　　　贷：可执行指标（应付国库集中支付结余）　　　　红字

③控制规则

a.资金退回时通过"确认支付"科目控制当年可退回资金的最大金额。

b.资金退回时金额要素同总会计核算保持一致。

（5）支付更正

①触发记账条件

单位发起支付更正申请并保存。

②记账规则

恢复可执行指标A余额，采用红字冲销法以负数核算。

借：确认支付（应付国库集中支付结余A）　　　　　红字
　　　贷：支付申请（应付国库集中支付结余A）　　　　红字
借：支付申请（应付国库集中支付结余A）　　　　　红字
　　　贷：可执行指标（应付国库集中支付结余A）　　　红字

扣减可执行指标B余额。

借：支付申请（应付国库集中支付结余B）
　　　贷：可执行指标（应付国库集中支付结余B）
借：确认支付（应付国库集中支付结余B）
　　　贷：支付申请（应付国库集中支付结余B）

③控制规则

a.通过"确认支付"科目控制可申请支付更正的最大金额。

b."可执行指标"科目不得出现贷方余额。

4.国库集中支付结余年终事项。

（1）国库集中支付结余权责发生制列支

当年预算形成权责发生制事项，实行权责发生制转列支出。

①触发记账条件

本级政府财政部门确认权责发生制列支事项。

②记账规则

借：确认支付（当年预算）

　　贷：可执行指标——本级支出指标（当年预算）

③控制规则

"可执行指标"科目不得出现贷方余额。

（2）指标结转

①触发记账条件

本级政府财政部门确认结转资金。

②记账规则

本级"可执行指标（权责发生制事项）"余额转入指标结转。

借：指标结转（应付国库集中支付结余）

　　贷：可执行指标（应付国库集中支付结余）

③控制规则

权责发生制事项未全部执行完毕的指标，下年需按原用途继续使用（科研项目等）。根据"可执行指标"科目余额进行结转，结转到"指标结转"科目。结转后，"可执行指标"科目为零。除科研项目外，原则上无结余和结转资金。

（3）可执行指标收回

①触发记账条件

本级政府财政部门确认结余资金。

②记账规则

收回未执行的权责发生制"可执行指标"科目余额，采用红字冲销法以负数核算。

借：可执行指标（应付国库集中支付结余）　　　　红字

　　贷：安排国库集中支付结余　　　　　　　　红字

借：应付国库集中支付结余　　　　　　　　　　红字

　　贷：确认收入（应付国库集中支付结余）　　红字

借：安排国库集中支付结余　　　　　　　　　　红字

　　贷：应付国库集中支付结余　　　　　　　　红字

对往年结转到本年的国库集中支付结余，在往年已经列支，在本年末，因不允许再次结转，而转至指标结余后，由于该资金未发生实际支出，需减列本年的预算支出，同时增列当年指标结余。采用红字冲销法以负数核算，账务处理如下：

　　借：确认支付（当年预算）　　　　　　　　　　　　红字
　　　　贷：指标结余（当年预算）　　　　　　　　　　红字

③控制规则

未执行完的"可执行指标"，年末结转到"指标结余"科目，结转后科目为零。

（4）结转结余

权责发生制事项"确认收入"和"确认支付"转入"结转结余"。

①触发记账条件

本级政府财政部门确认结转结余资金。

②记账规则

　　借：确认收入（应付国库集中支付结余）
　　　　贷：结转结余（应付国库集中支付结余）
　　　　　　确认支付（应付国库集中支付结余）

③控制规则

同总预算会计核算保持一致。

（5）年终结账

年终结账，将国库集中支付结余类和结转核销类清零。

①触发记账条件

系统自动处理。

②记账规则

　　借：结转结余（应付国库集中支付结余）
　　　　贷：指标结转（应付国库集中支付结余）

③控制规则

年终结账后，所有科目余额为零。

第六章 报表格式及报表编报说明

XX年XX（一般公共预算/政府性基金预算/国有资本经营预算）指标核算管理总表（样表）

地区：　　　　　　　　　　　　　日期：　　　　　　　　　　　　　单位：万元

借方科目	年初预算数	借方发生额	贷方发生额	期末数	贷方科目	年初预算数	借方发生额	贷方发生额	期末数
一、指标来源类					二、提前安排类				
1001 政府支出预算					2001 本级财力提前下达指标				
100101 本级支出预算					2002 本级财力年初控制数				
100102 补助支出预算					2003 其他预拨指标				
100103 预备费					三、结转结余类				
100104 上解支出					3001 结转结余				
100105 地区间援助支出预算					四、财力类				
100106 调出资金					4001 政府收入预算				
100107 安排预算稳定调节基金					400101 本级收入预算				
100108 债务还本支出预算					400102 补助收入预算				
100109 债务转贷支出预算					400103 上解收入				
100110 补充预算周转金					400104 地区间援助收入预算				
100111 结转下年支出					400105 调入资金				
100199 待分预算					400106 动用预算稳定调节基金				
1002 安排国库集中支付结余					400107 债务收入预算				

续表

借方科目	年初预算数	借方发生额	贷方发生额	期末数	贷方科目	年初预算数	借方发生额	贷方发生额	期末数
五、支出指标类					400108 债务转贷收入预算				
5001 待下达指标					400109 上年结转收入				
5002 可执行指标					400110 上年结余收入				
500201 本级支出指标					4002 应付国库集中支付结余				
500202 补助支出指标					六、收入类				
500206 上解支出指标					6001 确认收入				
500203 地区间援助支出指标									
500204 债务还本支出指标									
500205 债务转贷支出指标									
5003 可执行指标冻结									
七、支付申请类									
7001 支付申请									
八、支付类									
8001 确认支付									
九、结转核销类									
9001 指标结转									
9002 指标结余									
合计					合计				

XX年XX一般公共预算收入预算变动及执行情况表（样表）

地区： 日期： 单位：万元

科目	年初预算数	预算调整数	执行中增加（减少）	执行数（决算数）
本级收入				
税收收入				
增值税				
消费税				
……				
非税收入				
行政性收费				
……				
上级补助收入				
返还性收入				
一般性转移支付收入				
专项转移支付收入				
下级上解收入				
体制上解收入				
专项上解收入				
待偿债置换一般债券上年结余				

续表

科目	年初预算数	预算调整数	执行中增加（减少）	执行数（决算数）
上年结转				
上年结余				
调入资金				
从政府性基金预算调入				
从国有资本经营预算调入				
从其他资金调入				
债务收入				
债务转贷收入				
国债转贷收入				
国债转贷资金上年结余				
国债转贷补助数				
动用预算稳定调节基金				
接受其他地区援助收入				
省补助计划单列市收入				
计划单列市上解省收入				
收入总计				

XX年XX一般公共预算支出预算变动及执行情况表（样表）

地区：　　　　　　　　　　　　　　　日期：　　　　　　　　　　　　　　　单位：万元

科目名称	年初预算数	变动项目								变动后预算数	执行数（决算数）	预算结转	安排预算稳定调节基金
		小计	上年结转	上级财力性转移支付增额用于对下补助	上级共同事权转移支付增加额	上级专项转移支付增加额	债务（转贷）收入（含国债转贷）	动用预备费	预算调剂	财力统筹的变动项（包含本年超收、上解收入、上级财力性转移支付增加额、调入资金增加额、动用预算稳定调节基金）	省补助计划单列市	地区间接受助收入				
本级支出													
一般公共预算支出													
人大事务													
行政运行													
一般行政管理事务													
……													
预备费													
待分预算													
其他支出（类）													
债务付息支出													
债务发行费用支出													
地方政府一般债务还本支出													
调出资金													
补充预算周转金													
国债转贷资金结余													
安排预算稳定调节基金													

续表

科目名称	年初预算数	小计	上年结转	上级财力转移支付增加额用于对下补助	上级共同事权转移支付增加额	上级专项转移支付增加额	债务(转贷)收入(含转贷国债转贷)	动用预备费	预算调剂	财力统筹的变动项(包含本年超收安排、上解收入、上级财力性转移转支付增加额、调入资金增加额、动用预算稳定调节基金)	省补助划单列市	地区间接助收入	变动后预算数	执行数(决算数)	预算结转	安排预算稳定调节基金
援助其他地区支出																
待偿债置换一般债券结余																
结转下年支出																
转移性支出																
补助下级支出																
上级财力补助下级支出																
返还性支出																
一般性转移支付																
体制补助支出																
……																
一般公共服务共同财政事权转移支付收入																
专项转移支付支出																
一般公共服务																
……																
本级财力补助下级支出																

续表

科目名称	年初预算数	变动项目									变动后预算数	执行数（决算数）	预算结转	安排预算稳定调节基金
		小计	上年结转	上级财力性转移支付增加额用于补助下	上级共同事权转移支付增加额	上级专项转移支付增加额	债务（转贷）收入（含国债转贷）	动用预备费	预算调剂	财力统筹的变动项（包含本年超收、收安排、上解性转移支付增加额、调入资金增加额、动用预算稳定调节基金）	省补助计划单列市	地区间返助收入		
返还性支出														
一般性转移支付支出														
体制补助收入														
……														
一般公共服务共同财政事权转移支付支出														
……														
专项转移支付支出														
一般公共服务														
……														
上解上级支出														
体制上解支出														
专项上解支出														
债务转贷支出														
拨付国债转贷资金数														
计划单列市上解省支出														
省补助计划单列市列支出														
支出合计														

XX年XX政府性基金预算收入预算变动及执行情况表（样表）

地区：　　　　　　　日期：　　　　　　　　　　　　　　　　　　　　　　　　单位：万元

科目	年初预算数	预算调整数	执行中增加（减少）	执行数（决算数）
政府性基金预算收入				
政府性基金收入（款）				
专项债券对应项目专项收入				
政府性基金预算上级补助收入				
政府性基金预算下级上解收入				
待偿债置换专项债券上年结余				
政府性基金预算上年结余				
政府性基金预算调入资金				
一般公共预算调入资金				
其他调入资金				
专项债务收入				
地方政府专项债务转贷收入				
政府性基金预算省补助计划单列市收入				
政府性基金预算计划单列市上解省收入				
收入总计				

XX年XX政府性基金预算支出预算变动及执行情况表（样表）

地区：　　　　　　　　　　　　　　日期：　　　　　　　　　　　　　　单位：万元

科目名称	年初预算数	变动项目									变动后预算数	执行数（决算数）	安排预算稳定调节基金	年终结余
		小计	上年结转	上级专项转移支付变动额	债务（转贷）收入	本年超短收	预算调剂	上解收入	省补助计划单列市					
政府性基金预算支出														
科学技术支出														
核电站乏燃料处理处置基金支出														
文化旅游体育与传媒支出														
国家电影事业发展专项资金安排的支出														
……														
债务付息支出														
地方政府专项债务付息支出														
债务发行费用支出														
地方政府专项债务发行费用支出														
政府性基金预算调出资金														
其中：调出到预算稳定调节基金														
地方政府专项债务还本支出														
待偿债置换专项债券结余														
结转下年支出														
转移性支出														
政府性基金预算补助下级支出														
政府性基金预算上解上级支出														
债务转贷支出														
政府性基金预算计划单列市上解省支出														
政府性基金预算省补助计划单列市支出														
支出合计														

XX年XX国有资本经营预算收入预算变动及执行情况表（样表）

地区：　　　　　　　　　　　　　　日期：　　　　　　　　　　　　　　　　　　　　　单位：万元

科目	年初预算数	预算调整数	执行中增加（减少）	执行数（决算数）
国有资本经营预算收入				
非税收入				
国有资本经营收入				
……				
国有资本经营预算上年结余				
国有资本经营预算上级补助收入				
国有资本经营预算下级上解收入				
国有资本经营预算省补助计划单列市收入				
国有资本经营预算计划单列市上解省收入				

XX年XX国有资本经营预算支出预算变动及执行情况表（样表）

地区：　　　　　　　　　　　　日期：　　　　　　　　　　　　　　　　　　　　单位：万元

科目名称	年初预算数	变动项目							变动后预算数	执行数（决算数）	年终结余
		小计	上年结转	上级专项转移支付变动额	本年超短收	预算调剂	上解收入	省补助计划单列市			
国有资本经营预算支出											
社会保障和就业支出											
补充全国社会保障基金											
国有资本经营预算支出											
解决历史遗留问题及改革成本支出											
……											
国有资本经营预算调出资金											
国有资本经营预算结转下年支出											
转移性支出											
国有资本经营预算补助下级支出											
国有资本经营预算上解上级支出											
国有资本经营预算省补助计划单列市支出											
国有资本经营预算计划单列市上解省支出											
支出合计											

XX年XX单位资金指标核算管理总表（样表）

地区：　　　　　　　　　　　日期：　　　　　　　　　　　　　　　　　　　　　　　　　　单位：万元

借方科目	年初预算数	借方发生额	贷方发生额	期末数	贷方科目	年初预算数	借方发生额	贷方发生额	期末数
一、单位资金支出预算类					二、提前安排类				
1601 单位资金支出预算					2601 年初控制数				
五、支出指标类					三、结转结余类				
5601 待下达指标					3601 结转结余				
5602 可执行指标					四、单位资金收入预算类				
5603 可执行指标冻结					4601 单位资金收入预算				
七、支付申请类					460101 事业收入预算				
5601 支付申请					460102 经营收入预算				
八、支付类					460103 上级补助收入预算				
8601 确认支付					460104 附属单位上缴收入				
九、结转核销类					460105 结转结余收入				
9601 指标结转结余					460106 财政专户管理资金收入（教育收费）				
					460199 其他收入预算				
					六、收入类				
					6801 确认收入				
合计					合计				

报表编报说明

预算指标核算报表体系共有八张样表，报表格式固定，编报时不得增加（减少）报表科目，为零值的行不得隐藏过滤，报表通过预算指标核算取数，不得直接从业务数据表中取数。财政部根据管理需要适时调整报表样式。

一、××年××（一般公共预算/政府性基金预算/国有资本经营预算）指标核算管理总表、××年××单位资金指标核算管理总表

本表为预算指标核算管理总表（以下简称总表），包含所有核算的一、二级科目。

（一）本表"年初预算数"栏根据指标核算中本年年初人大批准预算数编报。取自政府收入预算科目和政府支出预算科目中的年初人大批准预算数。

（二）本表的"借方发生数"栏根据各科目核算中的借方发生数编报，红字核算以负数反映。

（三）本表的"贷方发生数"栏根据各科目核算中的贷方发生数编报，红字核算以负数反映。

（四）本表的"期末数"栏根据各科目的余额编报，应等于年初数加上借方发生数减去贷方发生数。

（五）本表的借方科目的"年初数"和"期末数"应等于贷方科目的"年初数"和"期末数"。

（六）预算指标核算发挥着收支平衡和顺逆向控制双向作用，为确保报表逻辑清晰，考虑编报时部分借方科目间和贷方科目间的发生数保持一定的勾稽关系，如可执行指标的贷方发生数等于支付申请的借方发生数，政府收入预算的借方发生数等于确认收入的贷方发生数等。

二、××年××一般公共预算收入预算变动及执行情况表、××年××政府性基金预算收入预算变动及执行情况表、××年××国有资本经营预算收入预算变动及执行情况表

本表全面反映本级政府财政部门的收入预算变动情况。

（一）本表纵向科目分为线上和线下收入两部分，线上部分按功能科目列

示，线下部分按实际预算收入事项列示。

（二）本表"年初预算数"列编报本年年初人大批准预算数，应等于总表的政府收入预算的年初数。

（三）本表"预算调整数"列编报本年人大批准的预算调整数。

（四）本表"执行中增加（减少）"列编报在执行过程中不属于年初预算和预算调整的收入预算变动数。（包含但不仅限于地方各级政府因上级政府增加不需要本级政府提供配套资金的专项转移支付而引起的收入预算变化。）

（五）本表"执行数（决算数）"列编报预算指标核算中对应科目的确认收入数。

三、××年××一般公共预算支出预算变动及执行情况表、××年××政府性基金支出预算变动及执行情况表、××年××国有资本经营预算变动及执行情况表。

本表为棋盘式表格，通过纵向要素和横向要素交叉列示全面反映本级政府财政部门的支出预算变动及执行情况。

（一）本表纵向科目分为本级支出和对下转移支付两部分，其中本级又包含线上和线下两部分，按功能科目列示。

（二）本表"年初预算数"列编报本年年初人大批准预算数，应等于总表的政府支出预算科目的年初数。其中对下转移支付部分应等于总表中对应的支出预算科目年初数。

（三）本表的"变动项小计"列编报预算执行中预算变动项数值合计，应等于总表中的政府收入预算的贷方发生数。

（四）变动项目中的"上年结转"列编报执行中因上年结转收入变化通过预算调整增加（减少）的政府支出预算，需明细到具体科目。

（五）变动项目中的"上级财力性转移支付增加额用于对下补助"列编报执行中新增加的上级财力性转移支付增加额用于对下级补助，不含上级财力性转移支付增加额用于本级部分。需明细到对应的转移支付科目。

（六）变动项目中的"上级共同事权转移支付增加额"列编报执行中上级共同事权转移支付收入增加（减少）而调整的政府支出预算，需明细到具体科目。

（七）变动项目中的"上级专项转移支付增加额"列编报执行中上级专项转移支付收入增加（减少）而调整的政府支出预算，需明细到具体科目。

（八）变动项目中的"债务(转贷)收入（含国债转贷）"列编报执行中债务(转贷)收入（含国债转贷）增加（减少）而调整的政府支出预算，需明细到具体科目。

（九）变动项目中的"动用预备费"列编报在执行中动支预备费情况，需在报表行中的预备费中用负数编报，并在对应列的支出明细科目中用正数编报，此列的合计值应为零。

（十）变动项目中的"预算调剂"列编报在执行中科目、项目间调剂及级次间预算调剂。调减用负数编报，调增用正数编报，此列的合计值应为零。

（十一）变动项目中的"财力统筹的变动项（包含本年超收、短收安排、上级财力性转移支付增加额、调入资金增加额、动用预算稳定调节基金、上解收入）"列编报在执行中因财力统筹部分的收入预算变动而调整的政府支出预算，需明细到具体科目。

（十二）变动项目中的"省补助计划单列市"列编报在执行中省补助计划单列市增加（减少）而调整的政府支出预算，需明细到具体科目。

（十三）变动项目中的"地区间援助收入"列编报在执行地区间援助收入增加（减少）而调整的政府支出预算，需明细到具体科目。

（十四）本表"变动后预算数"列编报年初预算数+变动项目后的净值。

（十五）本表"执行数（决算数）"列编报指标核算中对应科目的确认支付。

（十六）一般公共预算支出预算变动及执行情况表"预算结转"列编报全年预算执行完毕后需结转下年的预算指标。

（十七）本表"安排预算稳定调节基金"列编报年末时相关科目的结余转入安排预算稳定调节基金。

（十八）一般公共预算支出预算变动及执行情况表的"变动后预算数"="执行数（决算数）"+"预算结转"+"安排预算稳定调节基金"。

（十九）政府性基金支出预算变动及执行情况表、国有资本经营预算变动及执行情况表中的"年终结余"编报全年预算执行完毕后需结转下年的预算结转。

（二十）政府性基金支出预算变动及执行情况表的"变动后预算数"="执行数（决算数）"+"安排预算稳定调节基金"+"年终结余"；国有资本经营预算变动及执行情况表中的"变动后预算数"="执行数（决算数）"+"年终结余"。

行政事业单位划转撤并相关会计处理规定

为进一步落实财务、资产管理有关要求，规范行政事业单位（以下简称单位）划转撤并的会计处理，更好地服务党和国家机构改革，根据《中华人民共和国会计法》《行政事业性国有资产管理条例》《行政单位财务规则》《事业单位财务规则》和政府会计准则制度等相关规定，制定本规定。

一、适用范围和会计处理基本原则

（一）适用范围

本规定适用于发生划转撤并情形，且执行政府会计准则制度的单位。

本规定所指的划转撤并，包括划转、合并、分立、撤销和改制五种情形：

划转，是指单位隶属关系改变，成建制划归相关单位。

合并，是指两个或两个以上单位重组为一个单位。

分立，是指一个单位分为两个或两个以上单位。

撤销，是指单位被宣布解散或终止，不含合并、分立情形中被合并或被分立单位注销法人资格的情形。

改制，是指单位性质发生变化，具体包括以下两种情形：一是单位转为企业（以下简称转企改制）；二是单位由行政单位转为事业单位或由事业单位转为行政单位（以下简称非转企改制）。

其中，单位划转、合并、分立涉及单位性质发生变化的，除按照本规定中关于划转、合并、分立情形进行会计处理外，还应当遵循本规定中关于改制情形的相关会计处理规定。

单位性质没有发生变化，但执行的财务管理制度发生变化的，参照本规定关于改制的情形进行会计处理。

（二）会计处理基本原则

单位发生划转撤并情形的，应当按照财务、资产等有关管理规定进行清算，在清算期间全面开展资产清查核实、清理债权债务、开展资产评估等工作，并在清算基础上做好资产和负债的移交和划转工作。单位应当根据相关划转撤并批复文件或方案等确定清算日、清算结束日、合并日和分立日等关键时间节点。

划转撤并单位应当按照本规定对划转撤并过程中的相关业务和事项进行会计处理，并编制相关报表。本规定尚未作出规定的，单位应当按照政府会计准则制度的相关规定执行。单位划转、合并、分立和非转企改制情形下的会计核算应当以持续运行为前提。单位撤销和转企改制情形下的会计核算应当以非持续运行为前提。

二、划转撤并单位清算的会计处理

（一）持续运行前提下单位清算的会计处理

1.主要业务和事项的会计处理。

（1）单位在清算期间的会计处理。

单位应当按照政府会计准则制度规定对清算相关的业务和事项进行会计处理。其中，单位按规定开展资产评估、涉及资产价值变动的，应当根据报经批准或备案的资产评估价值调整评估基准日资产的账面价值，并确认其他收入或其他费用。

（2）单位在清算结束日的会计处理。

单位在清算结束后因合并或分立原因，其全部资产和负债移交其他单位的，应当在清算结束日及时结账。结账后，在财务会计下，收入类、费用类科目应无余额，除"累计盈余""专用基金""权益法调整"科目外，其他净资产类科目应无余额；在预算会计下，预算收入类、预算支出类科目应无余额，"其他结余""非财政拨款结余分配"科目应无余额。

2.清算财务报表等有关报表及编制说明。

单位应当编制清算财务报表，至少包括清算资产负债表。

（1）关于清算资产负债表。

单位清算资产负债表应当反映清算当年年初、清算日和清算结束日的财务状况，资产负债表各项目应当按照政府会计准则制度规定进行填列。

资产负债表格式参见附1。

（2）关于其他报表。

单位在清算结束后因合并或分立原因，其全部资产和负债移交其他单位的，应当按照政府会计准则制度规定编制收入费用表和预算会计报表，反映单位年初至清算结束日的运行情况和预算执行情况。

单位清算跨年度进行的，应当按照政府会计准则制度规定按年度编制会计报表。

（二）非持续运行前提下单位清算的会计处理

1.会计科目设置及使用说明。

单位应当在《政府会计制度——行政事业单位科目和报表》所规定的财务会计科目基础上，作如下调整：

（1）在收入类科目中增设"清算收入"科目，核算单位在清算期间因资产价值变动、资产盘盈、债务豁免等产生的各项收入。

（2）在费用类科目中增设"清算费用"科目，核算单位为开展清算而发生的评估费、审计费和相关税费，以及因资产价值变动、资产盘亏、债权核销等产生的各项费用。

（3）在净资产类科目中增设"清算净损益"科目，核算单位清算期间各项清算收入、清算费用相抵后的余额。

单位可根据清算工作实际需要，结合清算业务类别（如评估增值、减值，资产盘盈、盘亏、毁损、报废等），在上述会计科目下进一步设置明细科目。

2.主要业务和事项的会计处理。

（1）单位在清算日的会计处理。

单位在清算日应当进行结账。结账后，在财务会计下，收入类、费用类科目应无余额，除"累计盈余""专用基金""权益法调整"科目外，其他净资产类科目应无余额；在预算会计下，预算收入类、预算支出类科目应无余额，"其他结余""非财政拨款结余分配"科目应无余额。

(2)单位盘盈或盘亏、毁损、报废资产的会计处理。

单位在清算期间发生资产盘盈的,应当按照政府会计准则制度规定确定的成本及时入账,并确认清算收入。对于盘盈的资产,单位在报经批准或备案前,在财务会计下按照确定的资产入账成本,借记相关资产科目,贷记"待处理财产损溢——待处理财产价值"科目;单位在报经批准或备案后,在财务会计下借记"待处理财产损溢——待处理财产价值"科目,贷记"清算收入"等科目。

单位在清算期间发生资产盘亏、毁损或报废的,应当按规定核销相关资产,并确认清算费用。对于盘亏、毁损或报废的资产,单位在报经批准或备案前,在财务会计下按照资产的账面价值,借记"待处理财产损溢——待处理财产价值"科目,按照相关资产已计提的折旧或摊销金额,借记"固定资产累计折旧""无形资产累计摊销"等科目,按照相关资产的账面余额,贷记相关资产科目;单位在报经批准或备案后,在财务会计下借记"清算费用"等科目,贷记"待处理财产损溢——待处理财产价值"科目。

单位处理毁损、报废实物资产过程中,应当将处理收入(如取得的残值或残值变价收入、保险理赔和过失人赔偿等)和相关费用计入待处理财产损溢(处理净收入),在处理收支结清时按照差额确认清算费用(处理收入小于相关费用时)或应缴财政款等(处理收入大于相关费用时)。

单位在清算期间进行资产清查核实,涉及现金溢余或短缺的,其预算会计按照政府会计准则制度规定进行处理。

(3)单位清理债权债务的会计处理。

单位在清算期间进行相关债权清理的,对于确实无法收回的相关债权,应当按规定报经批准或备案后予以核销,并确认清算费用。单位报经批准或备案后核销相关债权时,应当按照其账面余额,借记"清算费用"科目,贷记"应收账款""其他应收款"等科目。其中,事业单位已计提坏账准备的,还应同时将相应的坏账准备金额予以核销,借记"坏账准备"科目,贷记"清算费用"科目。

单位在清算期间进行相关债务清理的,对于无法偿付或债权人豁免偿还的相关债务,应当按规定报经批准或备案后予以核销,并确认清算收入。单位核销无法偿付或债权人豁免偿还的债务时,按照其金额,借记"应付账款""其他应付款"等科目，贷记"清算收入"科目。

（4）单位因资产评估调整资产账面价值的会计处理。

单位在清算期间按规定开展资产评估、涉及资产价值变动的，应当根据报经批准或备案的资产评估价值对评估基准日资产的账面价值进行调整，并确认清算收入或清算费用。单位应当在资产评估结果报经批准或备案后，按照资产评估价值与评估基准日账面价值的差额，借记或贷记相关资产科目，贷记"清算收入"科目或借记"清算费用"科目。

（5）单位发生相关清算费用的会计处理。

单位在清算期间发生评估费、审计费、相关税费等费用的，应当按照实际发生额确认清算费用。单位在发生评估费、审计费、相关税费等费用时，在财务会计下按照实际支付或应支付的金额，借记"清算费用"科目，贷记"银行存款""应付账款""其他应交税费"等科目；在预算会计下按照实际支付的金额，借记"其他支出"科目，贷记"资金结存"等科目。

（6）单位在清算结束日的会计处理。

单位在清算结束日应当及时结账，将清算收入、清算费用的发生额转入清算净损益。完成上述结转后，将清算净损益转入累计盈余。

结账后，在财务会计下，收入类、费用类科目应无余额，除"累计盈余""专用基金""权益法调整"科目外，其他净资产类科目应无余额；在预算会计下，预算收入类、预算支出类科目应无余额，"其他结余""非财政拨款结余分配"科目应无余额。

3.清算财务报表等有关报表及编制说明。

单位应当编制清算财务报表，至少包括清算资产负债表和清算损益表。

（1）关于清算资产负债表。

单位清算资产负债表应当反映清算当年年初、清算日和清算结束日的财务状况。清算资产负债表各项目应当按照政府会计准则制度规定进行填列。

资产负债表格式参见附1。

（2）关于清算损益表。

单位清算损益表应当反映清算期间的各项清算收入、清算费用及清算净损益。本期数反映单位本年度清算期间有关项目的发生额，清算期间累计数反映单位从清算日至本年末或清算结束日期间有关项目的发生额。清算损益表各项目应当按照"清算收入""清算费用"和"清算净损益"等科目及其明细科目的发生额填列。

上级预算单位在单位清算当年编制部门（单位）合并财务报表时，应当将"清算收入"科目的本期发生额合并填入合并收入费用表的"其他收入"项目，将"清算费用"科目的本期发生额合并填入合并收入费用表的"其他费用"项目。

清算损益表的格式参见附2。

（3）关于其他报表。

单位应当按照政府会计准则制度规定编制收入费用表和预算会计报表，反映单位年初至清算日的运行情况，以及单位年初至清算结束日的预算执行情况。

单位清算跨年度进行的，应当根据需要按照政府会计准则制度规定编制年度资产负债表和预算会计报表等相关会计报表。

三、划转撤并单位清算后的会计处理

（一）划转情形下的会计处理

单位成建制划转的，在划转后仍然按照政府会计准则制度规定进行会计处理。

（二）合并、分立情形下的会计处理

1.清算结束日至合并、分立日的会计处理。

单位在清算结束后因合并或分立原因，其全部资产和负债移交其他单位的，在清算结束日至合并、分立日发生的相关业务和事项的会计处理，应当遵循政府会计准则制度规定，并在合并、分立日资产和负债划转前进行结账，结账后无需进行会计处理。

2.合并、分立日的会计处理。

（1）资产和负债划出单位的会计处理。

在分立情形下，原单位划出部分相关资产和负债后仍然存续的，应当按规定转销划出的相关资产和负债，并调整净资产和相关结转结余的账面余额。单位划出部分相关资产和负债时，在财务会计下按照分立日相关资产和负债

的账面价值，借记相关负债科目，贷记相关资产科目，按照借贷方差额，借记或贷记"累计盈余"科目，其中，事业单位划出的货币资金和长期股权投资涉及专用基金和权益法调整的，应当同时转销相关净资产的账面余额，借记"专用基金"、借记或贷记"权益法调整"科目，借记或贷记"累计盈余"科目；在预算会计下按照划转的相关货币资金金额，借记相关结转结余科目，贷记"资金结存"科目。

（2）资产和负债划入单位的会计处理。

资产和负债划入单位应当按照政府会计准则制度规定，对划入的资产和负债进行确认、计量，并调整净资产和相关结转结余的账面余额。单位在划入资产和负债时，在财务会计下按照划出方在合并、分立日相关资产和负债的账面价值，借记相关资产科目，贷记相关负债科目，按照借贷方差额贷记或借记"累计盈余"科目，其中，事业单位划入的货币资金涉及专用基金划转的，应当同时确认专用基金，按照划入的专用基金金额，借记"累计盈余"科目，贷记"专用基金"科目；在预算会计下按照划入的货币资金金额，借记"资金结存"科目，贷记相关结转结余科目。

在合并情形下，资产和负债划入单位应当及时清理、核销合并前各单位之间的内部债权债务，并按照差额调整净资产的账面余额。单位应当按照相关资产、负债科目余额借记"应付账款""其他应付款"等科目，贷记"应收账款""其他应收款"等科目，按照借贷方差额，借记或贷记"累计盈余"科目。其中，涉及事业单位已计提坏账准备的，应当同时予以核销，借记"坏账准备"科目，贷记"累计盈余"科目。

3.合并、分立当年编制的相关报表及说明。

（1）关于资产负债表。

单位在清算结束后因合并或分立原因，其全部资产和负债移交其他单位的，应当编制合并或分立日资产负债表，反映单位在合并、分立日资产和负债划转前的财务状况。

合并、分立后的单位（包括合并日新组建单位、接收资产和负债的原单位，以及分立日新组建单位、划出资产和负债后仍存续的原单位，下同）应当编制合并或分立日资产负债表，反映合并、分立日资产和负债划转后的财务状况。

单位在合并、分立前后均存续的，在编制合并、分立当年期末资产负债表时，年初余额无需进行调整；合并、分立日新组建单位在编制合并、分立当年期末资产负债表时，无需填列年初余额。

（2）关于收入费用表和预算会计报表。

单位在清算结束后因合并或分立原因，其全部资产和负债移交其他单位的，应当编制收入费用表和预算会计报表，反映单位清算结束日至合并、分立日的运行情况和预算执行情况。

合并、分立日新组建的单位在编制合并、分立当年收入费用表和预算会计报表时，应当根据合并、分立日至期末所发生的收入、费用编制收入费用表，根据合并、分立日至期末所发生的预算收入、预算支出编制预算会计报表，无需填列上年数。

合并前后均存续的单位在编制合并当年收入费用表和预算会计报表时，其收入费用表不包括被合并单位年初至合并日所发生的收入和费用，其预算会计报表不包括被合并单位年初至合并日所发生的预算收入和预算支出。

（3）关于净资产变动表。

合并、分立后的单位在编制合并、分立当年净资产变动表时，需在《政府会计制度——行政事业单位会计科目和报表》中净资产变动表的"（六）权益法调整"项目后增加"（七）划转撤并调整"项目，反映单位本年因划转撤并划入或划出资产和负债对净资产的直接影响。本行"累计盈余"项目应当通过对"累计盈余"科目明细账记录的分析，根据本年发生划转撤并时直接计入"累计盈余"的金额填列。本行"权益法调整""专用基金"项目应当通过对"权益法调整""专用基金"科目明细账记录的分析，根据本年发生划转撤并时"权益法调整""专用基金"的变动金额填列。

净资产变动表的格式参见附3。

（三）撤销情形下的会计处理

单位被撤销的，其全部资产和负债按规定由主管部门、本级财政部门或授权的单位处理。

（四）改制情形下相关单位的会计处理

单位转企改制后成立的企业应当设立新账，按照企业会计准则制度的规定进行会计处理。单位非转企改制后仍然按照政府会计准则制度规定进行会计处理，单位改制前后因所适用的会计科目不一致的，应当结合单位业务特点对相关会计科目及余额进行调整。

事业单位对改制为企业的单位行使出资人职责的，应当确认相关投资，并相应调增净资产的账面余额。单位应当按照报经批准确定的企业净资产金额和出资比例，确定应享有的企业净资产份额，借记"长期股权投资——成本"科目，贷记"累计盈余"科目。此外，行使出资人职责的事业单位在编制改制当年净资产变动表时，应当参照本规定关于合并、分立后的单位编制净资产变动表的有关规定执行。

单位改制为国家出资企业的，应当由本级财政部门按照报经批准确定的企业净资产金额和出资比例，根据财政总会计制度的有关规定对相关股权投资进行会计处理。

四、附则

（一）会计凭证和会计档案管理

划转撤并单位应当将资产清查报告、资产评估报告、划转撤并方案及相关批复文件等作为原始凭证。

单位划转撤并前和清算过程中形成的会计档案，应当按照《会计档案管理办法》等有关规定处理。

（二）生效日期

本规定自发布之日起施行。本规定施行之日前已经完成划转撤并的单位无需按照本规定追溯调整。截至本规定施行之日尚未完成划转撤并的单位，应当按照本规定执行。

附：1.清算资产负债表

2.清算损益表

3.净资产变动表

附1

清算资产负债表

编制单位： ＿＿＿＿年＿＿＿月＿＿＿日 单位：元

资产	清算结束日余额	清算日余额	年初余额	负债和净资产	清算结束日余额	清算日余额	年初余额
流动资产：				流动负债：			
货币资金				短期借款			
短期投资				应交增值税			
财政应返还额度				其他应交税费			
应收票据				应缴财政款			
应收账款净额				应付职工薪酬			
预付账款				应付票据			
应收股利				应付账款			
应收利息				应付政府补贴款			
其他应收款净额				应付利息			
存货				预收账款			
待摊费用				其他应付款			
一年内到期的非流动资产				预提费用			
其他流动资产				一年内到期的非流动负债			
流动资产合计				其他流动负债			
非流动资产：				流动负债合计			
长期股权投资				非流动负债：			
长期债券投资				长期借款			
固定资产原值				长期应付款			
减：固定资产累计折旧				预计负债			
固定资产净值				其他非流动负债			
工程物资				非流动负债合计			
在建工程				受托代理负债			
无形资产原值				负债合计			
减：无形资产累计摊销							
无形资产净值							
研发支出							
公共基础设施原值							
减：公共基础设施累计折旧（摊销）							
公共基础设施净值							
政府储备物资							
文物文化资产							
保障性住房原值							

附2

清算损益表

编制单位： ____年__月__日至____年__月__日　　　　单位：元

项目	本期数	清算期间累计数
一、清算收入		
（一）资产盘盈		
（二）债务核销		
（三）评估增值		
（四）其他清算收入		
二、清算费用		
（一）资产盘亏、毁损或报废		
（二）债权核销		
（三）评估减值		
（四）评估、审计费用		
（五）其他清算费用		
三、清算净损益		

附3

净资产变动表

编制单位：　　　　　　　　　____年　　　　　　　　单位：元

项目	累计盈余	专用基金	权益法调整	净资产合计
一、上年年末余额				
二、以前年度盈余调整（减少以"-"号填列）		—	—	
三、本年年初余额				
四、本年变动金额（减少以"-"号填列）				
（一）本年盈余		—	—	
（二）无偿调拨净资产				
（三）归集调整预算结转结余			—	
（四）提取或设置专用基金			—	
其中：从预算收入中提取	—			
从预算结余中提取				
设置的专用基金		—		
（五）使用专用基金			—	
（六）权益法调整				
（七）划转撤并调整				
五、本年年末余额				

注："—"标识单元格不需填列，其中新组建单位无需填列"一""二""三"行。

中央财政预算管理一体化
资金支付管理办法（试行）

第一章 总 则

第一条 为加快推进中央财政预算管理一体化建设（以下简称中央一体化），进一步优化预算单位资金支付管理和规范预算单位资金支付行为，根据《中华人民共和国预算法》及其实施条例、《中华人民共和国国家金库条例》及其实施细则、《国务院关于进一步深化预算管理制度改革的意见》（国发〔2021〕5号）、《财政部关于印发〈预算管理一体化规范（试行）〉的通知》（财办〔2020〕13号）以及财政国库管理有关制度规定，制定本办法。

第二条 中央一体化试点部门（以下简称试点部门）及其所属相关预算单位（以下简称试点单位）财政拨款资金、教育收费专户管理资金、单位资金的支付管理（以下简称资金支付）适用本办法。

第三条 资金支付实行全流程电子化管理，通过中央预算管理一体化系统（以下简称中央一体化系统）办理业务。

第四条 除单位资金中按往来收入管理的资金外，其他资金支付坚持先有预算后有支出，根据预算指标、国库库款或有关账户余额情况拨付资金。

第五条 试点单位应当按照中央一体化试点有关要求，配合做好以下信息维护管理工作：

（一）本单位工作人员的工资卡卡号、公务卡卡号等与预算执行业务有关的人员类信息；

（二）本单位零余额账户和实有资金账户信息；

（三）单位财务公章等电子印鉴信息；

（四）其他需要试点单位维护管理的信息。

第二章 用款计划

第六条 用款计划主要用于财政国库现金流量控制及资金清算管理，不再按项目编制。财政拨款资金和教育收费专户管理资金应当编制用款计划，单位资金暂不编制用款计划。

第七条 试点单位月度用款计划当月开始生效，当年累计支付金额（不含单位资金支付金额）不得超过当年累计已批复的用款计划。

第八条 试点单位应当加强预算执行事前规划，严格依据预算指标（含部门预算"二上"控制数）、项目实施进度以及用款需求等编制分月用款计划，情况发生变化时应当及时上报调整用款计划。除特殊情况外，试点部门不得代替所属试点单位编制用款计划。

第九条 试点部门审核汇总所属试点单位用款计划后报送财政部。财政部根据预算指标、库款情况等批复分月用款计划，不再向中央国库集中支付业务代理银行（以下简称代理银行）下达用款额度。

第十条 财政部根据批复的用款计划生成国库集中支付汇总清算额度通知单，按时签章发送人民银行，作为人民银行与代理银行清算国库集中支付资金的依据。用款计划变化导致国库集中支付汇总清算额度调整的，财政部及时将调整结果发送人民银行。

第三章 资金支付一般规定

第十一条 试点单位办理资金支付业务时，应当通过中央一体化系统填报资金支付申请。财政部（国库司）对资金支付申请集中校验（审核）后，向代理银行发送支付凭证。代理银行根据支付凭证支付资金，不再对试点单位资金支付进行额度控制。试点单位原则上应当通过预算单位零余额账户支付资金，未开设预算单位零余额账户的试点单位通过财政零余额账户支付资金。具体流程如下：

（一）试点单位按规定通过中央一体化系统填报资金支付申请。通过预算单位零余额账户支付资金的，试点单位在提交资金支付申请时预生成支付凭证并按规定加盖电子签章（签名）。

（二）财政部根据预算指标和批复的用款计划对试点单位资金支付申请进

行控制。预算指标的基本控制口径为：单位、指标类型、资金性质、支出功能分类科目（底级）、政府预算支出经济分类科目（类级）、预算项目、金额。用款计划的基本控制口径为：单位、支出功能分类科目、资金性质、支付方式、指标类型、金额。

（三）中央一体化系统根据预设的校验规则对资金支付申请进行校验，校验不通过的，转为试点部门人工审核；试点部门人工审核后提交资金支付申请，系统校验仍不通过的，按规定转为财政部（国库司）人工审核。

（四）校验（审核）通过后，财政部（国库司）将支付凭证发送代理银行。代理银行支付资金后，向财政部和试点单位发送国库集中支付凭证回单，作为财政总预算会计和单位会计核算的依据。

第十二条　按照支出活动的具体特点和管理要求，资金支付分为以下类型：

（一）购买性支出。购买性支出包括所有编制政府采购预算的支出，以及部门预算支出经济分类科目特定范围内的支出。

编制政府采购预算的购买性支出，资金支付申请应当匹配政府采购合同。中央一体化系统校验政府采购合同中的收款人信息、合同金额等信息，校验不通过的原则上不允许支付资金。

部门预算支出经济分类科目特定范围内的购买性支出，资金支付申请应当按规定匹配相关合同或协议。中央一体化系统校验相关合同或协议，校验不通过的原则上不允许支付资金；无法提供相关合同或协议的，按规定转为人工审核。

（二）公务卡还款。公务卡发卡银行应当通过中央一体化系统向财政部（国库司）按时提供公务卡消费明细信息。试点单位比对持卡人报销还款信息和公务卡消费信息后，按照本办法第十一条有关规定办理公务卡还款。

公务卡原则上只能用于公务支出活动。

（三）纳入财政统发范围的工资和离退休经费（以下简称统发工资）通过财政零余额账户办理资金支付。统发工资预算指标余额不足时，中央一体化系统对试点单位进行预警提示，试点单位应当按照预算管理规定及时补足预算指标。未及时补足预算指标的，由试点单位按照本办法第十一条有关规定自行发放工资。

（四）委托收款。试点单位办理水费、电费、燃气费、电话费、网络费用、社会保险缴费、个人所得税缴纳等委托收款业务时，应当提前指定用于委托收款的预算指标。委托收款扣款时，代理银行通过中央一体化系统发送委托扣款申请，系统验证通过后自动进行资金支付。

委托收款预算指标额度不足时，试点单位可以另行选择预算指标，或按照本办法第十一条有关规定办理资金支付。

第十三条　除下列情形外，试点单位不得从本单位零余额账户向本单位或本部门其他预算单位实有资金账户划转资金：

（一）根据政府购买服务相关政策，按合同约定向本部门所属事业单位支付的政府购买服务支出；

（二）确需划转的工会经费、住房改革支出、应缴或代扣代缴的税款，以及符合相关制度规定的工资代扣事项；

（三）暂不能通过零余额账户委托收款的社会保险缴费、职业年金缴费、水费、电费、取暖费等；

（四）按规定允许划转的科研项目和教育资金；

（五）财政部（国库司）规定的其他情形。

第十四条　代理银行应当在营业时间内办理国库集中支付业务，并在人民银行（国库局）规定的清算时限内向其发送已完成支付的申请划款凭证及所附划款明细，申请清算资金。除另有规定外，超出营业时间代理银行原则上不办理资金支付。

代理银行完成资金清算后，应当按日对资金支付明细信息进行核对；发现错误的，及时告知财政部（国库司）、人民银行（国库局），并按规定办理更正。

第十五条　资金支付完成后，因技术性差错等原因误用预算指标或支出经济分类的，试点单位应当通过中央一体化系统填报支付更正申请，经系统自动校验或人工审核后，更正相关信息。涉及国库集中支付汇总清算额度调整的，财政部（国库司）及时将调整结果发送人民银行（国库局），同步更正信息。

第十六条　资金退回业务按以下方式办理：

（一）因收款人账户名称或账号填写错误等原因导致的当年资金退回或项目未结束的跨年资金退回，代理银行应当将资金退回零余额账户，不得转存银行内部账户，在匹配原支付凭证的当日（超过清算时间的，于下一个工作日）将资金退回国库，并生成财政资金退回通知书发送财政部和试点单位。财政部（国库司）和试点单位根据退回通知书进行会计核算，并恢复试点单位相应预算指标。

（二）除另有规定外，项目结束或收回结余资金导致的资金退回，试点部门应当通过其实有资金账户汇总相关资金，按规定填写一般缴款书或银行汇款单后，统一上缴国库。财政部（国库司）和试点单位根据相关回单进行会计核算。

（三）对于错误缴入预算单位零余额账户的资金，试点单位应当向代理银行开具资金退回凭证。代理银行按资金退回凭证退回资金后，向试点单位发送回单。

第四章 资金支付特殊规定

第十七条 教育收费专户管理资金通过中央一体化系统进行集中校验和人工审核后，直接拨付到试点单位实有资金账户，不再由试点部门转拨。具体流程如下：

（一）试点单位按规定通过中央一体化系统填报资金支付申请。

（二）财政部根据预算指标、用款计划、教育收费专户资金余额等校验审核资金支付申请，审核通过后向教育收费专户开户银行发送支付凭证。教育收费专户开户银行支付资金后，向财政部发送相关支付凭证回单，作为财政总预算会计核算的依据。

（三）因收款人账户名称或账号填写错误等原因发生资金退回的，教育收费专户开户银行应当在匹配原支付凭证信息后，向财政部报送财政专户退款通知书，同时将资金退回教育收费专户。财政部根据财政专户退款通知书进行会计核算，并相应恢复试点单位预算指标。

第十八条 单位资金包括资金收入管理、资金支付管理、支付更正管理和资金退回管理。

（一）资金收入管理。试点单位基本存款账户开户银行应当通过中央一体化系统及时向试点单位发送账户收款及余额变动信息，试点单位应当根据资金到账通知书，按单位资金收入、往来收入、退回资金三种类型对入账资金予以确认。

按本办法第十三条规定转入试点单位基本存款账户的财政拨款资金，按照往来收入管理。

（二）资金支付管理。试点单位基本存款账户开户银行根据中央一体化系统发送的支付凭证办理单位资金支付。除另有规定外，试点单位基本存款账户开户银行原则上不得接受中央一体化系统以外的单位资金支付指令。

属于单位资金收入的，试点单位按规定通过中央一体化系统填报资金支付申请。中央一体化系统根据预算指标及账户余额信息（编制政府采购预算的资金支付应当对应政府采购合同）进行校验，校验通过后向试点单位基本存款账户开户银行发送支付凭证。

属于往来收入的，试点单位按规定通过中央一体化系统填报资金支付申请。中央一体化系统根据试点单位基本存款账户余额信息进行校验，校验通过后向试点单位基本存款账户开户银行发送支付凭证。

（三）支付更正管理。属于单位资金收入的，试点单位应当按规定通过中央一体化系统填报支付更正申请，经系统自动校验通过后完成更正。

（四）资金退回管理。退回资金中能够匹配原支付凭证（信息）的，试点单位应当自行确认是否恢复对应的预算指标；无法匹配原支付凭证（信息）的，按照往来收入管理。

第五章　监督管理

第十九条　财政部（国库司）对资金支付组织开展动态监控，核实疑点信息，及时纠错纠偏。

第二十条　财政部各地监管局按规定通过中央一体化系统对属地试点单位预算执行进行全过程查询和监管，不再对资金支付申请进行前置审核。

第二十一条　人民银行对商业银行办理的国库集中支付业务进行监督检查。

第二十二条　试点部门在资金支付中的主要职责是：

（一）负责按照部门预算管理使用资金，并做好相应的财务管理和会计核算工作；

（二）负责本部门及所属试点单位资金支付管理的相关工作；

（三）组织本部门及所属试点单位编制用款计划，审核汇总所属试点单位用款计划；

（四）配合财政部对本部门及所属试点单位预算执行、资金申请与拨付和账户管理等情况进行监督管理。

第二十三条 试点单位在资金支付中的主要职责是：

（一）负责按单位预算使用资金，并做好相应的财务管理和会计核算工作；

（二）负责编制本单位用款计划；

（三）按规定填报资金支付申请，预生成有关电子凭证，并保证凭证的真实性、合规性。

（四）配合财政部及主管部门对本单位预算执行、资金申请与拨付和账户管理等情况进行监督管理。

第二十四条 有关商业银行在资金支付中的主要职责是：

（一）按照与财政部签订的委托代理协议及有关规定办理账户和资金支付业务，定期对账。严格按照中央一体化系统发送的支付凭证支付资金，不得违规支付资金，不得占压挪用资金。接受财政部监督，业务办理情况纳入财政部年度综合考评。

（二）按规定开发与维护代理中央一体化资金支付业务的信息管理系统并与财政部、人民银行联网，按要求向财政部、人民银行反馈资金支付相关信息。妥善保管有关支付凭证及资料，并负有保密义务。

（三）按照与人民银行签订的资金支付清算协议及有关规定办理资金支付清算等业务，定期对账，接受人民银行的监督检查。

第六章 附 则

第二十五条 本办法施行前有关规定与本办法不一致的，以本办法为准；本办法未作出规定的，按照现行制度规定执行。

第二十六条 资金支付具体业务细则按照有关中央一体化试点操作规程办理。

第二十七条 本办法由财政部会同人民银行负责解释。

第二十八条 本办法自印发之日起施行。

附：中央财政预算管理一体化资金支付管理凭证样式（略）

车辆购置税收入补助地方资金管理暂行办法

第一章 总 则

第一条 为加强车辆购置税收入补助地方资金管理,提高资金使用效益,促进交通运输事业健康发展,加快建设交通强国,根据《中华人民共和国预算法》《中华人民共和国预算法实施条例》《国务院批转财政部、国家计委等部门的通知》(国发〔2000〕34号)等,制定本办法。

第二条 本办法所称车辆购置税收入补助地方资金(以下简称车购税资金),是指中央财政从车辆购置税收入中安排用于支持交通运输行业发展的资金。

第三条 车购税资金管理和使用遵循以下原则:

(一)突出事权。应当按照交通运输领域财政事权和支出责任划分有关要求,保障好中央财政事权所需的相关支出,并根据不同时期发展目标对地方财政事权给予一定资金支持。

(二)保障重点。应当重点保障国家重大战略目标和纳入国家交通运输规划的重大项目建设。

(三)注重绩效。应当实行全过程预算绩效管理,强化绩效评价结果运用。

(四)各司其职。各级财政部门、交通运输主管部门应当按照各自职责负责项目和资金申报、审核、执行、监管等相关工作。

第四条 本办法实施期限为五年。政策到期后,财政部会同交通运输部开展政策评估,根据评估结果确定下一阶段政策实施期限。

第二章 支出范围和分配方式

第五条 车购税资金的支出范围包括:

（一）国家高速公路和普通国道支出；

（二）界河桥梁（隧道）、边境口岸汽车出入境运输管理设施、国家级口岸公路支出；

（三）普通省道、农村公路支出；

（四）综合交通运输支出；

（五）重要内河水运支出；

（六）重大自然灾害影响的交通运输安全应急保障支出；

（七）交通运输智能化信息化支出；

（八）国务院批准同意用于交通运输的其他支出。

第六条　国家高速公路和普通国道支出，是指用于国家高速公路和普通国道建设中由中央承担支出责任部分的支出，主要包括新建、改建和扩建支出。

该项支出分配主要采用项目法。

第七条　界河桥梁（隧道）、边境口岸汽车出入境运输管理设施、国家级口岸公路支出，是指用于界河桥梁（隧道）、边境口岸汽车出入境运输管理设施、国家级口岸公路等建设中由中央承担支出责任部分的支出，主要包括新建、改建和扩建支出。

该项支出分配主要采用项目法。

第八条　普通省道、农村公路支出，是指中央根据地方普通省道、农村公路的建设任务、养护任务完成情况及财政投入等情况，对地方普通省道、农村公路建设项目给予一定资金支持的支出。主要包括支持普通省道、农村公路（含县道、乡道、村道及属于农村公路重要附属设施的县级客运站、乡镇运输服务站）等新建、改建和扩建支出。

该项支出分配主要采用"以奖代补"方式。西藏自治区、新疆生产建设兵团普通省道支出分配主要采用项目法。

第九条　综合交通运输支出是指对符合《国家综合立体交通网规划纲要》等有关规划要求的、重要的综合交通运输项目给予一定资金支持的支出，主要包括综合货运枢纽（物流园区）、集疏运体系建设及综合客运枢纽等相关支出。

综合货运枢纽（物流园区）、集疏运体系主要采用竞争性评审方式给予支持,以地方为主体进行实施;综合客运枢纽支出主要采用项目法分配。

第十条 重要内河水运支出,是指用于国境国际通航河流航道、西江航运干线建设、高等级航道及落实国家重大战略需要的其他内河航道建设等纳入国家相关规划、有助于完善综合立体交通网的项目支出。其中,西江航运干线建设,在事权改革到位之前,按照现行管理体制和现有资金渠道执行。

该项支出分配主要采用项目法。

第十一条 重大自然灾害影响的交通运输安全应急保障支出,是指为提升交通运输行业对突发事件的应急响应和处置水平,及时保障和恢复交通运输正常运行而实施的项目支出,主要包括启动国家自然灾害救灾应急响应等相关重大灾害的公路应急抢通和恢复重建、国家区域性公路应急装备物资储备等相关支出。

公路应急抢通按照灾害等级分档支持,恢复重建、国家区域性公路应急装备物资储备支出分配主要采用项目法。

第十二条 交通运输智能化信息化支出,是指按照信息资源整合共享要求,用于构建智慧交通体系的相关建设项目支出。该项支出分配主要采用项目法。

第三章 资金审核和下达

第十三条 采用项目法分配的事项,交通运输部根据国家重大发展战略、交通运输中长期规划等,编制交通运输五年发展规划或专项规划,对地方上报的项目进行审核,将符合规划要求的项目纳入"十四五"交通运输规划项目库(以下简称项目库)。对纳入项目库并完成有关前期工作且具备开工条件的项目,交通运输部根据车购税年度资金规模、项目具体补助标准、核定的项目车购税资金额、地方申请及项目建设进度等,提出项目年度资金安排建议报财政部审核,财政部审核并下达资金。项目法实施方案详见附件。

综合货运枢纽(物流园区)、集疏运体系等采用竞争性评审方式分配的事项,由财政部会同交通运输部研究制订竞争性评审实施方案。以地方为主体制定具体实施方案,经地方交通运输主管部门、财政部门逐级审核后报交通运输部、财政部。交通运输部、财政组织开展竞争性评审,根据评审结果给予支持。实施方案由财政部、交通运输部另行组织制定并印发实施。

第十四条 采用"以奖代补"方式分配的事项,各级交通运输主管部门应当明确相关建设、养护目标和任务,会同财政部门建立满足"以奖代补"考核需要的真实、动态、可考核的数据支撑系统(以下简称数据支撑系统)。财政部、交通运输部根据各省(区、市)建设任务、养护任务完成情况及财政投入等情况进行考核,根据考核情况"以奖代补"。实施方案详见附件。

第四章 绩效管理和监督

第十五条 各级财政部门和交通运输主管部门应当按照下列要求加强对车购税资金全过程预算绩效管理:

(一)强化绩效目标管理。车购税资金使用主体在申报项目和资金时,应科学设置明确、具体、一定时期可实现的绩效目标,以细化、量化的指标予以描述并按要求提交。各级财政部门和交通运输主管部门应当加强对绩效目标的审核,将其作为项目评审评估、资金分配的重要依据,并将审核后的绩效目标随同资金一并分解下达到具体项目。

(二)做好绩效运行监控。各级财政部门和交通运输主管部门应当加强车购税资金执行过程中的绩效监控,综合运用数据支撑系统等信息化手段,重点监控是否符合既定的绩效目标,项目和资金执行偏离既定绩效目标的,应当及时采取措施予以纠正。

(三)加强绩效评价和结果运用。各级财政部门和交通运输主管部门应当按照各自职责客观公正地组织开展好绩效评价工作,将评价结果及时反馈给被评价单位,对发现的问题督促整改。交通运输部对省级交通运输主管部门报送的绩效评价结果进行审核,财政部将交通运输部审核确认的绩效评价结果作为预算安排和资金分配的参考因素。

财政部各地监管局按照工作职责和有关文件要求开展车购税资金预算绩效管理工作。

第十六条 地方各级财政部门、交通运输主管部门应当按照职责加强对车购税项目和资金申报、审核、执行的管理监督,建立"谁申报、谁负责""谁使用、谁负责"的责任机制。

第十七条 车购税资金使用主体及其工作人员在车购税项目和资金的申报、使用过程中,利用不正当手段套取车购税资金的,由所在地交通运输主管部门、财政部门按职责分工根据有关规定予以处理；构成犯罪的，依法追究刑事责任。

第十八条 各级财政部门和交通运输主管部门及其工作人员在车购税项目和资金的审核、分配、拨付过程中，存在利用不正当手段套取车购税资金等行为以及其他滥用职权、玩忽职守、徇私舞弊等违法违纪行为的，依照《中华人民共和国预算法》《中华人民共和国公务员法》《中华人民共和国监察法》《财政违法行为处罚处分条例》等有关规定追究相应责任；构成犯罪的，依法追究刑事责任。

第五章 附 则

第十九条 本办法由财政部会同交通运输部负责解释。

第二十条 本办法自发布之日起施行。《财政部 交通部关于印发的通知》（财建〔2000〕994号）、《财政部 交通运输部 商务部关于印发的通知》（财建〔2014〕654号）、《财政部 交通运输部关于的补充通知》（财建〔2016〕722号）、《财政部 交通运输部关于进一步明确车辆购置税收入补助地方资金补助标准及责任追究有关事项的通知》（财建〔2016〕879号）、《财政部 交通运输部关于印发的补充通知》（财建〔2019〕272号）同时废止。

附：1."十四五"时期车辆购置税收入补助地方资金项目法实施方案
2."十四五"时期车辆购置税收入补助地方资金"以奖代补"支持普通省道和农村公路实施方案

附1

"十四五"时期车辆购置税收入补助地方资金项目法实施方案

一、项目法管理流程和方式

（一）对于采用项目法管理的事项，交通运输部根据国家重大发展战略、国民经济和社会发展五年规划、交通运输中长期规划等，编制交通运输五年发展规划或专项规划，对地方上报的项目进行审核，将符合规划要求的项目纳入项目库。对纳入项目库的项目，交通运输部根据地方申请按程序进行审批或审核，按照国家高速公路、普通国道、综合客运枢纽、公路相关设施类项目、内河、交通运输智能化信息化建设等不同项目的投资补助标准核定拟安排的项目车购税资金额。

（二）对完成有关前期工作且具备开工条件的项目，交通运输部根据年度车购税资金总规模、核定的项目车购税资金额、地方申请及项目建设进度等，提出项目年度资金安排建议于每年3月31日前报财政部审核，提前下达下一年度资金安排建议应于每年9月30日前报财政部审核。财政部根据年度预算安排和交通运输部提出的资金安排建议审核并下达资金。

（三）省级财政部门接到中央财政下达的资金预算后，应当按照预算法规定时限要求及时分解下达。省级交通运输主管部门应当加快预算执行，提高资金使用效益。

二、投资补助标准

（一）综合客运枢纽。

单位：万元/个

项目类别		东部地区	中部地区	西部地区
综合客运枢纽	重大项目	总投资的30%，原则上不超过1亿元/个		
	一般项目	5 000	5 500	6 000

注：综合客运枢纽一般项目补助额占枢纽项目总投资的比例以50%为上限。非一体化项目补助标准下浮1500万元。

（二）国家高速公路。

项目类别	东部地区	中部地区	西部地区
高速公路	建安费25%	建安费30%	西藏按照项目总投资的100%，新疆南疆四地州、青海按建安费的70%，新疆其他地区、贵州、云南、甘肃、四川阿坝州、甘孜州、凉山州按建安费的50%，其他西部地区按建安费的35%

注：1.新建项目按基准标准执行，扩容改造项目按基准标准的50%执行；

2.采用PPP模式的新建项目以所在地区基准标准为上限，扩容改造项目以基准标准的50%为上限；

3.除西藏自治区外，中央投资补助上限：原则上执行建安费50%及以上比例的区域的项目不高于6 000万元/公里，其他西部地区的项目不高于5 000万元/公里，东中部地区的项目不高于4 000万元/公里；不超过地方申请数，不超过PPP项目合同约定政府建设期出资数；

4.海南省、吉林延边州、黑龙江大兴安岭地区、湖北恩施州、湖南湘西州、江西赣州市执行西部地区建安费的35%标准；

5.公路长大桥梁结构监测系统补助额度，东部、中部、西部、特殊困难地区（指西藏自治区、青海省、新疆南疆四地州、川滇甘涉藏州县、四川凉山州、云南怒江州和甘肃临夏州）分别按核定投资的40%、50%、70%和90%。

(三)普通国道。

项目类别	东部地区	中部地区	西部地区	特殊困难地区
一级公路 (万元/公里)	1 200	1 400	1 600	1 800(国家审批的项目按照总投资的100%)
二级公路 (万元/公里)	600	700	800	900(国家审批的项目按照总投资的100%)
三级公路 (万元/公里)	240	280	320	450(国家审批的项目按照总投资的100%)
四级公路 (万元/公里)	40	50	60	100(国家审批的项目按照总投资的100%)
桥梁隧道 (元/平方米)	2 500	3 500	4 500	5 000(国家审批的项目按照总投资的100%)
公路灾害防治工程 (万元/公里)	25	30	35	50
公路安全提升工程 (万元/公里)	10	15	20	30

注:1.普通国道新改建项目:(1)新改建项目按基准标准执行,路面改造项目按基准标准的20%执行;(2)收费项目投资补助额度不超过按同地区高速公路标准测算的额度;(3)定额补助标准造价浮动系数:一级公路建安费超过3 000万元/公里,每增加400万元/公里,补助标准上浮10%,最高上浮100%;二级公路建安费超过1 000万元/公里,每增加150万元/公里,补助标准上浮10%,最高上浮100%;三级公路建安费超过500万元/公里,每增加100万元/公里,补助标准上浮10%,最高上浮150%;(4)新建单体长度超过1 000米的桥梁、隧道,可按平方米测算车购税资金;(5)东中部沿边国道(G219、G331)按西部地区标准执行,沿边国道二级、三级公路(含其中千米以上桥隧)项目基准标准上浮10%;(6)中央投资补助额度不超过项目建安费,不超过地方申请数,不超过PPP项目合同约定政府建设期出资数;

2.四、五类桥梁及旧桥改造:重建类项目按照新建桥梁基准标准执行,加固类项目按照基准标准的60%执行。通航河流桥梁防撞改造,按照防撞设施面积,参照新建桥梁基准标准执行。四、五类桥梁及旧桥改造项目补助额度,东部、中部、西部、特殊困难地区分别不得超过建安费的60%、80%、85%和90%。公路长大桥梁结构监测系统补助额度,东部、中部、西部、特殊困难地区分别按核定投资的40%、50%、70%和90%;西藏自治区项目经交通运输部对其技术方案和工程造价进行复核审查,按项目总投资的100%;

3.隧道改造:五类隧道改造按照新建隧道基准标准的60%执行,四类隧道按照基准标准的18%执行。东部、中部、西部、特殊困难地区补助额度,分别不得超过建安费的45%、60%、75%和90%;西藏自治区项目经复核审查,按项目总投资的100%;

4.灾害防治工程:东部、中部、西部、特殊困难地区补助额度,分别不得超过建安费的45%、60%、75%和90%;建安费超过1 000万元的项目经复核审查,可按建安费的45%、60%、75%和90%补助;西藏自治区项目经复核审查,按项目总投资的100%;

5.公路安全提升工程:东部、中部、西部、特殊困难地区补助额度,分别不得超过建安费的45%、60%、75%和90%;建安费超过1 000万元的项目经复核审查,可按建安费的45%、60%、75%和90%补助;西藏自治区项目经复核审查,按项目总投资的100%;

6.灾毁恢复重建项目参照同级公路建设基准标准执行,同时不超过恢复重建项目建安费的50%;

7.特殊困难地区以外的国家乡村振兴重点帮扶县按所在地区基准标准再上浮10%;

8.海南省、吉林延边州、黑龙江大兴安岭地区、湖北恩施州、湖南湘西州、赣闽粤苏区县执行西部地区标准,福建革命老区执行中部标准;

9.西藏自治区、新疆生产建设兵团省道参照国道标准执行;

10.公路界河桥梁(隧道)项目中央承担中方侧工程总投资;

11.雄安新区公路、抵边自然村通硬化路等按照规定程序批准的标准执行。

(四)公路相关设施类项目。

项目类别	标准
边境口岸汽车出入境运输管理建设项目	核定投资的100%
国家区域性公路应急装备物资储备中心应急装备物资购置	核定投资的40%,国家审批工可的项目按照总投资的100%

(五)内河。

项目类别	东部地区	中部地区	西部地区
西江航运干线和国境、国际通航河流航道	核定投资的100%		
内河高等级航道及公共基础设施	工程费用的80%	工程费用的85%	工程费用的90%
符合国家战略方向的内河水运其他航道及公共基础设施	工程费用的55%	工程费用的65%	工程费用的75%

注:1.海南省、吉林延边州、黑龙江大兴安岭地区、湖北恩施州、湖南湘西州、赣闽粤苏区县执行西部地区标准,福建革命老区执行中部地区标准;

2.公共基础设施指通航设施、内河公共锚地、便民交通码头(中西部地区);

3.通航设施中以通航为主、兼顾发电等其他效益的航电枢纽,补助标准依所在的航道等级分别下浮,其中高等级航道上的航电枢纽下浮45个百分点,即按东、中、西部分别为工程费用的35%、40%、45%,符合国家战略方向的内河水运其他航道上的航电枢纽按东、中、西部分别下浮20、25、30个百分点,即按东、中、西部分别为工程费用的35%、40%、45%;

4.通航设施补助额度不超过资本金的50%;

5.西江航运干线在航运管理体制改革到位前,暂按工程费用的100%安排。

(六)公路应急抢通。

公路应急抢通按照灾害等级分档支持:一类灾情(灾情特别严重)1500万元,二类灾情(灾情严重)1 200万元,三类灾情(灾情较重)900万元,四类灾情(灾情一般)600万元。

(七)交通运输智能化信息化建设。

部省联网交通运输智能化信息化项目按设备购置和安装费用核定投资的40%补助,国家审批工可的项目按照总投资的100%补助。

附2

"十四五"时期车辆购置税收入补助地方资金"以奖代补"支持普通省道和农村公路实施方案

为贯彻落实习近平总书记关于"四好农村路"建设重要指示批示精神,

服务乡村振兴战略实施，加快建设交通强国，加强普通省道和农村公路建设和养护，根据国务院办公厅《交通运输领域中央与地方财政事权和支出责任划分改革方案》有关规定，交通运输部、财政部对各省、自治区、直辖市、计划单列市及新疆生产建设兵团（以下统称各省份）普通省道和农村公路建设、养护任务完成情况及地方财政投入情况进行考核，根据考核结果，结合年度中央预算资金安排，向各省份安排奖励性资金（以下简称奖补资金）。奖补资金主要用于支持普通省道和农村公路（含县道、乡道、村道，通村公路发挥村内主干道作用的穿村路段，县级客运站、乡镇运输服务站）的新建、改建和扩建项目。具体工作事项及要求如下：

一、工作要求

（一）普通省道和农村公路属于地方财政事权，地方各级交通运输主管部门、财政部门应落实主体责任，按照职责分工负责建设和养护工作，并承担支出责任。交通运输部、财政部依据数据支撑系统重点对普通省道和农村公路建设、养护目标任务完成情况进行考核，考核结果作为资金分配的重要依据。

（二）各省份财政部门、交通运输主管部门结合实际，因地制宜制定本地区奖补资金分配标准，原则上不超过"十四五"时期车辆购置税收入补助地方资金对同技术等级普通国道补助标准。

（三）各省份交通运输主管部门应当会同同级财政部门，建立并完善数据支撑系统，做好考核因素涉及的相关基础数据更新管理、末端数据及时准确填报等工作。

（四）普通省道和农村公路建设实行项目库管理制度。省级交通运输主管部门结合实际情况，通过数据支撑系统组织本省份分级开展项目库建设。普通省道和农村公路建设完成情况在省级以项目为单位进行管理。

（五）地方各级财政部门和交通运输主管部门应当加强奖补资金的全过程预算绩效管理，结合考核因素对奖补资金提出明确、具体的绩效目标，运用数据支撑系统等方式，做好绩效运行监控，开展绩效评价，将绩效评价结果作为分配奖补资金的依据。财政部各地监管局按照工作职责和有关文件要求开展奖补资金预算绩效管理工作。

二、管理流程和方式

（一）交通运输部根据国家重大战略部署、交通运输中长期规划和五年发展规划等，综合各省份普通省道和农村公路建设投资额、建设里程、乡镇通三级公路建设、自然村通硬化路建设、危桥改造和村道安全生命防护工程（以下简称村道安防工程）等任务，结合区域差异、财政困难程度等，会同财政部确定"十四五"时期各省份普通省道和农村公路建设规划奖补资金基数。每年7月底前，省级交通运输主管部门会同同级财政部门，依据本省份五年规划目标任务，提出本省份下一年度目标任务，报交通运输部、财政部。交通运输部利用数据支撑系统中的各省份"十四五"时期规划目标任务累计完成情况，结合各省份"十四五"时期规划奖补资金基数，按照年度全国车购税资金预算情况，会同财政部测算各省份年度奖补资金基数。西藏自治区主要完成剩余乡镇和建制村通硬化路、危桥改造和村道安防工程等任务。

（二）年度奖补资金采取先按一定比例预拨、后清算的方式下达。每年9月底前，交通运输部提出各省份下一年度预拨资金建议，报财政部审核。每年10月底前，财政部向各省份下达下一年度预拨资金。省级交通运输主管部门会同同级财政部门于每年1月底前将上一年度本省份各项考核目标任务完成情况报交通运输部、财政部。数据真实性、准确性由上报部门负责，并与数据支撑系统保持一致。交通运输部、财政部通过数据支撑系统中的数据对各省份上一年度任务完成情况等进行考核。交通运输部根据考核结果，结合年度预算安排，于每年3月提出各省份上一年度奖补资金清算建议，报财政部审核。每年4月底前，财政部按照预算管理规定向各省份清算下达上一年度奖补资金。

（三）交通运输部会同财政部可利用数据支撑系统对各省份报送的数据、任务完成情况等进行复核，对发现存在弄虚作假行为、资金违规使用的省份，视具体情况扣减奖补资金。

三、测算公式

（一）某省份年度奖补资金基数＝年度全国普通省道和农村公路奖补资金总额×（某省份年度奖补资金测算值÷Σ各省份年度奖补资金测算值）。

某省份年度奖补资金测算值＝某省份五年规划奖补资金基数×某省份规划目标任务计划累计综合完成率－某省份累计实际下达奖补资金－某省份累计考核扣减资金。综合完成率按照五项建设任务每项20%的权重进行计算，综合完成率超过100%后按照100%计算。

（二）某省份年度奖补资金清算值＝某省份年度奖补资金基数×考核系数。

考核系数＝∑某省份各项考核指标得分÷100。

（三）当考核系数＜1时，某省份年度考核扣减资金＝某省份年度奖补资金基数－某省份年度奖补资金清算值。

四、主要考核因素及奖补资金标准

（一）建设任务完成情况系数（权重50%）。包括普通省道和农村公路建设投资任务完成率、普通省道和农村公路建设里程任务完成率、乡镇通三级公路任务完成率、自然村通硬化路任务完成率、危桥改造和村道安防工程任务完成率等五个子因素，权重分别为10%、10%、10%、10%、10%。西藏自治区考核剩余乡镇和建制村通硬化路任务完成率、危桥改造和村道安防工程任务完成率两个子因素，权重分别为40%和10%。

1. 普通省道和农村公路建设投资任务完成率＝普通省道和农村公路建设投资年度实际完成额÷普通省道和农村公路建设年度投资计划额。任务完成率≥1，得分＝10；0.8≤任务完成率＜1，得分＝10×任务完成率；0.5≤任务完成率＜0.8，得分＝8×任务完成率；任务完成率＜0.5，得分＝0。

2. 普通省道和农村公路建设里程任务完成率＝年度实际新改建普通省道和农村公路里程÷年度计划新改建普通省道和农村公路里程。任务完成率≥1，得分＝10；0.8≤任务完成率＜1，得分＝10×任务完成率；0.5≤任务完成率＜0.8，得分＝8×任务完成率；任务完成率＜0.5，得分＝0。

3. 乡镇通三级公路任务完成率＝年度新增通三级公路乡镇个数÷年度计划新增通三级公路乡镇个数。任务完成率≥1，得分＝10；0.8≤任务完成率＜1，得分＝10×任务完成率；0.5≤任务完成率＜0.8，得分＝8×任务完成率；任务完成率＜0.5，得分＝0。

4. 自然村通硬化路任务完成率＝年度新增通硬化路自然村个数÷年度计划新增通硬化路自然村个数。任务完成率≥1，得分＝10；0.8≤任务完成率＜1，得分＝10×任务完成率；0.5≤任务完成率＜0.8，得分＝8×任务完成率；任务完成率＜0.5，得分＝0。

5. 危桥改造和村道安防工程任务完成率＝年度危桥改造完成座数÷年度计划危桥改造完成座数×0.7+年度村道安防工程建设完成里程÷年度村道安

防工程计划建设完成里程×0.3。任务完成率≥1，得分=10；0.8≤任务完成率<1，得分=10×任务完成率；0.5≤任务完成率<0.8，得分=8×任务完成率；任务完成率<0.5，得分=0。

6.西藏剩余乡镇和建制村通硬化路任务完成率=年度新增通硬化路乡镇和建制村个数÷年度计划新增通乡镇和建制村个数。任务完成率≥1，得分=40；0.8≤任务完成率<1，得分=40×任务完成率；0.5≤任务完成率<0.8，得分=32×任务完成率；任务完成率<0.5，得分=0。

注：某省份某项任务已实现公路"十四五"发展规划目标任务的，该项任务完成率计为100%。

（二）养护任务完成情况系数（权重30%）。

包括普通省道养护任务完成情况和农村公路养护任务完成情况两个子因素，权重分别为15%、15%。

1.普通省道养护任务完成情况得分=15×（普通省道优良路率得分系数×0.7+普通省道一二类桥梁占普通省道桥梁总数比例得分系数×0.3）。

（1）普通省道优良路率≥80%，普通省道优良路率得分系数=1；

（2）70%≤普通省道优良路率<80%，普通省道优良路率得分系数=考核年度普通省道优良路率÷（上一年度普通省道优良路率+1%），且最大不超过1；

（3）普通省道优良路率<70%，普通省道优良路率得分系数=考核年度普通省道优良路率÷71%；

（4）普通省道一、二类桥梁数量占普通省道桥梁总数比例≥90%，普通省道一、二类桥梁数量占普通省道桥梁总数比例得分系数=1；

（5）85%≤普通省道一、二类桥梁数量占普通省道桥梁总数比例<90%，普通省道一、二类桥梁数量占普通省道桥梁总数比例得分系数=普通省道一、二类桥梁比例÷（上一年度省道一、二类桥梁比例+1%），且最大不超过1；

（6）普通省道一、二类桥梁数量占普通省道桥梁总数比例<85%，普通省道一、二类桥梁数量占普通省道桥梁总数比例得分系数=普通省道一、二类桥梁比例÷86%。

2.农村公路养护任务完成情况得分=15×（农村公路优良路率得分系数×0.7+农村公路一、二、三类桥梁占农村公路桥梁比例得分系数×0.3）。

（1）农村公路优良路率≥70%，农村公路优良路率得分系数=1；

（2）55%≤农村公路优良路率<70%，农村公路优良路率得分系数=考核年度农村公路优良路率÷（上一年度农村公路优良路率＋1%），且最大不超过1；

（3）40%≤农村公路优良路率<55%，农村公路优良路率得分系数=考核年度农村公路优良路率÷（上一年度农村公路优良路率＋2%），且最大不超过1；

（4）农村公路优良路率<40%，农村公路优良路率得分系数=考核年度农村公路优良路率÷41%；

（5）农村公路一、二、三类桥梁占农村公路桥梁总数比例≥99%，农村公路一、二、三类桥梁占农村公路桥梁总数比例得分系数=1；

（6）95%≤农村公路一、二、三类桥梁占农村公路桥梁总数比例<99%，农村公路一、二、三类桥梁占农村公路桥梁总数比例得分系数=农村公路一、二、三类桥梁比例÷（上一年度农村公路一、二、三类桥梁比例＋1%），且最大不超过1；

（7）农村公路一、二、三类桥梁占农村公路桥梁总数比例<95%，农村公路一、二、三类桥梁占农村公路桥梁总数比例得分系数=农村公路一、二、三类桥梁比例÷96%。

（三）地方财政投入情况系数（权重20%）。

包括地方财政建设投入情况、地方财政养护投入情况两个子因素，权重分别为10%、10%。

1.地方财政建设投入情况系数=地方财政普通省道和农村公路建设资金投入规模与上年之比。建设投入情况系数≥1，得分=10；建设投入情况系数<1，得分=建设投入情况系数×10；

2.地方财政养护投入情况系数=地方财政普通省道和农村公路养护资金投入规模与上年之比。养护投入情况系数≥1，得分=10；养护投入情况系数<1，得分=养护投入情况系数×10。

注：地方财政投入包括中央对地方一般性转移支付资金。

五、附加考核因素

（一）全国"四好农村路"示范创建工作，按照以下情况之一加分，最多不超过1分。

1.某省份当年获评全国示范省（计划单列市当年获评全国示范市），加1分；

2.某省份全国示范市覆盖率和全国示范县覆盖率的平均值与上一年度平均值相比，每增加一个百分点加0.3分，最多加1分（直辖市、计划单列市、新疆生产建设兵团只计算全国示范县覆盖率）。

（二）全国"城乡交通运输一体化"示范创建工作，某省份当年每增加一个全国示范县，加0.5分，最多不超过1分。

根据国家重大改革、发展战略实施等，交通运输部、财政部可对奖补资金考核因素适时作出调整。

六、有关指标解释和来源

（一）建设任务指标。

1.普通省道和农村公路建设投资完成额：指由建设单位填报的普通省道建设完成投资额和农村公路建设完成投资额的和（计量单位：万元）。

2.普通省道和农村公路建设里程：指普通省道新建、改建、扩建公路完成里程和农村公路新建、改建、扩建公路完成里程的和（计量单位：公里）。

3.新增通三级公路乡镇个数：指新增通三级公路的乡镇个数（计量单位：个）。

乡镇通三级公路，指乡镇至少有一条技术等级为三级或三级以上的公路（可由多条路线组成），连接至三级或三级以上公路网。

乡镇通三级公路路线位置应满足下列条件之一：（1）穿越乡镇政府所在的居民聚居区域；（2）通至乡镇政府驻地；（3）通至乡镇政府所在的居民聚居区域边缘，并与聚居区域内部的一条道路连接。

4.新增自然村通硬化路个数：指通硬化路自然村个数（计量单位：个）。

自然村通硬化路，指自然村至少有一条硬化公路连接至对外路网。

自然村通硬化路的位置应满足下列条件之一：（1）穿越自然村（组）的居民聚居区域；（2）通至自然村（组）居民聚居区域或某个人口较多的居民聚居区域边缘，并与聚居区域内部的一条道路连接。

5.危桥改造座数：指改造完成普通省道和农村公路上桥梁技术状况评定等级为四类或五类的桥梁数量（计量单位：座）。

6.村道安防工程完成里程：指村道实际建设的安全生命防护工程里程（计量单位：公里）。

（二）养护任务指标。

1.普通省道和农村公路优良路率：指普通省道和农村公路路面技术状况评定为优和良的公路比例（计量单位：%）。

2.普通省道一、二类桥梁数量占普通省道桥梁总数比例：指普通省道上桥梁技术状况评定等级为一类和二类的桥梁数量占普通省道上桥梁总数的比例（计量单位：%）。

3.农村公路一、二、三类桥梁数量占农村公路桥梁总数比例：指农村公路上桥梁技术状况评定等级为一类、二类和三类的桥梁数量占农村公路上桥梁总数的比例（计量单位：%）。

（三）地方财政投入指标。

1.地方财政普通省道和农村公路建设资金投入规模：指年度建设普通省道和农村公路地方财政实际投入的财政性资金规模（计量单位：万元）。

2.地方财政普通省道和农村公路养护资金投入规模：指年度养护普通省道和农村公路地方财政实际投入的财政性资金规模（计量单位：万元）。

（四）上述数据从各省份建立的数据支撑系统中提取。

关于《车辆购置税收入补助地方资金管理暂行办法》的补充通知

(财建〔2022〕186号)

各省、自治区、直辖市、计划单列市财政厅(局)、交通运输厅(局、委),新疆生产建设兵团财政局、交通运输局:

为深入贯彻落实党中央、国务院关于加快建设交通强国的重大决策部署,做好港口建设费取消后相关水运建设发展资金政策的衔接,保持跨五年规划补助资金政策的连续性,现就《车辆购置税收入补助地方资金管理暂行办法》(财建〔2021〕50号,以下简称《暂行办法》)中有关支出范围和标准等事项补充通知如下:

一、车辆购置税收入补助地方资金(以下简称车购税资金)支出范围中增加"沿海港口公共基础设施建设支出"

沿海港口公共基础设施建设支出,主要指用于沿海港口进出港航道、防波堤、锚地等基础设施建设支出。该项支出按项目法分配。其中:对于重要港区公共基础设施,东部地区、西部地区分别按工程费用的50%、60%补助;对于其他港区公共基础设施,东部地区、西部地区分别按工程费用的30%、40%补助。福建、广东两省原中央苏区县,海南省执行西部地区标准。2020年12月31日前交通运输部已出具项目资金意见函的"十三五"规划内建设项目(以下简称延续项目),具备开工条件后继续按照项目资金意见函核定的补助标准执行。

沿海港口公共基础设施建设补助标准

项目类别	东部地区	西部地区
重要港区公共基础设施	工程费用的50%	工程费用的60%
其他港区公共基础设施	工程费用的30%	工程费用的40%

二、重要内河水运支出范围

重要内河水运支出，除《暂行办法》规定内容外，还包括内河航道应急抢通支出。内河航道应急抢通支出是指国境国际通航河流航道、内河高等级航道（不含长江干线）和落实国家战略需要的其他重要航道及其通航建筑物、航标等设施，因自然灾害、安全事故灾难、重大特殊任务等突发事件造成损坏、阻塞等所发生的应急抢修保通保安全工作支出。该项支出按项目法分配，采用事后补助方式。西江航运干线航道、国境国际通航河流航道等属于中央财政事权的应急抢通项目，按照交通运输部核定实际支出的100%给予补助；其他内河高等级航道和其他重要航道等属于中央和地方共同财政事权的应急抢通项目，按照交通运输部核定实际支出的50%给予补助。补助资金使用范围包括应急性的航道维护测量、疏浚、清障、航标调整维修更换、航道站场抢修、整治建筑物抢修、通航建筑物水工结构及其设备设施抢修、通航建筑物闸室及引航道清淤等业务工作，不得用于人员、办公经费。

三、国境、国际通航河流航道建设项目支出范围

《暂行办法》中"国境、国际通航河流航道建设项目"包括中央委托地方管理的国境、国际通航河流航道建设，航道维护装备和海事装备设施等建设和购置项目。

四、延续项目补助方式和补助标准

（一）延续项目中符合《暂行办法》规定按项目法分配的事项，包括国家高速公路、普通国道、国家区域性公路应急装备物资储备中心、西江航运干线、国境国际通航河流航道、其他内河高等级航道、落实国家重大战略需要的其他内河航道建设以及西藏自治区、新疆生产建设兵团普通省道项目，在"十四五"时期按照项目法分配，具备开工建设条件后按照交通运输部已出具的项目资金意见函核定的补助标准执行。

（二）延续项目中符合《暂行办法》规定的"以奖代补"事项，包括普通

省道、农村公路，在"十四五"时期采用"以奖代补"方式切块下达，相关数据作为用于"以奖代补"车购税资金的分配因素。符合上述规定的红色旅游公路延续项目可按此执行。

（三）延续项目中符合《暂行办法》规定的"竞争性评审"事项，纳入综合货运枢纽及集疏运体系建设，在"十四五"时期由通过竞争性评审纳入支持范围的城市统筹考虑。

五、川藏铁路配套公路的补助方式和补助标准

川藏铁路配套公路中涉及国家高速公路、普通国道（包括越岭积雪路段应急停车区）、西藏自治区省道以及国省道桥梁检测加固项目，按照《暂行办法》规定的项目法分配资金。其中，延续项目按照交通运输部已出具的项目资金意见函核定的补助标准执行。越岭积雪路段应急停车区、国省道桥梁检测加固项目以及四川省涉藏地区国道318折多塘段、海子山段，按照交通运输部核定总投资的100%予以补助；同时，严格控制投资成本，对于后续可能出现的新增投资不再予以补助。

川藏铁路配套公路中涉及农村公路、四川省普通省道项目，按《暂行办法》规定采用"以奖代补"方式切块下达，相关数据作为用于"以奖代补"车购税资金的分配因素。相关地方统筹安排项目时，应优先保障符合条件的川藏铁路配套公路项目建设资金。

财政部　交通运输部

2022年6月17日

中央支持地方公共文化服务体系建设补助资金管理办法

第一章 总 则

第一条 为规范和加强中央支持地方公共文化服务体系建设补助资金（以下简称补助资金）管理，提高资金使用效益，根据《中华人民共和国预算法》《中华人民共和国公共文化服务保障法》《中华人民共和国预算法实施条例》等法律法规和国家预算管理有关规定，结合公共文化服务体系建设工作实际，制定本办法。

第二条 补助资金由中央财政设立，用于支持和引导地方落实国家基本公共文化服务标准和地方基本公共文化服务实施标准，促进基本公共文化服务均等化，提升公共文化服务水平，保障群众基本文化权益。

补助资金的年度预算根据国家公共文化发展有关规划、年度工作计划以及国家财力情况核定。各级财政应按照公共文化领域中央与地方财政事权和支出责任划分改革方案，落实支出责任，保障本行政区域公共文化服务经费。

第三条 补助资金管理和使用坚持中央引导、地方统筹、突出重点、健全标准、分工负责、加强监督、注重绩效的原则。补助资金重点向革命老区、民族地区、边疆地区、农村地区倾斜。

第四条 补助资金由财政部会同中央宣传部、文化和旅游部、广电总局、体育总局、文物局等部门（以下统称中央有关主管部门），按职责分工共同管理。

中央有关主管部门负责测算基础数据，对数据的真实性、准确性、及时性负责，负责审核申报文件和提出补助资金分配建议方案，监督指导补助资金的使用和绩效管理。

财政部根据预算管理相关规定，会同中央有关主管部门研究确定各省（自治区、直辖市、计划单列市、新疆生产建设兵团，以下统称省）补助资金预算、绩效目标，对资金使用情况进行监督，指导开展全过程绩效管理。

省级财政部门会同有关主管部门负责明确省级及省以下相关部门在项目申报、数据审核、预算安排、资金使用、绩效管理等方面的职责分工，切实加强资金管理，提高使用效益，对申报资料的真实性、完整性、合规性负责。

第五条　补助资金政策实施期限为5年，具体为2023–2027年。政策实施期限到期前，财政部将会同中央有关主管部门进行评估，根据评估结果确定是否延续以及延续实施的期限。

资金管理和使用严格执行国家有关法律法规、财务规章制度和本办法的规定，并接受财政部门的监督以及审计、有关主管部门的监督检查。

第二章　补助资金支出范围

第六条　补助资金用于支持地方提供基本公共文化服务项目、公共文化体育设施维修和设备购置、基层公共文化服务人才队伍建设、其他公共文化项目等。

第七条　基本公共文化服务项目具体支出范围包括读书看报、收听广播、观看电视、观赏电影、送地方戏、公共数字文化服务以及开展文体活动等。

第八条　读书看报服务补助，用于公共图书馆、文化馆、乡镇（街道）综合文化站（中心），以及村（社区）综合文化中心、农家书屋等配备图书、报刊和电子书刊，设置公共阅报栏（屏），总分馆服务系统平台建设及设备购置等。

第九条　收听广播和观看电视服务补助用于以下方面：

（一）县级应急广播体系建设，包括应急广播服务平台建设及设备购置等。

（二）广播电视节目覆盖，包括纳入中央广播电视节目无线覆盖范围的发射机、附属系统购置及运行维护，广播电视直播卫星相关实施方案确定的家庭接收设备购置，民族地区有线高清交互数字电视设备购置等。

（三）融媒体中心建设，包括全媒体传播所需设备购置等。

第十条　观赏电影服务补助用于为农村群众提供数字电影放映服务。

送地方戏服务补助用于开展戏曲进乡村、免费或低票价公益性演出等公共文化服务。

第十一条 公共数字文化服务补助，用于搭建公共数字文化服务平台，加强资源建设、数据传输、线上活动、宣传培训推广等，提升公共文化服务数字化水平，推进国家文化大数据体系、全国智慧图书馆体系、公共文化云建设。

第十二条 开展文体活动补助用于开展群众性文化体育活动、流动文化服务、文化志愿服务活动、全民阅读活动等。

第十三条 公共文化体育设施维修和设备购置包括公共图书馆、美术馆、文化馆、博物馆、纪念馆、剧院（场）、体育场（馆），新时代文明实践中心、乡镇（街道）综合文化站（中心）、村（社区）综合文化中心、农家书屋，广播电视发射（监测）台站、转播台站、卫星地球站，保留事业单位性质的广播电视播出机构、新闻出版单位、文艺院团等的设施维修与设备购置，流动文化服务车辆购置。

第十四条 基层公共文化服务人才队伍建设包括配置村（社区）综合文化中心公益文化岗位，组织乡镇（街道）、村（社区）文化专兼职人员培训等。

第十五条 其他公共文化项目由中央有关主管部门、财政部确定实施。

第十六条 补助资金不得用于支付各种罚款、捐款、赞助、投资等支出，不得用于编制内在职人员工资性支出和离退休人员离退休费，不得用于偿还债务和基础设施建设，不得用于国家规定禁止列支的其他支出。

地方公共图书馆、美术馆、文化馆、博物馆、纪念馆、乡镇（街道）综合文化站（中心）免费开放运转，以及博物馆、纪念馆陈列布展相关经费，中央财政承担部分通过一般性转移支付体制结算补助安排。

第三章 补助资金分配与管理

第十七条 中央财政根据公共文化工作任务量、补助标准、绩效情况、财力状况等统筹确定对各省补助资金年度预算。

补助资金分为重点项目补助、一般项目补助和奖励资金，具体数额由财政部根据项目申报情况、补助资金年度预算等确定。

第十八条 重点项目补助实行项目法分配，由中央有关主管部门牵头申请并组织实施。

中央有关主管部门根据党中央、国务院部署要求，以及国家公共文化发展有关规划，会同财政部制定重点项目实施方案，明确项目实施期限。根据实施方案、工作任务量、补助标准、绩效情况等编制重点项目总体预算方案，提出分年度分地区预算安排建议、整体绩效目标和区域绩效目标，报财政部审核。

财政部根据财力状况、绩效情况等审核重点项目预算、绩效目标，按预算管理程序下达。

第十九条 一般项目补助实行因素法分配，分配因素包括基本因素、业务因素。基本因素按因素数据、权重分配各省金额，根据中央对地方均衡性转移支付办法规定的财政困难程度系数对基本因素各省分配金额进行调整。业务因素按工作任务量、测算标准分配各省金额。

第二十条 基本因素及权重如下：

（一）常住人口数（权重10%），按统计部门提供的最新数测算。

（二）乡镇（含街道）个数（权重15%），按统计部门提供的最新数测算。

（三）行政村个数（权重15%），按民政部门提供的行政村村委会个数的最新数测算。

（四）公共文化体育服务设施个数（权重15%），按中央有关主管部门提供的文化、广播电视、体育等公共文化设施个数最新数测算。

（五）公共文化体育服务设施面积（权重20%），按中央有关主管部门提供的文化、体育等公共文化设施面积最新数测算。

（六）人均公共文化体育服务次数（权重10%），按中央有关主管部门提供的基层公共文化体育活动参与人次最新数、常住人口数测算。

（七）边疆民族地区情况（权重15%），按民族省区、边疆省区个数测算。

同一因素中涉及多项数据或多个部门提供数据的，因素权重平均分配。

第二十一条 业务因素及测算标准如下：

（一）戏曲公益性演出。按中央有关主管部门提供的年度计划演出场次、补助标准测算。

（二）公共数字文化建设。按中央有关主管部门提供的年度计划任务量、补助标准测算。

（三）广播电视节目无线覆盖。按中央有关主管部门提供的发射机数量、补助标准测算。

（四）新时代文明实践中心服务。按中央有关主管部门提供的县级及县以下新时代文明实践中心（服务点、服务站）个数、补助标准测算。

（五）公共图书馆、文化馆总分馆建设。按中央有关主管部门提供的总馆、分馆数量和补助标准测算。

第二十二条　一般项目补助计算分配公式如下：

某省一般项目补助额度=∑（某省基本因素值/全国该项基本因素总值×权重×一般项目基本因素补助总额）×某省财政困难程度系数相关调节系数+∑（某省业务因素值×测算标准）。

第二十三条　奖励资金用于支持地方提升公共文化服务质量和服务效果，引导促进群众文化消费。

奖励资金由财政部根据各省基本公共文化服务评价结果、国家批准的有关试点示范单位（项目）情况测算分配。

第四章　申报与管理

第二十四条　中央有关主管部门于每年2月底之前，将年度重点项目补助申请、一般项目补助分配因素最新数报财政部。

第二十五条　财政部根据中央有关主管部门申请，综合考虑财力状况、绩效情况和预算管理要求，审核确定中央对地方补助资金分配方案、整体绩效目标和区域绩效目标，于每年全国人民代表大会批准中央预算后三十日内，下达中央对地方补助资金预算；每年10月31日前，提前下达下一年度预计数，并抄送财政部各地监管局。

第二十六条　省级财政部门在收到中央对地方补助资金预算后，应当及时商有关主管部门，制定资金分配使用方案，确定资金绩效目标，在三十日内下达并抄送有关主管部门、财政部当地监管局。

第二十七条　各级财政、有关主管部门应当按照全面实施预算绩效管理的要求，建立健全预算绩效管理机制，对照绩效目标做好绩效运行监控、绩效评价，强化绩效结果应用，做好绩效信息公开，提高资金配置效率和使用效益。

第二十八条 补助资金按照财政国库管理制度有关规定执行。属于政府采购管理范围的,应当按照政府采购法律制度规定执行。鼓励地方有关部门采取政府购买服务等方式,引导社会力量参与提供公共文化服务。结转结余资金,按照《中华人民共和国预算法》和其他有关结转结余资金管理的相关规定处理。

第二十九条 使用补助资金形成的资产属于国有资产的,应当按照国家国有资产管理有关规定管理,防止国有资产流失。

第三十条 各级财政、有关主管部门及其工作人员在补助资金分配、审核过程中存在违反本办法规定,以及其他滥用职权、玩忽职守、徇私舞弊等违法违规行为的,依法追究相应责任。

第三十一条 申报、使用补助资金的部门、单位及个人在资金申报、使用过程中存在违法违规行为的,依照《中华人民共和国预算法》及其实施条例、《财政违法行为处罚处分条例》等国家有关规定追究相应责任。

第五章 附则

第三十二条 省级财政部门可根据本办法,结合各地实际,制定具体管理办法,并抄送财政部当地监管局。

第三十三条 本办法自2023年1月1日起施行。《财政部关于印发〈中央补助地方公共文化服务体系建设专项资金管理暂行办法〉的通知》(财教〔2015〕527号)、《财政部关于〈中央补助地方公共文化服务体系建设专项资金管理暂行办法〉的补充通知》(财文〔2016〕27号)、《财政部关于〈中央补助地方公共文化服务体系建设专项资金管理暂行办法〉的补充通知》(财文〔2018〕134号)同时废止。

中央财政农村危房改造补助资金管理暂行办法

第一条 为规范和加强中央财政农村危房改造补助资金（以下简称补助资金）管理，提高资金使用效益，支持地方（含新疆生产建设兵团，下同）做好农村低收入群体等重点对象基本住房安全保障工作，根据《中华人民共和国预算法》《中共中央 国务院关于全面实施预算绩效管理的意见》等有关规定和农村危房改造（含农房抗震改造，下同）的相关政策，制定本办法。

第二条 本办法所称补助资金，是指在农村危房改造政策实施期内，中央财政设立用于支持地方开展农村危房改造的转移支付资金。

补助资金实施期限至2025年12月31日。期满前财政部会同住房城乡建设部根据法律、行政法规和国务院有关规定及工作需要，组织开展绩效评估，根据评估结果确定是否延续补助政策及延续期限。

第三条 补助资金分配使用遵循以下原则：

（一）科学合理，公正客观。科学合理分配补助资金，确保公平、公正、公开，充分发挥财政资金使用效益。

（二）突出重点，精准帮扶。按照巩固拓展脱贫攻坚成果同乡村振兴有效衔接要求，用于解决农村低收入群体等重点对象的基本住房安全问题。

（三）注重绩效，规范管理。对补助资金实施全过程绩效管理，适时开展绩效评价，健全资金监督管理机制，强化补助对象审核认定等基础管理工作。

第四条 补助资金由财政部会同住房城乡建设部管理。

财政部负责会同住房城乡建设部确定资金分配方案，下达补助资金预算；同步下达绩效目标；指导地方加强资金管理等。

住房城乡建设部负责牵头制定农村危房改造政策及相关技术标准；审核地方报送的绩效目标等相关材料和年度计划任务等数据，提供资金测算需要的基础数据并对提供的相关因素和基础数据的真实性、完整性、及时性负责；督促和指导地方做好资金使用管理和组织实施等工作。

第五条 补助资金用于农村低收入群体等重点对象农村危房改造、7度及以上抗震设防地区农房抗震改造以及其他符合政策规定的农村困难群众基本住房安全保障支出。农村低收入群体等重点对象包括农村易返贫致贫户、农村低保户、农村分散供养特困人员、因病因灾因意外事故等刚性支出较大或收入大幅缩减导致基本生活出现严重困难家庭等、农村低保边缘家庭、未享受过农村住房保障政策支持且依靠自身力量无法解决住房安全问题的其他脱贫户。

补助资金不得用于以下方面支出：不以保障基本住房安全为目的的支出，包括单纯提升住房品质、改善居住环境方面的支出等；低收入群体等重点对象以外农户的住房安全保障支出；已纳入因灾倒损农房恢复重建补助范围等已有其他渠道资金支持的住房安全保障支出；农村危房改造管理工作经费；其他不符合规定的支出。

第六条 补助资金采用因素法分配。财政部、住房城乡建设部参考各地上年度农村危房改造工作完成情况、地方财政投入情况、资金使用情况、财力情况以及其他工作情况等，对各省（含自治区、直辖市、兵团，下同）进行综合评价，并根据综合评价结果分档确定户均测算标准。具体参考的因素及其分值，可根据党中央、国务院的有关决策部署，在年度间进行适当调整。补助资金测算公式为：

某省补助资金=该省当年上报计划任务数 × 该省综合评价档次对应户均测算标准。

其中，分档数量、每档次对应户均测算标准结合当年预算规模、计划任务情况等统筹确定，重点对工作绩效好的省给予奖补，体现绩效导向。

为高质量推进农村危房改造工作开展，提高资金测算的科学性和合理性，在具体测算时可根据实际情况适当引入对基础数据的审核调整机制，并可对分配测算结果适当进行增减幅控制。

财政部、住房城乡建设部可适时对各地农村危房改造上报任务进行核查并进行清算：对实际开竣工数明显低于当年上报计划任务数的省，中央财政可根据情况扣减下一年度补助资金；对于存在虚报任务等弄虚作假情形的，除扣回已下达的对应补助资金外，还可采用加倍扣回补助资金、取消下一年度补助资金资格等方式加重处罚。

第七条　财政部会同住房城乡建设部在全国人民代表大会批准预算后规定时间内下达补助资金，并同步下达区域绩效目标；按规定时间提前下达下一年度补助资金预算。下达的资金文件及绩效目标一并抄送财政部当地监管局。

第八条　农村危房改造补助资金按照直达资金管理。省级财政部门收到补助资金预算文件后，应商同级住房和城乡建设部门制定本省资金分配方案，于规定时限内完成报财政部备案、正式分解下达的流程，并将资金分配结果抄送财政部当地监管局。经备案后的分配方案，在执行过程中有调整的，需按程序重新备案。

第九条　地方住房和城乡建设部门根据职能参与本地区补助资金分配，负责资金的具体使用、组织实施及预算绩效管理等具体工作。

地方财政部门负责本地区补助资金的预算分解下达、组织预算执行、资金使用管理和监督以及组织指导预算绩效管理等工作。

地方各级住房和城乡建设部门、财政部门应当对上报数据和信息的真实性、准确性、及时性负责。工作过程中如发现数据有误，应当立即向上级部门报告，并对有关数据更正后重新上报。

第十条　县级财政部门负责本地区农村危房改造补助资金管理。农村危房改造补助资金的支付，按照国库集中支付制度有关规定执行。属于政府采购管理范围的，应按照政府采购法律制度规定执行。

对于支付给农户的资金，应根据实际情况分阶段按比例或竣工验收后一次性足额支付到农户"一卡通"账户，全部资金支付时间不应晚于竣工验收后30日。县级住房和城乡建设部门具体负责本地区农村危房改造项目实施，应严格执行申请审核程序，会同有关部门确保补助对象认定规范准确，并做好质量安全和农户档案等管理工作。

第十一条　地方各级财政、住房和城乡建设部门应切实采取措施，加快补助资金预算执行进度。有关结转结余资金管理按照《国务院办公厅关于进一步做好盘活财政存量资金工作的通知》（国办发〔2014〕70号）、《财政部关于推进地方盘活财政存量资金有关事项的通知》（财预〔2015〕15号）等规定执行。

第十二条　地方各级住房和城乡建设部门应会同财政部门建立健全农村

危房改造工作监管机制。对农村危房改造补助对象的申请、评议、审核、审批和实际补助水平等情况，要实行公示公告制度。

第十三条 各级住房和城乡建设部门、财政部门应当按照全面实施预算绩效管理的要求，建立健全预算绩效管理机制，加强绩效目标管理，依职责组织做好区域绩效目标分解下达、绩效监控及绩效评价工作，强化评价结果应用，提高资金配置效率和使用效益。年度预算执行终了时，财政部、住房城乡建设部组织开展绩效自评；根据工作需要，适时组织开展重点绩效评价。绩效自评和重点绩效评价结果作为安排预算、完善政策、改进管理的重要依据。

第十四条 地方各级财政、住房和城乡建设部门应建立健全资金监管机制，定期或不定期地对补助资金的使用管理情况进行检查，及时发现和纠正有关问题。

财政部各地监管局按照财政部统一部署和固有职责对补助资金实施监管。

第十五条 各级财政部门、住房和城乡建设部门要建立内部控制制度，强化流程控制、依法合规分配和使用资金，实行不相容岗位（职责）分离控制。

第十六条 各级财政、住房和城乡建设部门应严格按规定使用补助资金，不得擅自扩大支出范围，不得以任何形式挤占、挪用、截留和滞留，不得向补助对象收取任何管理费用。

各级财政、住房和城乡建设部门及其工作人员在补助资金的分配审核、使用管理等工作中，存在违反本办法规定的行为，以及其他滥用职权、玩忽职守、徇私舞弊等违法违规行为的，依法追究相应责任。涉嫌犯罪的，依法移送有关机关处理。

第十七条 分配到脱贫县及国家乡村振兴重点帮扶县的补助资金，按照财政部等11部门《关于继续支持脱贫县统筹整合使用财政涉农资金工作的通知》（财农〔2021〕22号）等有关文件规定使用管理。

第十八条 各省级财政、住房和城乡建设部门可以根据本办法，结合当地实际，制定具体实施办法。

第十九条 本办法由财政部会同住房城乡建设部负责解释。

第二十条 本办法自印发之日起施行，《财政部 住房城乡建设部关于印发〈中央财政农村危房改造补助资金管理办法〉的通知》(财社〔2016〕216号)同时废止。《财政部 民政部 住房城乡建设部 中国残联关于修改中央财政困难群众救助等补助资金管理办法的通知》(财社〔2019〕114号)与本办法规定不一致的,适用本办法规定。

行政事业性国有资产管理条例

第一章 总 则

第一条 为了加强行政事业性国有资产管理与监督，健全国有资产管理体制，推进国家治理体系和治理能力现代化，根据全国人民代表大会常务委员会关于加强国有资产管理情况监督的决定，制定本条例。

第二条 行政事业性国有资产，是指行政单位、事业单位通过以下方式取得或者形成的资产：

（一）使用财政资金形成的资产；

（二）接受调拨或者划转、置换形成的资产；

（三）接受捐赠并确认为国有的资产；

（四）其他国有资产。

第三条 行政事业性国有资产属于国家所有，实行政府分级监管、各部门及其所属单位直接支配的管理体制。

第四条 各级人民政府应当建立健全行政事业性国有资产管理机制，加强对本级行政事业性国有资产的管理，审查、批准重大行政事业性国有资产管理事项。

第五条 国务院财政部门负责制定行政事业单位国有资产管理规章制度并负责组织实施和监督检查，牵头编制行政事业性国有资产管理情况报告。

国务院机关事务管理部门和有关机关事务管理部门会同有关部门依法依规履行相关中央行政事业单位国有资产管理职责，制定中央行政事业单位国有资产管理具体制度和办法并组织实施，接受国务院财政部门的指导和监督检查。

相关部门根据职责规定，按照集中统一、分类分级原则，加强中央行政事业单位国有资产管理，优化管理手段，提高管理效率。

第六条　各部门根据职责负责本部门及其所属单位国有资产管理工作，应当明确管理责任，指导、监督所属单位国有资产管理工作。

各部门所属单位负责本单位行政事业性国有资产的具体管理，应当建立和完善内部控制管理制度。

第七条　各部门及其所属单位管理行政事业性国有资产应当遵循安全规范、节约高效、公开透明、权责一致的原则，实现实物管理与价值管理相统一，资产管理与预算管理、财务管理相结合。

第二章　资产配置、使用和处置

第八条　各部门及其所属单位应当根据依法履行职能和事业发展的需要，结合资产存量、资产配置标准、绩效目标和财政承受能力配置资产。

第九条　各部门及其所属单位应当合理选择资产配置方式，资产配置重大事项应当经可行性研究和集体决策，资产价值较高的按照国家有关规定进行资产评估，并履行审批程序。

资产配置包括调剂、购置、建设、租用、接受捐赠等方式。

第十条　县级以上人民政府应当组织建立、完善资产配置标准体系，明确配置的数量、价值、等级、最低使用年限等标准。

资产配置标准应当按照勤俭节约、讲求绩效和绿色环保的要求，根据国家有关政策、经济社会发展水平、市场价格变化、科学技术进步等因素适时调整。

第十一条　各部门及其所属单位应当优先通过调剂方式配置资产。不能调剂的，可以采用购置、建设、租用等方式。

第十二条　行政单位国有资产应当用于本单位履行职能的需要。

除法律另有规定外，行政单位不得以任何形式将国有资产用于对外投资或者设立营利性组织。

第十三条　事业单位国有资产应当用于保障事业发展、提供公共服务。

第十四条　各部门及其所属单位应当加强对本单位固定资产、在建工程、流动资产、无形资产等各类国有资产的管理，明确管理责任，规范使用流程，加强产权保护，推进相关资产安全有效使用。

第十五条　各部门及其所属单位应当明确资产使用人和管理人的岗位

责任。

资产使用人、管理人应当履行岗位责任，按照规程合理使用、管理资产，充分发挥资产效能。资产需要维修、保养、调剂、更新、报废的，资产使用人、管理人应当及时提出。

资产使用人、管理人发生变化的，应当及时办理资产交接手续。

第十六条 各部门及其所属单位接受捐赠的资产，应当按照捐赠约定的用途使用。捐赠人意愿不明确或者没有约定用途的，应当统筹安排使用。

第十七条 事业单位利用国有资产对外投资应当有利于事业发展和实现国有资产保值增值，符合国家有关规定，经可行性研究和集体决策，按照规定权限和程序进行。

事业单位应当明确对外投资形成的股权及其相关权益管理责任，按照规定将对外投资形成的股权纳入经营性国有资产集中统一监管体系。

第十八条 县级以上人民政府及其有关部门应当建立健全国有资产共享共用机制，采取措施引导和鼓励国有资产共享共用，统筹规划有效推进国有资产共享共用工作。

各部门及其所属单位应当在确保安全使用的前提下，推进本单位大型设备等国有资产共享共用工作，可以对提供方给予合理补偿。

第十九条 各部门及其所属单位应当根据履行职能、事业发展需要和资产使用状况，经集体决策和履行审批程序，依据处置事项批复等相关文件及时处置行政事业性国有资产。

第二十条 各部门及其所属单位应当将依法罚没的资产按照国家规定公开拍卖或者按照国家有关规定处理，所得款项全部上缴国库。

第二十一条 各部门及其所属单位应当对下列资产及时予以报废、报损：

（一）因技术原因确需淘汰或者无法维修、无维修价值的资产；

（二）涉及盘亏、坏账以及非正常损失的资产；

（三）已超过使用年限且无法满足现有工作需要的资产；

（四）因自然灾害等不可抗力造成毁损、灭失的资产。

第二十二条 各部门及其所属单位发生分立、合并、改制、撤销、隶属关系改变或者部分职能、业务调整等情形，应当根据国家有关规定办理相关国有资产划转、交接手续。

第二十三条 国家设立的研究开发机构、高等院校对其持有的科技成果的使用和处置，依照《中华人民共和国促进科技成果转化法》《中华人民共和国专利法》和国家有关规定执行。

第三章 预算管理

第二十四条 各部门及其所属单位购置、建设、租用资产应当提出资产配置需求，编制资产配置相关支出预算，并严格按照预算管理规定和财政部门批复的预算配置资产。

第二十五条 行政单位国有资产出租和处置等收入，应当按照政府非税收入和国库集中收缴制度的有关规定管理。

除国家另有规定外，事业单位国有资产的处置收入应当按照政府非税收入和国库集中收缴制度的有关规定管理。

事业单位国有资产使用形成的收入，由本级人民政府财政部门规定具体管理办法。

第二十六条 各部门及其所属单位应当及时收取各类资产收入，不得违反国家规定，多收、少收、不收、侵占、私分、截留、占用、挪用、隐匿、坐支。

第二十七条 各部门及其所属单位应当在决算中全面、真实、准确反映其国有资产收入、支出以及国有资产存量情况。

第二十八条 各部门及其所属单位应当按照国家规定建立国有资产绩效管理制度，建立健全绩效指标和标准，有序开展国有资产绩效管理工作。

第二十九条 县级以上人民政府投资建设公共基础设施，应当依法落实资金来源，加强预算约束，防范政府债务风险，并明确公共基础设施的管理维护责任单位。

第四章 基础管理

第三十条 各部门及其所属单位应当按照国家规定设置行政事业性国有资产台账，依照国家统一的会计制度进行会计核算，不得形成账外资产。

第三十一条 各部门及其所属单位采用建设方式配置资产的，应当在建设项目竣工验收合格后及时办理资产交付手续，并在规定期限内办理竣工财务决算，期限最长不得超过1年。

各部门及其所属单位对已交付但未办理竣工财务决算的建设项目，应当按照国家统一的会计制度确认资产价值。

第三十二条 各部门及其所属单位对无法进行会计确认入账的资产，可以根据需要组织专家参照资产评估方法进行估价，并作为反映资产状况的依据。

第三十三条 各部门及其所属单位应当明确资产的维护、保养、维修的岗位责任。因使用不当或者维护、保养、维修不及时造成资产损失的，应当依法承担责任。

第三十四条 各部门及其所属单位应当定期或者不定期对资产进行盘点、对账。出现资产盘盈盘亏的，应当按照财务、会计和资产管理制度有关规定处理，做到账实相符和账账相符。

第三十五条 各部门及其所属单位处置资产应当及时核销相关资产台账信息，同时进行会计处理。

第三十六条 除国家另有规定外，各部门及其所属单位将行政事业性国有资产进行转让、拍卖、置换、对外投资等，应当按照国家有关规定进行资产评估。

行政事业性国有资产以市场化方式出售、出租的，依照有关规定可以通过相应公共资源交易平台进行。

第三十七条 有下列情形之一的，各部门及其所属单位应当对行政事业性国有资产进行清查：

（一）根据本级政府部署要求；

（二）发生重大资产调拨、划转以及单位分立、合并、改制、撤销、隶属关系改变等情形；

（三）因自然灾害等不可抗力造成资产毁损、灭失；

（四）会计信息严重失真；

（五）国家统一的会计制度发生重大变更，涉及资产核算方法发生重要变化；

（六）其他应当进行资产清查的情形。

第三十八条 各部门及其所属单位资产清查结果和涉及资产核实的事项，

应当按照国务院财政部门的规定履行审批程序。

第三十九条 各部门及其所属单位在资产清查中发现账实不符、账账不符的,应当查明原因予以说明,并随同清查结果一并履行审批程序。各部门及其所属单位应当根据审批结果及时调整资产台账信息,同时进行会计处理。

由于资产使用人、管理人的原因造成资产毁损、灭失的,应当依法追究相关责任。

第四十条 各部门及其所属单位对需要办理权属登记的资产应当依法及时办理。对有账簿记录但权证手续不全的行政事业性国有资产,可以向本级政府有关主管部门提出确认资产权属申请,及时办理权属登记。

第四十一条 各部门及其所属单位之间,各部门及其所属单位与其他单位和个人之间发生资产纠纷的,应当依照有关法律法规规定采取协商等方式处理。

第四十二条 国务院财政部门应当建立全国行政事业性国有资产管理信息系统,推行资产管理网上办理,实现信息共享。

第五章 资产报告

第四十三条 国家建立行政事业性国有资产管理情况报告制度。

国务院向全国人民代表大会常务委员会报告全国行政事业性国有资产管理情况。

县级以上地方人民政府按照规定向本级人民代表大会常务委员会报告行政事业性国有资产管理情况。

第四十四条 行政事业性国有资产管理情况报告,主要包括资产负债总量,相关管理制度建立和实施,资产配置、使用、处置和效益,推进管理体制机制改革等情况。

行政事业性国有资产管理情况按照国家有关规定向社会公开。

第四十五条 各部门所属单位应当每年编制本单位行政事业性国有资产管理情况报告,逐级报送相关部门。

各部门应当汇总编制本部门行政事业性国有资产管理情况报告,报送本级政府财政部门。

第四十六条 县级以上地方人民政府财政部门应当每年汇总本级和下级

行政事业性国有资产管理情况，报送本级政府和上一级政府财政部门。

第六章　监　　督

第四十七条　县级以上人民政府应当接受本级人民代表大会及其常务委员会对行政事业性国有资产管理情况的监督，组织落实本级人民代表大会及其常务委员会审议提出的整改要求，并向本级人民代表大会及其常务委员会报告整改情况。

乡、民族乡、镇人民政府应当接受本级人民代表大会对行政事业性国有资产管理情况的监督。

第四十八条　县级以上人民政府对下级政府的行政事业性国有资产管理情况进行监督。下级政府应当组织落实上一级政府提出的监管要求，并向上一级政府报告落实情况。

第四十九条　县级以上人民政府财政部门应当对本级各部门及其所属单位行政事业性国有资产管理情况进行监督检查，依法向社会公开检查结果。

第五十条　县级以上人民政府审计部门依法对行政事业性国有资产管理情况进行审计监督。

第五十一条　各部门应当建立健全行政事业性国有资产监督管理制度，根据职责对本行业行政事业性国有资产管理依法进行监督。

各部门所属单位应当制定行政事业性国有资产内部控制制度，防控行政事业性国有资产管理风险。

第五十二条　公民、法人或者其他组织发现违反本条例的行为，有权向有关部门进行检举、控告。接受检举、控告的有关部门应当依法进行处理，并为检举人、控告人保密。

任何单位或者个人不得压制和打击报复检举人、控告人。

第七章　法律责任

第五十三条　各部门及其所属单位有下列行为之一的，责令改正，情节较重的，对负有直接责任的主管人员和其他直接责任人员依法给予处分：

（一）配置、使用、处置国有资产未按照规定经集体决策或者履行审批程序；

（二）超标准配置国有资产；

（三）未按照规定办理国有资产调剂、调拨、划转、交接等手续；

（四）未按照规定履行国有资产拍卖、报告、披露等程序；

（五）未按照规定期限办理建设项目竣工财务决算；

（六）未按照规定进行国有资产清查；

（七）未按照规定设置国有资产台账；

（八）未按照规定编制、报送国有资产管理情况报告。

第五十四条 各部门及其所属单位有下列行为之一的，责令改正，有违法所得的没收违法所得，情节较重的，对负有直接责任的主管人员和其他直接责任人员依法给予处分；构成犯罪的，依法追究刑事责任：

（一）非法占有、使用国有资产或者采用弄虚作假等方式低价处置国有资产；

（二）违反规定将国有资产用于对外投资或者设立营利性组织；

（三）未按照规定评估国有资产导致国家利益损失；

（四）其他违反本条例规定造成国有资产损失的行为。

第五十五条 各部门及其所属单位在国有资产管理工作中有违反预算管理规定行为的，依照《中华人民共和国预算法》及其实施条例、《财政违法行为处罚处分条例》等法律、行政法规追究责任。

第五十六条 各部门及其所属单位的工作人员在国有资产管理工作中滥用职权、玩忽职守、徇私舞弊或者有浪费国有资产等违法违规行为的，由有关部门依法给予处分；构成犯罪的，依法追究刑事责任。

第八章 附　　则

第五十七条 除国家另有规定外，社会组织直接支配的行政事业性国有资产管理，依照本条例执行。

第五十八条 货币形式的行政事业性国有资产管理，按照预算管理有关规定执行。

执行企业财务、会计制度的事业单位以及事业单位对外投资的全资企业或者控股企业的资产管理，不适用本条例。

第五十九条 公共基础设施、政府储备物资、国有文物文化等行政事业性国有资产管理的具体办法,由国务院财政部门会同有关部门制定。

第六十条 中国人民解放军、中国人民武装警察部队直接支配的行政事业性国有资产管理,依照中央军事委员会有关规定执行。

第六十一条 本条例自2021年4月1日起施行。

国有资产报告编报工作暂行办法

第一条 为贯彻落实《中共中央关于建立国务院向全国人大常委会报告国有资产管理情况制度的意见》和《全国人民代表大会常务委员会关于加强国有资产管理情况监督的决定》，建立健全国有资产报告制度，规范国有资产报告编报工作，根据《中华人民共和国预算法》《中华人民共和国会计法》《中华人民共和国企业国有资产法》《行政事业性国有资产管理条例》《企业财务通则》《金融企业财务通则》以及自然资源有关法律法规等规定，制定本办法。

第二条 本办法适用于财政部门根据国务院授权牵头编制国有资产管理情况的报告（以下简称国有资产报告）相关工作。

第三条 财政部门要建立国有资产报告工作协调机制，会商有关部门和单位解决国有资产报告工作中的问题，统筹推进国有资产报告编报工作。

第四条 国有资产报告编制要实现全口径、全覆盖，采取价值量与实物量相结合的方式，全面、科学反映各级各类国有资产管理情况。

国有资产报告采取综合报告和专项报告相结合方式。

第五条 综合报告全面反映各级各类国有资产管理情况。

第六条 专项报告分别反映企业国有资产（不含金融企业）、金融企业国有资产、行政事业性国有资产、国有自然资源四类国有资产管理情况。

企业国有资产（不含金融企业）专项报告的范围包括各履行出资人职责的部门和机构管理企业、党政机关和事业单位所办企业等国有资产。

金融企业国有资产专项报告的范围包括国家及其授权投资主体直接或间接对金融机构出资所形成的资本和应享有的权益，凭借国家权力和信用支持的金融机构所形成的资本和应享有的权益等国有金融资本。

行政事业性国有资产专项报告的范围包括各类行政事业单位依法直接支配的各类资产，包括固定资产、在建工程、无形资产、对外投资以及流动资产等，还包括由行政事业单位用于提供公共服务的公共基础设施、保障性住房、政府储备物资、文物文化资产等。

国有自然资源专项报告的范围包括全民所有土地、矿产、森林、草原、湿地、水流、海洋等自然资源资产。

第七条 国有资产报告应当根据各类国有资产性质和管理目标，真实反映国有资产管理情况、管理成效、存在的问题，提出改进工作安排意见等。

国有资产报告应当突出报告重点，重点报告本级人大常委会审议关注的内容，以及与其相关的重要情况。

第八条 国有资产报告按照公历年度编制，反映上一年度1月1日至12月31日国有资产监督管理情况。

第九条 财政部每年向各省、自治区、直辖市人民政府财政部门以及有关中央部门和单位印发开展年度国有资产报告编报工作的通知，布置年度报告工作，明确报告工作具体安排、编报要求和报送时限等。

各有关部门和单位应当依法依规认真、如实编写国有资产报告，不得瞒报、虚报、漏报国有资产情况，并对资产报告的真实性、准确性和完整性负责。

第十条 财政部在有关中央部门和单位以及各省级人民政府报送的报告基础上，经过审核汇总，编制全国国有资产综合报告和有关专项报告，按照程序呈报国务院。

县级以上地方各级财政部门按照财政部和本级人民政府部署要求，开展本地区综合报告和有关专项报告编制工作。

第十一条 县级以上各级财政部门商各相关部门、单位配合做好本级人大常委会审议报告相关工作，按照规定程序对报告的数据和内容进行审核。

第十二条 根据本级人大常委会审议意见任务分工，财政部门商各相关部门汇总梳理关于本级人大常委会审议意见的处理情况和国有资产管理领域审计发现主要问题及整改问责情况，形成审议意见处理情况报告，经本级人民政府同意后报本级人大常委会。

第十三条 财政部门应当按照规定及时公开国有资产报告有关信息，自觉接受社会监督。

第十四条 财政部牵头推进全口径国有资产信息共享平台建设，全面完整反映各类国有资产配置、使用、处置和效益等基本情况。

第十五条 各级财政部门、有关部门和单位及其工作人员在国有资产报告编制工作中发生滥用职权、玩忽职守、徇私舞弊或者渎职失职等违法违规行为的，依照《中华人民共和国监察法》《中华人民共和国公职人员政务处分法》《财政违法行为处罚处分条例》等追究责任；构成犯罪的，依法追究刑事责任。

第十六条 省级财政部门根据本办法，可以制定本地区国有资产报告编报工作具体办法。

第十七条 本办法自印发之日起施行。